西洋住居史

石の文化と木の文化

後藤　久　著

彰国社

カバーイラスト／安座上 真紀子　　カバー・表紙・本文デザイン／井上 直

はじめに

本書は住居の通史であるが、「石の文化と木の文化」というサブタイトルをつけている。ローマに誕生したラテン系民族の「石の文化」が環地中海を支配して古代を彩る一方、もう一つヨーロッパには新石器時代の森の中に誕生し、中世を支配したゲルマン系民族の「木の文化」がある。前者では一つの建物の中にさまざまな階層の人たちが階を異にして住み分ける「複合階層」の住まい方が古代から見られるのに対し、後者は戸建てを基本とし、集合住居であっても一つの建物に生活水準の同じ人たちが住む中世以来の「階層別」の住まい方である。私たちは西洋住居史を学ぶうえで、この石と木という二つの異なる文化の中に根ざした特質が存在していることを忘れてはならない。

しかし一方で、住居史の中には民族も時代も越えた幾つかの共通した姿も見られる。例えば、上の階層の住居に憧れて下の階層の人たちがそれを模倣し、自分たちの財力に合わせて規模を縮小単純化しながらも実現させるときの姿である。宮殿や大規模住宅の中でこそ実現可能であった豪華な社交空間を、より規模の小さい住宅の限られた空間の中に圧縮して再構成したとき、そこには当然ひずみが起こり、そのために家族の日常生活の空間が犠牲にされたことはいうまでもない。

また、文化的に遅れた地域の住宅は、本質的に変わっていないにもかかわらず、見た目だけを先進地域と同じにするなど、追いつくための姿が見られる。近世初頭のイギリスにおける貴族住居は、間取が中世のマナハウスと同じでありながら、当時先進地域であったイタリアから近世ルネサンス様式の影響を受けて、外観を厳密な左右対称に整えている。こうした例は中世の町家にも見られる。石の文化圏に立ち遅れた木の文化圏において、初期の町家は間取もつくりも農村住居の踏襲に過ぎず、都市の独自性を備えていなかった。やがて敷地の有効利用から新しい間取が生じるなど都市機能を反映してその特質を形成していった。

ところで、本書は「住宅史」ではなく「住居史」である。「住宅」は建築物であるが「住居」はそこに住む人間の生活が主役となる。住居には建築的、芸術的に価値ある貴族の住まいがある一方で、その家の地下室で働き、屋根裏に寝る召使や、その台所を支えて周辺に住む農民など、建築史の中で取り上げられることのない支配者以外の民の住まいがある。先述のごとく人間の生活に視座をおくならば、一握りの支配者たちに比べ、圧倒的多数を占める民の住まいもまた各時代を支えた住居に違いない。

西洋住居史 目次

はじめに 3

序　章　石の文化と木の文化 11

❶「石の文化」と「木の文化」 12

❷「住居史」と「住宅史」 15

❸「西洋住居史」と「日本住居史」 17

第一章　原始――洞窟から原始住居へ 21

❶狩猟生活から農耕生活へ 22

洞窟の住居――22　ねぐらから住居へ――26

❷木造の住居 33

ケルト人の住居――33　湖村の住居――36

第二章　古代——文明成立とラテン系住宅の形成　43

❶メソポタミアにおける集落の発生——44
練土住居と集落——44　中庭形式の住宅と「有心空間」の成立——48
宮殿建築の構成と「複合有心空間」の成立——50
❷エジプトの都市と農村の住宅——53
王宮の平面構成原理——53　貴族住宅の平面構成——58
泥造の農家と煉瓦造の町家——62
❸ギリシア・ローマ型住宅の完成——68
メガロン形式の住宅——68　中庭型住宅の展開—完成度の高い貴族住宅ドムス——72
高層集合住宅の出現——78　複合建築としてのインスラ——83

第三章　中世――封建社会とゲルマン系住宅の展開　89

❶封建領主の住宅――90
城郭建築の発達と終焉――90　城の構成と日常生活――95　城から宮殿へ――101
❷荘園住宅マナハウスと居住性の萌芽――104
マナハウスの基本形と有軸的空間の成立――104
❸マナハウスの発展と居住性の向上――112
アイタム・モートに見るマナハウスの変遷――112
居住性の向上―ローマン・ヴィラからの影響――118　マナハウスの展開――124
❹中世農民と町人の住宅――126
中世農民の住宅と生活――126　中世都市の成立――132　町家の発生――136
フランスの町家――142　フッゲライ―初期の福祉住宅――152

第四章　近世──貴族住宅と近世的住宅の定型　157

❶カントリーハウスの変容と回帰　158
ルネサンスの影響とマナハウス──158　ホールの衰退と新たな接客空間の誕生──162
近世農村住宅──169

❷近世住宅の形成　173
作画的意識の萌芽とヴェルサイユ宮殿──173
近世住宅の定型としてのコールズヒル・ハウス──178

❸都市型住宅の形成　182
テラスハウスの誕生──182　テラスハウスからローハウスへ──190
新世界アメリカの住宅－入植者たちの住宅──195

❹イタリア都市貴族の館・パラッツォ　203
近世イタリア都市型住宅の萌芽とパラッツォの誕生──203
一六世紀以降のパラッツォの展開──209　住居史資料としてのドールハウス──212

第五章　近・現代 ― 近・現代住宅の光と影　217

❶近代住宅の誕生　218
近代住宅の理念　218
近代住宅の問題点　222
近代建築運動　226

❷モダンリビングの誕生　234
インターナショナル・スタイルの確立　234
生活最小限住宅　240

❸戦後の発展と現代住宅の光と影　247
戦後の復興とモダニズムの再開　247
現代住宅の多様な展開　251
住宅におけるソフト面の充実　260
住居と環境共生　266

索引　271
図版出典・撮影者・提供者リスト　275
おわりに　280

序章　石の文化と木の文化

ローマに誕生したラテン系の「石の文化」は、長い間、環地中海を支配して古代を彩ってきた。しかしもう一つ、ヨーロッパの森の中に生まれ、時の流れの底流を脈々と生き続けていたゲルマン系の「木の文化」があった。やがて古代の終焉とともに「木の文化」は表流に踊り出て、閉鎖的な封建社会の中世を支配する。そして、戦いに明け暮れた中世が終わると、またしても流れは表裏入れ替わり、「石の文化」は近世ルネサンスを迎えて華やかに開花する。西洋住居の歴史から、ヨーロッパの中にある二つの異なる文化である「石」と「木」の確かな手応えが伝わってくる。

❶「石の文化」と「木の文化」

今日、私たちの住まいを考えるうえでその源流を知るためには、ヨーロッパにおける都市や町家の成立過程を考究しなければならない。すると中世以後のヨーロッパの中には、二つの異なる流れが明らかになってくる。

第一の流れは、古代から都市として栄えていたところにすでに存在し、その伝統を受け継いで長い時間を経て出来上がり、都市型住宅としての特性を十分に備えたラテン系民族の「石の文化」である。

もう一つ、ヨーロッパには長い原始農耕社会から、古代社会を形成して都市を築くことなく、中世の封鎖的な荘園制社会へと閉じこもった人たちがいた。しかしここにも都市が誕生して人口が集中してくると、はじめは農村住宅と同じ造りであった家も、しだいに商工業に適した間取を完成して都市住宅の特色をもつようになった。すなわち第二の流れは、中世になってからの短い期間に急激に発展したゲルマン系民族の「木の文化」である。

ところで共和国ローマの都市は、紀元前三八七年にケルト人の襲撃を受けてほとんどの市街地を失った。カエサルによる著名な『ガリア戦記』[*1]によれば、カエサルは一〇年に及ぶ苦戦の末にガリアを平定し、ブリタニア島南部までローマの領域を広げることに成功した。そして紀元前五〇年、ラ・テーヌ文化[*2]の終末によって「北のケルト」の時代から「南のローマ」の時代へと交代した。こうしてローマに誕生したラテン系の「石の文化」は、長い間環地中海を支配して古代を彩ることになる。

しかし、ヨーロッパにおいて新石器時代の森の中に誕生し、時の流れの底流にあって脈々と生き続けていたゲルマン系の「木の文化」は、やがて古代の終焉とともに表流に踊り出て、閉鎖的な封建社会を舞台に中世を支配することになる。すなわちケルトの終焉によって、ヨーロッパがそのままローマに飲み込まれてしまったわけではない。そして、戦いに明け暮れる中世暗黒の時代が終わると、またしても流れは表裏入れ替わり、「石の文化」は近世ルネサンスの時代を迎えて再び開花する。

西洋住居史を考究するうえで、私たちはヨーロッパの中に「石」と「木」とい

*1　ケルト人によるラ・テーヌ文化の終焉は、ローマの襲撃によるものであったが、カエサルは苦戦の末にガリアを平定してローマ領域の拡大を図った。その記録である『ガリア戦記』は、カエサルによるきわめて重要な歴史資料である。

*2　ラ・テーヌ文化は、ケルト人による最初のハルシュタット文化を引き継ぐもので、スイス西部のラ・テーヌ遺跡の名による。ケルト人は鉄の加工技術に優れ、鉄器と馬による戦車をもって紀元前四五〇年頃からヨーロッパを制した。

う二つの異なる文化があることを明確に把握しておかなければならない。「木」の文化圏における都市型住宅も、近世になって都市の繁栄とともにますます密集し、大火災の経験から木造建築は石や煉瓦による耐火建築へと変貌していく。こうして生まれ変わったロンドンの街と、ローマ文化を継承したパリの街を比較したとき、一見して同じ石造の街並みであっても、この二つの街の住宅における住まい方はまったく異なるものであった。そこには前者が「木の文化」、後者が「石の文化」の中に根ざしたそれぞれ異なる文化の特質を備えていることが明らかである。

ところで「西洋」とは、一般にアメリカを含まず狭義にヨーロッパだけを指す言葉として用いられているが、また一方ではヨーロッパおよびアメリカ、すなわち欧米諸国の総称とされる場合もある。また東をどこまで含むかについても諸説がある。トルコのアジア（地名）以東をアジア、以西をヨーロッパと見る説も明快であるが、ではメソポタミアをどうするのかなど論ずればきりがない。いずれにせよ「西洋」は、時代によって、あるいは主題に応じてフレキシブルな概念と見てよいであろう。

西洋住居史における「西洋」に関しても、とりわけ固定概念があるわけではない。したがって本書においては、ヨーロッパとアメリカに限らず、ヨーロッパの住宅建築が確立するうえで早くから影響を与えていた国と地域（近世以後のヨーロッパと互いに強い影響関係にあったアメリカを含む）の住居の変遷をもって「西洋住居史」としている。

❷「住居史」と「住宅史」

「西洋住居史」に関する専門書は、「西洋建築史」の場合と異なりきわめて少ない。限られた時代の住宅、あるいは限られた地域の住宅ではなく、通史となるとその難しさも格別である。例えば中世の住宅について問われたとき、時代と国が限られても都市と農村の住宅ではまったく異なり、さらにその地域を限定しても、そこに住む人の身分や財力によっても千差万別であろう。すなわち西洋建築史における記念建築のように、フランス・ゴシック、あるいはドイツ・バロックのごとく様式でくくれないところにも、人間の生活を重視する住居を通史とする難しさがある。

さらに「住宅史」ではなく「住居史」となるとその難しさもひとしおであるが、まず「住宅」と「住居」の違いを明確にしておく必要があろう。

私たちは街を歩いていて、しばしば工事中の家や売出し中の家を目にするが、これらは「住宅」を建てているのであり、「住宅」を売っているのである。しかしこの家から明るい談笑が聞こえ、夜ともなれば暖かい光が漏れてくれば、これはもう「住居」以外の何ものでもない。一般に、語呂や慣習による呼称で当てはまらないものもあるが、主として技術的、工学的側面から論ずるときには「住宅」、また同じ建物であっても人間や生活を通して論ずるときには「住居」と解釈される。すなわち「住居」には生活があり人間がいる。「住宅」は建築物であるが「住居」とは建築物ではなく、そこに住む人間の生活が主役である[*3]。

不穏な時代の支配者たちの住宅建築である「城」や、平和な繁栄の時代の支配者たちの住宅建築である「宮殿」は、教会建築などの記念建築と一緒に「建築史」で採り上げられる。一方「住居史」としては、「城」も「宮殿」もそれぞれの時代をしたたかに生き抜いた支配者たちの生活の舞台として見ていくことになる。しかしこの中で、主人公である王侯貴族とその家族および来客による生活があると同時に、もう一つ彼らの生活を支えて同じ屋根の下に住む召使や、その台所を支えて周辺に住む百姓など、建築史の中で採り上げられることはない支配者以外の民の生活があり、住まいがある。先述のごとく住居は人間の生活に視座をおくならば、

*3．建設したり販売する対象の家は、人間や生活を含まない概念である建築物としての家であるため、「住居現場」、「建売住居」という表現はあり得ない。また「竪穴住居」などは、建物と同時に原始人の生活イメージを含む概念と解釈される。

一握りの支配者たちに比べ、圧倒的多数の民の住まいにも、同一、あるいはそれ以上の価値を見出さねばならない。

❸「西洋住居史」と「日本住居史」

日本の住宅は、古代にさかのぼる伝統を受け継いでいる一方、明治時代以後は西洋の住宅から大きな影響を受けている。長い封建制度が解体した明治維新後の日本は、先進諸国に見習って西洋文明を導入し急速な近代化を進めていった。

しかし近代化された住宅の中でも、都市型住宅として集合住宅を考えるためには、すでに述べた中世以後のヨーロッパの中にある「ラテン系民族の石の文化」と「ゲルマン系民族の木の文化」という二つの異なる文化を踏まえる必要がある。

日本における集合住宅の形式は、数ある都市型住宅の中でも、古代ローマの文化が及ばなかったゲルマン系民族の木の文化圏に根ざしたものと思われる。ここでは一つの集合住宅が、生活水準の同じ程度の人たちによって構成されるもので、階層別の住まい方とでもいうべき特質をもっている。しかしこれは西洋における集合住宅のすべてではない。

集合住宅をただ漠然と西洋から導入されたもの、として単純に考えてしまうことは、集合住宅の多様な特性を見失うことになる。西洋にはもう一つ、ついに日本には入ってくることのなかった集合住宅の形式がある。

それはローマやフィレンツェ、あるいはパリ等の都市において、今日なお見ることができるような、一つの建物の中に異なる階層の人たちが一緒に居住するものである。この複合階層からなる住まい方ともいうべき生活水準の異なるいろいろな人が、金持ちも貧乏人も同じ集合住宅に起居することは、日本人が体験することのなかった住まい方である。これはヨーロッパで早くから見られたもので、古代ローマ時代までさかのぼるラテン系民族の石の文化圏に根ざした集合住宅の形式である。古代ローマの富裕貴族が住んでいた個人住宅・ドムスでは、中心の中庭に面する自分の家と、背中合せに街路に面する部分に店・タベルナを設け、さらにその上階を貸室・ケナクルムにしていた。

やがて都市の過密化に伴って貸室部分はますます高層化し、貴族の個人住宅も、店舗付き賃貸集合住宅と一体となった複合建築・インスラを形成した。こうして富裕者も庶民も一つ屋根の下で一緒に起居する集合の仕方が生まれたが、この雑居型とでもいうべき住まい方は、日本の集合住宅には見られない[*4]。

明治期以降、文明開化の旗印の下に、日本では西洋から導入したものがそのまま定着したことを考えれば、当時どこから導入されたかを見極める必要がある。それは幕府ではなく、薩摩藩、長州藩、すなわち明治政府を支援していたゲルマン系文化の継承者であるイギリスからもたらされたものであった。そして日本に入ってくることのなかった複合建築・インスラの概念は、古代ローマにさかのぼるラテン系文化の継承者であるイタリアやフランスなどの集合住宅の中に見ることができる。

ところでもう一つ、第二次世界大戦後における日本とアメリカの住居史がある。終戦直後は、敗戦後の日本を民主国家に生まれ変わらせるまで、マッカーサー元帥指揮下の多くのアメリカ兵（進駐軍）が日本に駐留し、日本家屋で生活した者も少なくなかった。こうした兵士たちの中には本来建築家やデザイナーであった者も含まれていたし、設計者を目指す若者もいたことだろう。やがて彼らは任務を終えて帰国し、軍服を脱いで元の職に戻った。その時彼らが日本の生活で見たものや体験したことは、建築やインテリアの仕事の上で新しいデザインの源泉になったに

*4・都市の集合住宅として日本における江戸時代の長屋は、人が集まって共同で住んではいるが、それは貧しい人の住宅として発生したものである。住み手の心情をくむ住環境があっても、土地の高度利用など、都市生活空間の質的向上の点から見れば、都市型住宅の典型と見ることはできない。

違いない。こうして日本がアメリカに与えた影響は、戦後アメリカの建築家やデザイナーの手によりインテリアや家具として、インターナショナル・スタイルの名のもとに世界に発信され、日本もまたモダンリビングの一環として受け入れた。色々な面から戦後アメリカにおける住生活の変化に注目して欲しい。

アメリカ人が駐留した当時、まだ多くの日本家屋には椅子式の食事用家具がなかった。畳の上でりんご箱やみかん箱（当時は木製であった）を椅子にして、やむをえず食事テーブル代わりに使ったちゃぶ台（当時どこの家庭にもあった座卓）は、今では背の低いティーテーブルに姿を変えてソファの前に置かれているであろう。また戦後アメリカの建築には、襖、障子に端を発する引違い建具が多用されるようになった。そしてソファの高さも低くなり、床にクッションでくつろぐ姿こそ、畳に座布団で寝そべる日本の低い目線の空間である。しかし敗戦国である日本の名が表に出ることはなかった。

第一章　原始

——洞窟から原始住居へ

洞窟の住居から始まる原始住居はやがて人間が構築した姿をみせるが、旧石器時代の竪穴住居はまだ空間分化を起こすまでには至っていなかった。しかし新石器時代の住居の中には、入口に近い方を台所と居間、奥を寝室とするものが現れた。すなわち明るくにぎやかな団らんの雰囲気と、入口から遠く安全感のある静かな雰囲気との差に気づき、空間で区別する意識が芽生え、人間の住居は他の動物のねぐらと隔絶した。この二室住居に前庭とポーチが付いて完成した基本形は、それぞれの地域の気候と得やすい材料を用いることにより、さまざまな形態の住居を生み出していった。

❶ 狩猟生活から農耕生活へ

❶-1 洞窟の住居

地球が出来たのは四五億五〇〇〇万年前のことといわれ、その後も地殻の巨大なプレートがゆっくりと移動し、陸も海もその大きさや位置を変えている。そしてこの地球上にわれわれの馴染み深い大きな恐竜が出現するのは今から二億五〇〇〇万年前のことであり、こうした地球生命史の中で見るならば、われわれ人類の祖先が出現するのはたかだか五〇〇万年前のことである*1。

現代人に近い原人が現われたのは一五〇～一七〇万年前のことで、彼らは完全に二本足で歩行し、複雑な石器や火を用いていた。その後も地球には四回もの寒い氷河の時代がやって来たり、また逆に暑い時代もあったとされているが、まだ彼らが住居を構築していたという証はない。氷河時代は、生物に対してわれわれが考

*1・丸山茂徳・磯崎行雄『生命と地球の歴史』、岩波書店、二〇〇二、一二頁

えるより少ししか影響を与えていない。多くの生物がより暖かい場所へ移動するか、あるいは少しずつ寒冷な条件に適応していったに過ぎない。多くの動物が絶滅したが、おそらく気候の変化より、人類の活動に原因があったと思われる*2。彼ら原人は、はじめほかの動物と同じように、樹上や岩陰の窪みなどにいたと想像されていたに過ぎないが、その後ヨーロッパや中国などでも一〇〇万年以上前の人骨が発見され、その多くは石灰岩の洞窟や湖などの水辺で発掘されている。このように、初めの頃の原始住居はほかの動物の巣と大差なく、人間が構築した建築とはほど遠い「ねぐら」とか「すみか」と呼ぶにふさわしいものであった。しかし、例え単なる「ねぐら」であっても、それは選ばれた場所でなければならなかった。

「ねぐら」には、まず風雨や洪水などの自然現象から身を守ってくれる場所が求められた。次に水が得やすいことは必須条件であったろう。また水だけでなく猟場に近いことも大切であった。そして肉食の野獣や敵意をもつ別の部族人などから安全でなければならなかった。

気候・食の確保・安全という「ねぐら」の条件は、今日のわれわれの住まいとしても基本であることがわかる。

こうした条件を満たした原始住居は「自然の脅威や外敵から身を守る避難所・

*2 R・コウエン著、浜田隆士訳『生命の歴史』、サイエンス社、一九七九、二四八頁

シェルターである」にほかならない。

寒い氷河期と氷河期の間には交互に温暖な間氷期が訪れた。しかし彼らにとってはとくに寒さの厳しい氷河期の冬場を生き抜くことが切実で、そのためにも洞窟は最も優れたシェルター（shelter）であった［図1］。

洞窟の住居は単純な洞穴ではなく、蟻の巣のように枝分かれし、奥は迷路のようになり、互いに他の入口から外敵が侵入していることを恐れて必要以上は奥に行かず、光が届く範囲で生活することが多かった。地表に降った雨は石灰岩からなる洞窟の天井を透して水滴となり、あるいは天井から壁を伝って床のきわで小さな水路となった。雨水は天井から染み出すまでの間に濾過され、地中のミネラルなどを溶かした上等な飲料水である［図2］。

洞窟の奥は地熱により暖かく、また暖かい空気が上に行く性質から、対流によって外から入る冷たい新鮮な空気が床面に沿って吹き込まれ、逆に焚き火の煙は奥から流れ出る暖かい空気と一緒に天井部を這うように排出された。そのため洞窟の中が煙によって息苦しくなるようなことはなかった。発見された洞窟の遺跡の天井が真っ黒になっているのはそのためである。

火は山火事の残り火から取って大切に燃やし続けたか、自分たちで摩擦によって

図1
旧石器時代の洞窟住居。シュワーベン、アルプ山地　洞窟は原始時代の最も優れたシェルターであった。

おこしたか、あるいは他の集団から奪い取るか、いずれにせよ大切なものであった。したがって最初はただ焚き火のように燃やすに過ぎなかった火を、突風で消えないように周りを石で囲み「炉」をつくり出した。洞窟内のどの位置に炉を設けるかは現代の視点でみれば、住居学的判断によるところが大きい。

水が得られ、暖も取れたが、シェルターとしてあとは外敵から身を守る安全性の必要があった。はじめは灌木の枝で入口を塞ぎ、効果を高めるために棘のあるものを用いたが、大型の獣に対しては限界がある。やがて出入口に入る程度の岩を転がしながら運んで来て塞ぐが、洞窟も岩も自然石であるから当然凹凸で

図2
①洞窟平面図。上、フォン・ド・ゴーム洞窟フランス。下、ニオー洞窟、フランス。②洞窟住居の断面概念図　洞窟の奥は迷路のように入りこみ、冬の外気が零下五〇度のときにも、中は十度以上に保つことができた。

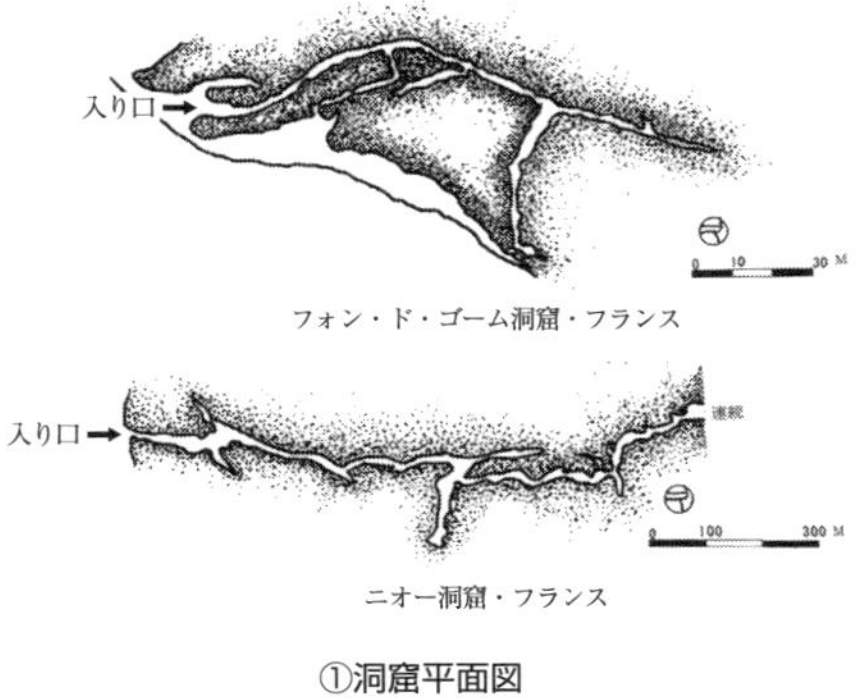

①洞窟平面図

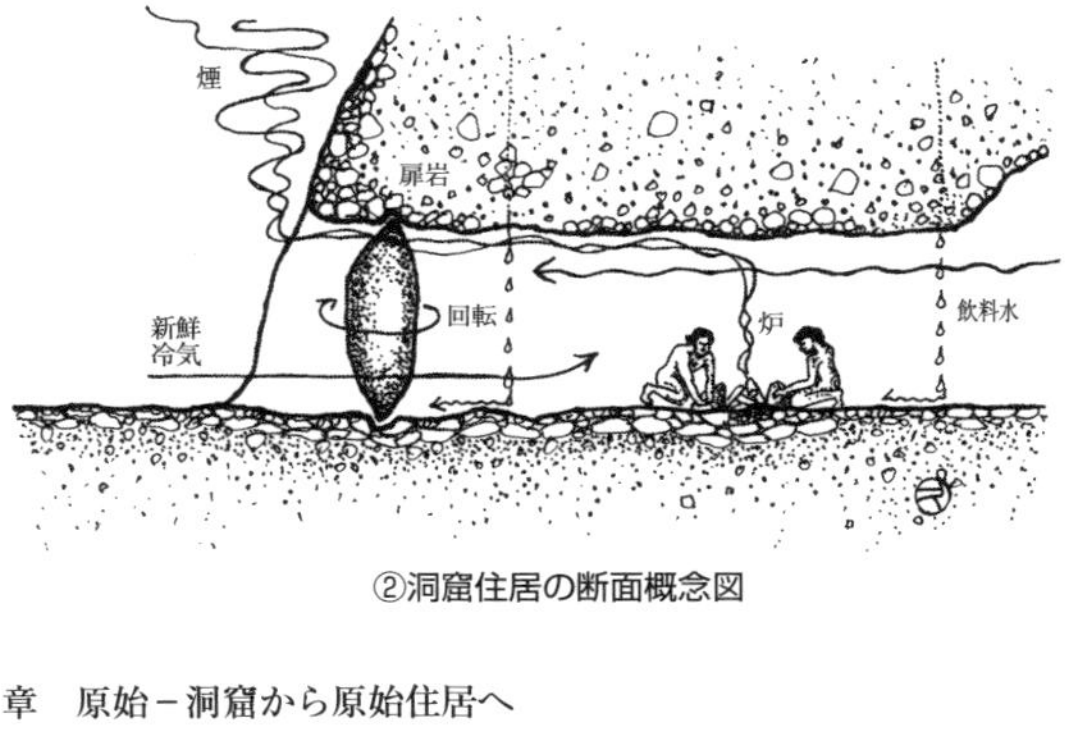

②洞窟住居の断面概念図

あったであろう。出入口の上下で石の凸凹が互いに噛《か》み合えば好都合であった。その部分を軸として、重たい岩も回転させることができる。ピボットヒンジとして後の軸吊扉の原理である。こうして原始人たちの洞窟住居も、他の動物のねぐらにはない知恵と発達の様子が見られる。

　最後の氷河時代が終わると西ヨーロッパの気候が暖かくなり、やがて人類も多くに枝分かれし、二〇万年ほど前にようやく新人（ホモ・サピエンス）が誕生する。そして約三万五〇〇〇～四万年前にクロマニョン人と呼ばれるきわめて進化した祖先がヨーロッパに進出し、ようやく住居史を論じる舞台が出来上がった。とはいえ地理的環境が現在のようになるまでにはまだ長い時間を必要とした。この頃の北ヨーロッパはかなり内陸まで氷河に覆われ、また海面は今よりもずっと低かったため、イギリス諸島もまだ大陸と連続していた*3［図3］。

❶-2
ねぐらから住居へ

　先史時代の住居の多くは、スペイン、フランスおよびドイツなどで発見されており、中でもアルタミラの洞窟（スペイン）やラスコーの洞窟（フランス）の紀元前一万五〇〇〇～前一万年に描かれた野牛などの壁画は、彼らの優れた描写力で知

*3　日本も同様に列島は一体で、大陸と連結していた。

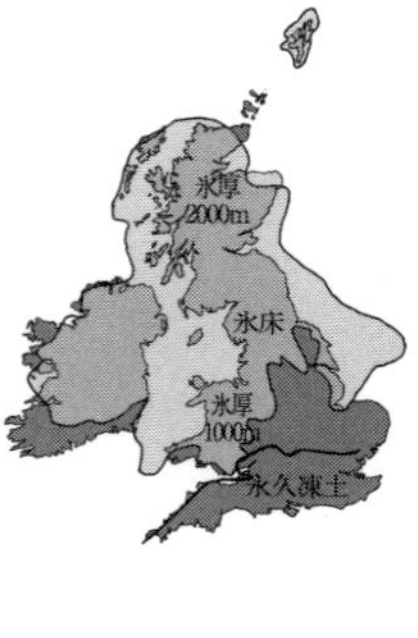

図3
氷河時代のイギリス、紀元前一万八〇〇〇年　北ヨーロッパはかなり内陸まで氷河に覆われ、また海面が今よりずっと低かったため、イギリス諸島はまだ大陸と連続していた。ちなみに日本も同様である。

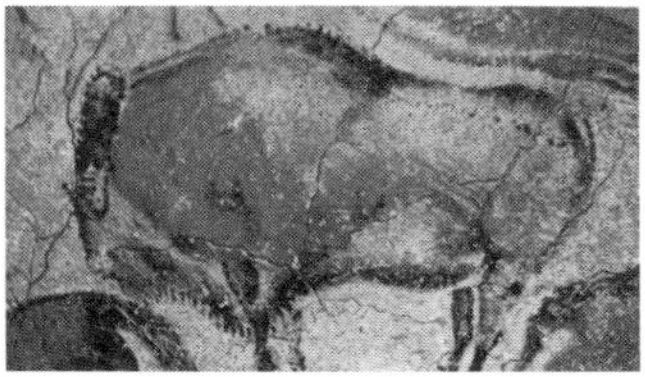

図4
アルタミラの洞窟の壁に画かれたバイソン。スペイン　洞窟の壁に残る絵や彫刻は、とくにフランスとスペインに多く見られる。氷河人は指や毛のブラシ、羽などを使い、木炭や鉱石をつぶして水と混ぜて色を採った。

図5
マドレーヌ期のフォン・ド・ゴーム洞窟画の一部　旧石器時代人の狩猟生活には移動が必要であったため、テントのような家を造っていたことが推察される。

られている［図4］。

旧石器時代の終わり頃、最後の氷河期の洞窟に家の形の壁画が見られる［図5］。これは狩猟で移動の折に用いられた家で、テントの家と推測されている。テントの家はトナカイや野牛を食料とした後、骨を支柱として骨組を造り、これにその動物の皮をかぶせる。すなわち狩猟で得た動物を食料としてだけではなく、骨も皮もすべて無駄なく利用していたことがうかがえる。素材こそ違うが北アメリカ先住民の住居であるティピーは、直径三・五〜五・五メートルの円形に丸太を立てて頂部を結び、バファローの皮を被せたもので、その基本形に名残を見ることができる［図6］。またウクライナのキエフの東南一四五キロメートルにあるメジリチは、マンモスを落と

図6
アメリカ先住民の移動に適した住居・ティピー　シャイアン族（約一五〇年前まで北米中部に居住）の村落。ティピーは、直径三・五〜五・五メートルの円形平面に立てた丸太の頂部を結び、バファローの皮をかぶせる。

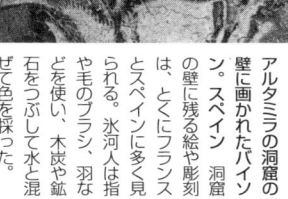

し穴に追い込んで捕獲する猟場だった地域であるが、肉を食料とした後の骨や牙で家を構築していた［図7］。またマンモスを食料とすることでは、東方のグラヴェット文化の人たちも知られている。彼らも最後の氷河期の寒さから身を守るために、木およびマンモスやカモシカ、狐などの動物の骨と皮を使って家を造ったと考えられている［図8］。

動物を追いながら外敵や寒気と闘ってきたわれわれの祖先たちも、転々とした狩猟の生活から互いに助け合う共同体意識が芽生え、やがて農耕と牧畜の文化を身につけ始めていた[*4]。農業文明の到来である。打製石器から磨製石器への技術的進歩、すなわち旧石器時代から新石器時代への移行とともに、森を畑に変えて耕作することを習得した。農業は種まきから収穫（栽培）まで、さらに蓄える行為（貯蔵）に及び、計画的行動を可能にした。そしてそれは生活の中にものを思考するゆとりを生じさせたに違いない。こうして人びとは洞窟を出て家を造りはじめた。

紀元前七〇〇〇年頃にはヨルダン渓谷のイェリコ、東部ユーフラテス川畔のテル・ムレイビトなどの集落が栄え、その遺跡から当時の村には一〇〇〇人以上の人口があったと考えられている。またこの他にも近東にはさまざまな集落が現れ、アナトリア高原には多くの遺跡が存在している。

図7
マンモスの骨の家（復元図）。メジリチ、ウクライナ、旧石器時代　発見された数個の中でも、大きいものは円形平面で直径六メートル、高さ三メートル、である。マンモスの骨と松の柱で円錐形の屋根を支え、内部にはマンモスの皮が張られていた。約二万年前のグラヴェット期のもので、ウクライナ科学アカデミー動物学研究所により復元された。

*4　R.R.Sellman, *PREHISTORIC BRITAIN*, Methuen & Co.Ltd.London,1958

南アナトリアに位置するチャタル・フユクの遺跡は規模が大きく保存状態も良い。発掘された家の平均は約二五平方メートル。一家族平均五人として五〇〇〇人規模の集落であった。数棟の建物が結合して街区を形成しているが、建物の外側に向かって開く窓や出入口はほとんど存在しない。屋根は平らな陸屋根で、ここに出入口としての開口が設けられていた。街全体では一万人もの人口を擁したと見られているが、紀元前六〇〇〇年頃には人が住まなくなってしまった［図9］。

また、同じく紀元前数千年頃から村落を形成していたジェリコの住居に見るドーム型は、日干煉瓦を積み上げる工法として今なおシリアなどで見ることができ

図8
グラヴェット文化の住居（復元想像図）。モラヴィア、チェコ、旧石器時代後期 南ロシアおよび中部ヨーロッパの寒冷地にあって、グラヴェット文化人が造った家は、マンモスはじめ狐、カモシカなど多種類の動物の骨を組み上げて皮をかぶせたものであった。

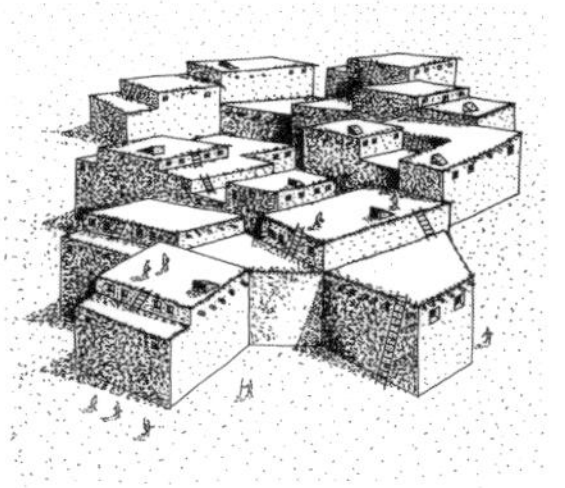

図9
チャタル・フユクの街（復元図）。トルコの中央、アナトリア南部、新石器時代 外敵の侵入を防ぎ洪水に備え、壁と壁を接して道路を持たない。家への出入りは天井に設けられた入口から梯子を用いた。外敵襲来のときは梯子を引き上げることにより、街全体を砦とした。

図10
ジェリコの村落に見るドーム型住居復元図
紀元前数千年頃からドーム型住居による村落が形成されていた。

図11
シリアのドーム型住居　日干煉瓦を積み上げた古代以来の工法によって造られている。

る［図10］［図11］。

　ドイツやデンマークなどで発見された石器時代中期（紀元前八〇〇〇年頃）から見られる住居の形態は、屋根も壁も小枝や葦、芝草などで造られた卵型の平面であった。大きくても直径二～三メートルで、扉はなく筵のようなものを下げていた［図12］。

　またフェーデル湖畔でも、八戸の不規則に並んだ卵型の平面をもつ住居跡が見つかっている。家は沼地に直接建てられ、小枝や葦の骨組に樹皮を被せ、その上にさらに厚さ三〇～三五センチほどの芝草を被せて造られている。壁は垂直ではなく内側に傾斜し、出入口は妻側に設けられて、扉の代わりに皮や筵を用いていた。

図12
柴で出来た卵型の家（復元）。北欧、石器時代中期　柴と、葦による横材で全体が覆われ、一本の柱で屋根を支えている。入口には扉の代わりに筵を下げていた。

また室内は床に木材を敷き並べ、粘土で覆い炉を設けていた［図13］。いずれも柱などの構造から見て、まだ木造住宅とは呼べない一室だけの小屋に過ぎない。しかし動物のねぐらとは隔絶した人間独自に構築した姿が見られるようになったことは注目に価する。

ドイツのプルーン近郊クライン・マインスドルフでは、新石器時代の原始住居の集落遺跡が発見されている。馬蹄形をした石の基礎部分がいくつも発掘され、いずれも長さ・幅とも五〜六メートルで、入口の前には炉が見られる。この集落の住居は床が掘り下げられ、基礎の上まで葦や藁の屋根が設けられた竪穴式で、北方の典型的な原始住居である［図14］。

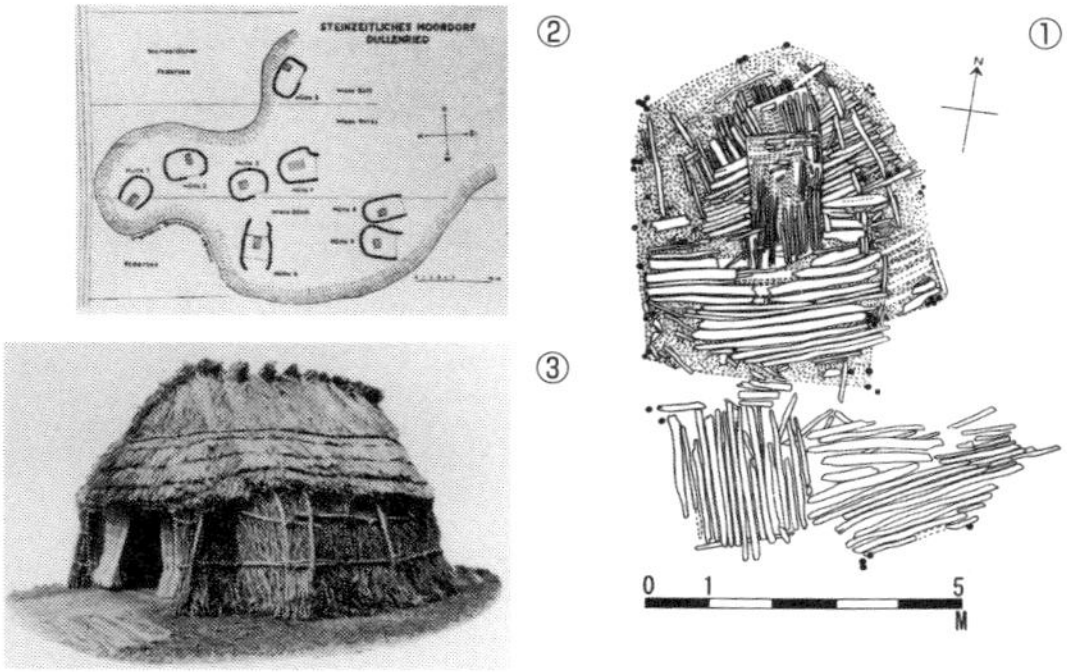

図13　柴で出来た傾斜壁の家（復元）。①平面図。②配置図。③外観。ドイツ、石器時代中期フェーデル湖畔の沼地に不規則なかたちで建つ八戸の住まい。平面は丸に近い形で、室内の床は木材が並べられている。

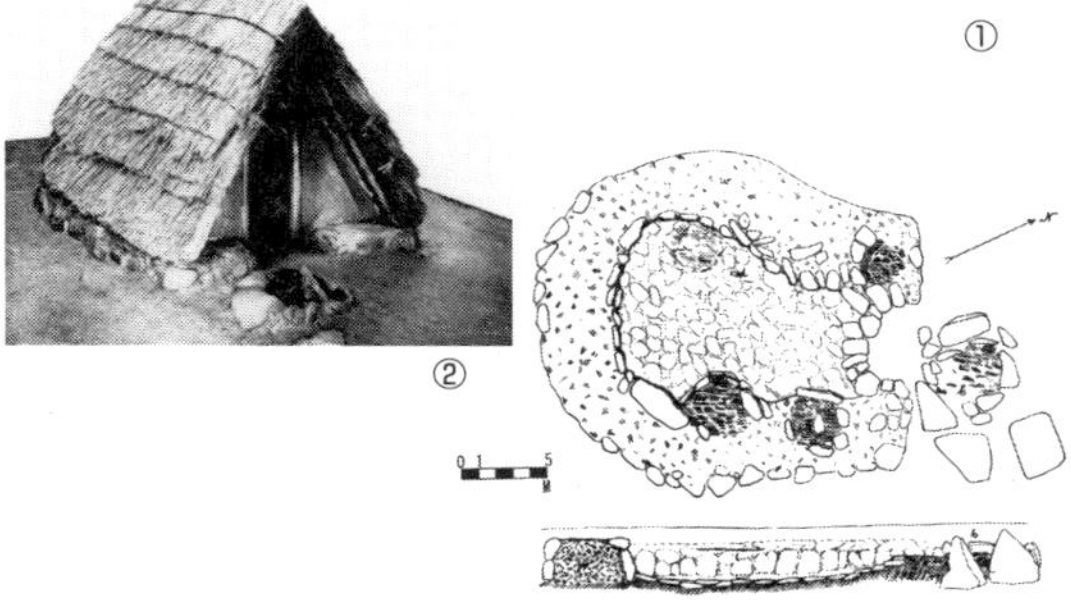

図14　ドルメン期の竪穴住宅（復元）。①平・断面図。②外観。プルーン近郊・クライン・マインスドルフ、ドイツ、新石器時代　馬蹄形平面をもつドルメン（巨石文化）期の基礎部分が残る集落。竪穴式で多くの家は前面に炉がある。

一方、スコットランドの北東に位置するオークニー島のスカラ・ブラエの集落には、石を積んだ新石器時代の住居が見られる。一辺が四～五メートルの隅を丸くした四角い平面の一室だけの住まいで、それぞれの石はとくに加工したものではなく、壁も自然の形のままの石で空積みされている。壁の厚さは一メートル以上あり、間を空けて二重になっているため三メートルにも及び、屋根は芝土か草で覆われている[*5]。こうした家はフランスでも見つかっているが、トンネル状の通路を通って家の中に入ると、室内中央に炉や水溜めがあるほか、石で造られた立派な家具がある。また寝台や椅子だけでなく、石で棚を組み上げた収納家具まで存在している。〔図15〕

図15
オークニー諸島スカラ・ブラエの石造住宅。スコットランド北東沖、紀元前二五〇〇～一七〇〇年頃　①外観。この集落の住宅は頑丈な空積みの石造で、平面は隅の丸い長方形の一室。②同内部。中央に炉があるほか、石の棚板からなる収納家具をはじめ、立派な石の家具が設けられている。③平面図。

①

②

③
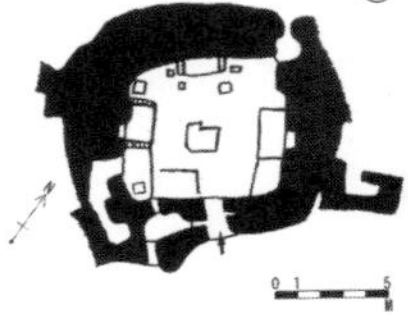

*5　James Dyer, *ANCIENT BRITAIN*, University of the Pennsylvania Press, 1990

❷ 木造の住居

❷-1 ケルト人の住居

最初のヨーロッパの部族はケルト（celts・インド・ヨーロッパ系語族）人であったが、彼らは共通の言語を持ちながら文字による記録がないため、近年まで明らかにされてこなかった。

ケルト人は青銅器による金属文明（紀元前一七〇〇年頃～）に加えて、東方から伝えられた鉄器文化の第1期・ハルシュタット文化（Hallstatt culture・紀元前一二〇〇頃～前四七五年頃）とともに、ドナウおよびライン川上流地帯からさらに西へと広がっていった。そして鉄器文化の第二期であるラ・テーヌ文化（La Tene culture・紀元前四五〇年頃）を迎えて、ケルト文化は最盛期を迎えた。

ラ・テーヌ文化はその後四〇〇年にわたって全ヨーロッパを制し、ケルト人はドイツ、フランス、北イタリア、スペインからブリテン（イギリス）までさまざまな部族を配下におさめ、バルカン半島を越えてギリシアへ、さらに海を渡って紀元前3世紀には現在のトルコのアンカラまで侵攻している。

ケルト人は紀元前一世紀のラ・テーヌ文化終焉の頃にはヨーロッパ中枢部のほとんどに居住していたが、フランスに定着したケルト人はガリア人と呼ばれ、イギリスのケルト人はブリトン人と呼ばれた。すなわちケルト人は、金属加工技術をもって広い範囲を行動し、ヨーロッパの基礎を築いた人たちであった。

ケルト人の居住地は、城壁に囲まれた要塞形式の集落・ヒルフォート（hillfort）と、都市・オッピドウム（oppidum）に分けられる。オッピドウムはラ・テーヌ文化の中で培われた経済力によるものであったが、ケルトは基本的に農村社会で穀物の栽培と牧畜を行っていた。「農村型の居住形態は小規模な集落によって構成され、その小集落は一般に規則性もなく配列された三〜五軒程度の同時代の住居からなっていたという」*6。住居の一単位は、骨組構造による長方形平面の大型の家で、平均一〇メートル×五メートル前後の変則的な規模である*7。またとくに中央ヨーロッパではそれよりも小さい四〜五メートル×二〜三メートルの四角形の家が発掘されており、大小二つのタイプの家が見られる。

*6 バリー・カンリフ著、蔵持不三也監訳『図説ケルト文化誌』、原書房、一九九八

*7 ヴァンセスラス・クルータ著、鶴岡真弓訳『ケルト人』、白水社、一九九一

図16 ハルシュタット期の丸太校倉造りの住居（復元）。紀元前六〇〇年 青銅製の道具により、丸太を整えて精巧に組み立てた堅固な建築物である。

農村集落の具体例として、イタリア北部、アペニン山脈にある定住跡（紀元前四〇〇～前二〇〇年）は、二〇〇～三〇〇人のケルト人が山腹に四〇～五〇軒の家を建てていた。この地はエトルリアの影響もあり、石と木材で造られた葦葺屋根で、屋内では粘土で造られた炉の前に土間があった［図16］。一般的にヨーロッパにおける多くのケルトの家は矩形であったが、オーストリアやスペイン・ポルトガルでは円形の家屋が見られる。中でもブリテン諸島において圧倒的に多い円形の家屋は、直径五メートルから一五メートル以上のものまで多様である［図17］。またフランスのシャスミーに復元された長方形の家屋は鉄器時代後半のもので、木材と編み枝の上に粘土を塗り、屋根を葦で葺いている［図18］。

図17
ハルシュタット期の竪穴住居（復元）。アスパルン、オーストリア、紀元前六〇〇年　ウィーン近郊のアスパルンに復元されているハルシュタット期の竪穴住居。地面を掘り下げて丸太を組み、地面まで屋根を葺き下ろしている。

図18
ラ・テーヌ期のケルト人の住居（復元）。紀元前一〇〇年　勾配のきつい屋根は葦で葺かれ、柱は地中に深く埋められている。まだ炉から出る煙に対する工夫は見られない。

ケルト人はヨーロッパ大陸の広大な地域を何世紀にもわたって支配して来た人たちであり、ローマに侵略される前にすでに高度な文化を有していたが、ローマのような統一された大帝国をつくることはなかった。

❷-2

湖村の住居

氷河が後退して気候が暖かくなると、溶けた氷河による増水から河川の氾濫が生じ、西ヨーロッパの地に多くの湖や沼沢が出来た。この農耕に適した水辺の場所に誕生した集落を「湖村」と呼んでいる。この湖村の住居は豊富な木材を使い、今までの原始住居に比べて一段と発達したものであった。

フェーデル湖沼沢地方のタンブリード集落の住宅には、さまざまな発展過程を見ることができる。家の正面部分（妻側）は屋根と両側の壁が突き出しており、ここは半戸外の空間で、すでにポーチが形成されていた。内部には炉とパン焼きかまどが見られるものの、室内はまだ分化していない。すなわち初期の原始住居は空間分化を起こすまでには至らなかった［図19］。しかし、新石器時代の北方住居のさらに発達した姿が、ジップリンゲンにある集落の家に見られる。ここでは小さな前室（居間・台所）と大きな主室（寝室）で構成されており、二部屋の間は壁で仕切られ、出入口の前にはギリシアのメガロンのような前庭がある［図20］。

この頃の家の台所には、粘土で造られた〇・八×一・二メートルほどのパン焼きかまどのほか、調理用の土器や木皿、杯、石臼、穀類を入れるために編んだ籠などが出土している［図21］。

図19 ポーチがある北方の家（復元）。①平面図。②外観。モールドルフ・タンブリード、ドイツ、新石器時代　一室住居であるが、妻側の壁と屋根が伸び、半戸外の部屋（ポーチ）が出来ている。

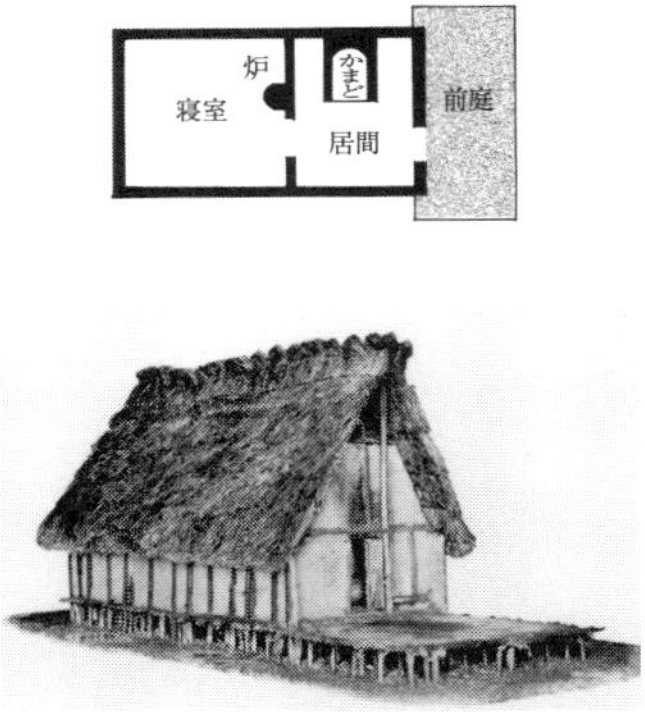

図20 二部屋に分化した北方の家（復元）。ジップリンゲン・タンブリード、ドイツ、新石器時代　図19の発展したもので、台所・居間と、寝室の二部屋に分かれて間仕切り壁が見られる。主室＋前室＋ポーチからなるギリシアのメガロンと同じ形である。

図21 ボーデン湖畔の住居内部の台所（復元）。ドイツ、新石器時代　パン焼きかまど、炉の周囲には土器や石臼など調理用の道具や棚のほか、布を織る織機が置かれている。かまどは〇・八×一・二メートルで、標準的な大きさである。

フェーデル湖畔の村・アイヒビュールでは、村落がすべて発掘されている［図22］。この村は二四戸の家からなり、一戸が核家族と仮定すれば一家族五人として全人口はおよそ一二〇人となる。ほとんどの住宅は四×八メートルの大きさであるが、右から四軒目に一つだけ頑丈に樫材で造られた七×一〇メートルの一まわり大きい家がある。北方の新石器時代にはいまだ社会構造のうえで支配者が誕生しておらず、また他の家に比べて飛びぬけた違いも見られないことから、自由意思で従う指導者の家で、次の階級社会へ移行する過渡期の姿と推察される［図23］。家は湖に面して整然と並び、すべて切妻型の屋根である。そして村の中央は公共の広場になっている[*8]。広場に面する家は、炉とパン焼きかまどを備えた部屋があり、おそらく集会場のようなものであったろう。

ところで新石器の時代に偶然発見されたと考えられる銅鉱石は、やがて石器の時代から金属器の時代へと移行させ、木材の加工能率を飛躍的に進歩させた。青銅器[*9]時代は紀元前三〇〇〇〜前二五〇〇年頃、そして紀元前一〇〇〇〜前五〇〇年頃にはさらに硬い鉄器の時代を迎えた。

南ドイツのボーデン湖畔には金属器で丸太を切り込み、井桁に積み上げた堅固な家屋も建てられている［図24］。この工法はゲルマン人が考案したものか、あるい

＊8　アイヒビュールの住宅の出入口はすべて妻側にあるのに対し、広場に面する建物だけが桁側にある。

＊9　青銅は、銅九に対して錫を一混合させたもので、これにより銅よりも硬度を増す。

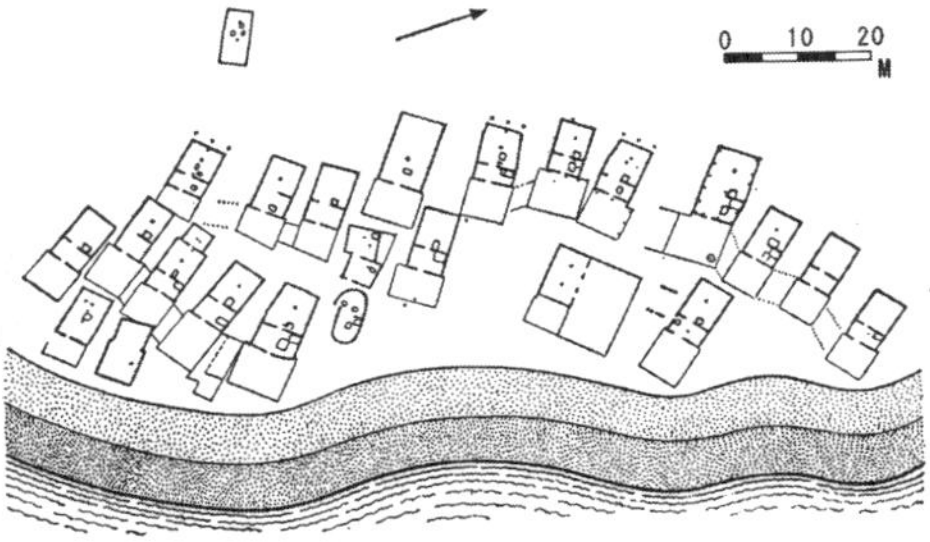

①

②

③

図22 アイヒビュールの集落（復元図）。ドイツ、新石器時代。①配置図。②外観図。③俯瞰図 中央に広場をもち、二四戸の家すべてが切妻屋根で湖の方を向いて整然と並んでいる。村は一〇〇〜一五〇人程度の人口だったと考えられる。

①

②

図23 集落における指導者の家（復元）。①外観。②平面図。ドイツ、新石器時代 アイヒビュールの集落の中で、樫の木で造られた一まわり大きい家である。支配者ではなく、原始社会から階級社会へ移行する過渡期の指導者の家と推察される。

はケルト人からゲルマン人に伝えられたものか定かではないが、ケルト人とかかわりの深い青銅器の時代になって初めて登場している。

また、ポーランドのビスクーピン湖村（紀元前五五〇〜前四〇〇年頃）は、木柵に囲まれた楕円形の中に杭上住居（湖上住居）がある七〇〇〇平方メートル近い大規模なものであった。囲いの中には無数の杭の上に床を造り、南面した一〇〇戸以上の丸太の家が規則正しく立ち並び、その一戸は八メートル×九メートル程度で前室と主室の二部屋で構成されている［図25］*10。

ビスクーピン湖村の住居は、先に述べたアイヒビュールのフェーデル湖村住居と違い杭上住居として知られている。杭上住居の遺跡はポーランドやドイツなどでも発見されているが、外敵からの安全性、あるいは平地や南斜面の気象条件の良い場所を耕作地とするためとされてきた。

しかしその後スイスのチューリヒ湖で異常乾燥のため極端に水位が下がり、湖底から杭が地表に現れたのを契機として行われた研究で、杭上住居の存在自体を否定する説が見られる*11。すなわち家は湖の中の杭上ではなく、湖の岸に建てられていたとするものである。杭の上に建てられていたのは乾期と長雨のときとで水位が一様でなかったことを前提に、水位が上がったときでも水没しないため、

図24
ボーデン湖畔の校倉式住居（復元）。ドイツ、青銅器時代　間取は新石器時代のフェーデル湖村の住居と大差ないが、青銅器による精巧な加工と、豊富な木材の伐採が容易になったことによって、構造は一段と堅固になっている。

*10　角田文衛著『石と森の文化』、新潮社、一九七一、六五、六六頁　ラジェウスキ　一九四六年〜第二次発掘調査による。

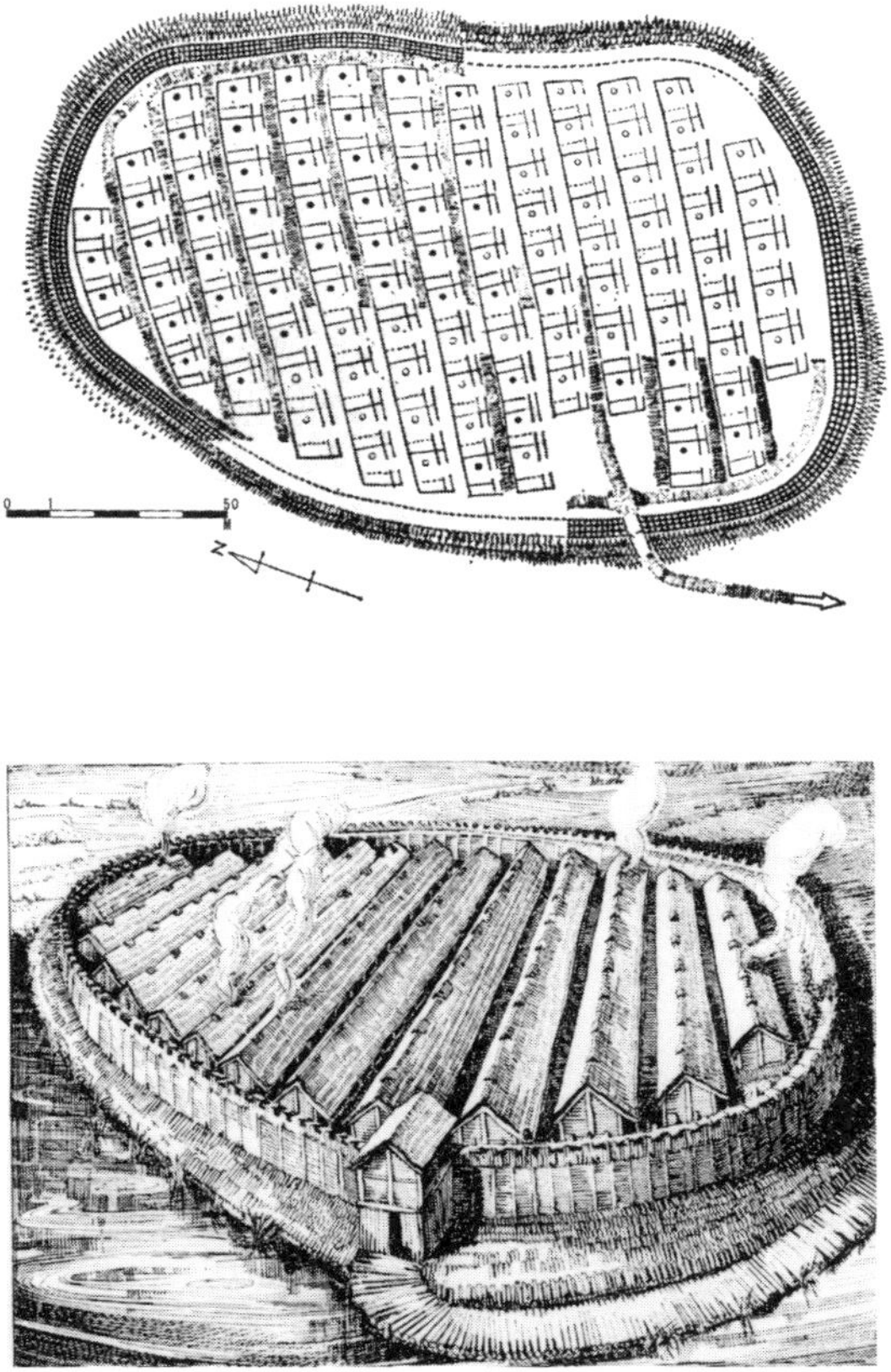

図25
防御壁で囲まれたビスクーピンの集落（復元）。①平面図。②復元図。ポーランド、紀元前一六六〇～前五〇〇年
多くの連続長屋式の住宅が堅固な囲いの中に整然と建てられている。全体は木製の柵の外側に粘土を塗り、燃えることを防ぐ砦であった。一住戸単位はすでにドイツにおける湖村の住居でも見られたものと同様、前室と後室からなる。

＊11　カトリーヌ・ルブタン著、大貫良夫監修『ヨーロッパの始まり』、創元社、一九九四。一四六頁　著者はF・ケラー、O・パレなどの説を挙げ、今日までの論争の経緯を示している。

としている[*12]。
長い年月の間に気象現象や自然は、水位のみならず地形をも変化させることがある。かつて湖岸であった場所をいつしか湖の真中にしてしまうこともあり得る。そうなれば水位が上がったとき、人びとはそこに住むことなく、その住居を捨てたであろう。今日、異常乾燥で水位が下がった湖の真中に多数の杭が認められれば、湖上の杭上住居を彷彿させるが、実際に人が住んでいたときには湖岸だったことになる。しかし杭上住居は湖の中にあるものと信じて疑われなかった時代に、多くの復元想像図が描かれている［図26］。

*12 近年、スイスをはじめとしてフランスやイタリアの湖でも、杭の上に建てられた住宅や、岸辺に杭なしで直接建てられた住宅なども、その存在が明らかにされた。

図26
既往の研究に見る杭上住居の想像図 これらの想像図では、画家のロマンとイメージをふくらませたものになる危険性がある。

第二章　古代

―文明成立とラテン系住宅の形成

ギリシア住宅の基本形として墨守されてきたメガロン形式の住宅は、土地の狭歪化や住生活の多様化により、その前庭が囲まれて中庭へと発展していった。これは古代住居として先行したメソポタミアの住宅同様に、中庭や広間が中心となった有心空間の成立であり、古代住居の中にみられる特徴である。こうして完成し古代を彩ったギリシア・ローマ型住宅は、理想の住宅として部分的には一九世紀までヨーロッパの住宅に影響を及ぼしたといっても過言ではない。

❶ メソポタミアにおける集落の発生

❶-1 練土住居と集落

古代近東の中心地は、一般史において世界で最も早く農業が始まったとされているチグリス川、ユーフラテス川の水に恵まれた肥沃な平原地帯、メソポタミアであった。この二つの川はトルコ東部の山中を源とし、細長い渓谷をつくりながらメソポタミアを流れ、ペルシア湾に注いでいる［図1］*1。

近東の多くの地域では、雨が少ないために森林がなく木材に乏しい。ここでは屋根を支える梁材以外に大切な木を使わず、手近な泥を使って家を造ってきた。日干煉瓦が工夫されるまでは、小枝やナツメヤシの葉の茎を縦横にわたして両面から、粘土あるいはこれに藁を混ぜて練り固めた練土（ピゼ）を塗る乾泥構法であった。今日でも日干煉瓦で家を造り、建物が壊われたり使われなくなると、木の梁だけを

*1 地中海東岸を北へシリア砂漠からメソポタミア平野をペルシア湾まで、ユーフラテス川、チグリス川に挟まれた部分を含む三日月（弓）形を一般に「緑の弦月形」、「肥沃な三日月地帯」などと呼ぶ。栽培に適した植物など豊かな自然に恵まれた地域。

取り外して再利用している様子が見られる。

チグリス川、ユーフラテス川の地の利に恵まれたメソポタミアは、農業が栄える一見平和な農村に見えるが、逆に他民族から見れば、どうしても手に入れたい恵ま

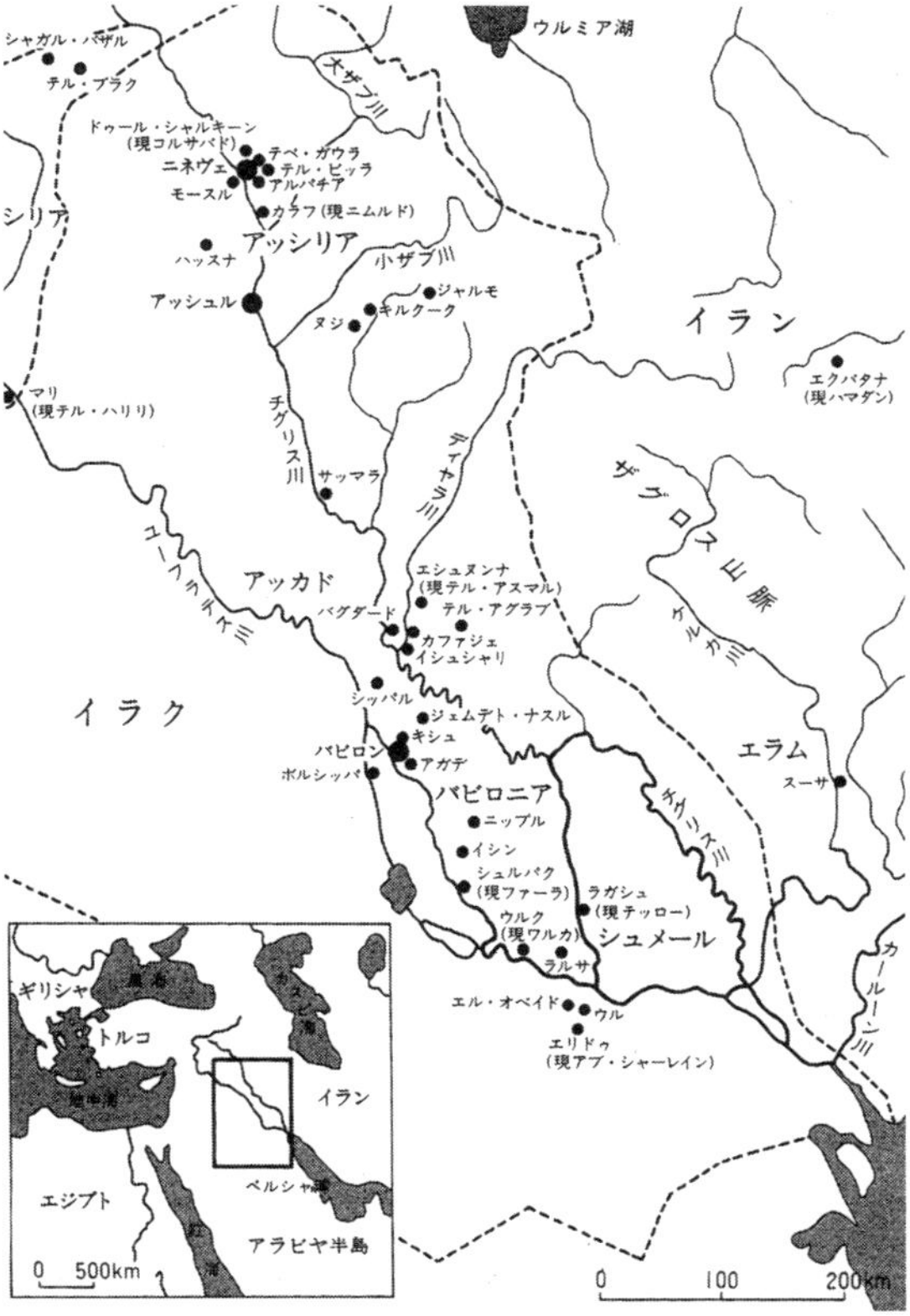

図1

メソポタミア　狭義にはユーフラテス川とチグリス川に挟まれ、水に恵まれた肥沃な平原地帯を指す。東のザグロス山脈から西のシリア砂漠の高原に囲まれた、二つの大河の支流によって形成される平野全体を意味する。現代のイラクとその周辺。

れた土地であったに違いない。次々と攻めてくる敵との戦いによって家は壊され、その煉瓦や粘土は再利用されることなく、また新しい家が建てられた。同じ場所で何度も建替えが続くと、壊された煉瓦や粘土が積み重なって小高い丘になる。丘（ヒル・英語）は、テル（アラビア語）あるいはフユク（トルコ語）と呼ばれているが、こうして何層にも壊れた家が積み重なっている近東の遺跡は、各時代ごとの住宅の様子を知るうえで貴重な資料である。

遺跡の地層は古い順に下から第一層位、第二層位、と数えるが、ハッスーナ遺跡の場合は積み重なった十数の層（地位）からなることが確認されている。そのうち下から四番目の層の住居跡はきわめて保存状態が良く、上部構造は壊れているものの基礎がよく残されているため、間取を知ることができる［図2］。

ムアイヤッド・S・B・ダメルジは、ハッスーナ第四層位の家を三分形（三つの室列からなる平面）とし、メソポタミアにおける最古の例としている*2。

ハッスーナ第四層位の住宅は材料が泥で、いくつもの家が集合しているため、ヨーロッパにおける木造の家（湖村の住居）や、ギリシアにおける混構造の家（メガロン形式の家）とは一見して似ていない。しかし平面は軸線が真っ直ぐに通らず直角に曲がっているだけで、その間取は初期の空間分化と同じ「前庭（ポー

*2　ムアイヤッド・S・B・ダメルジ著、高世富夫・岡田保良編訳『メソポタミア建築序説』、日本教育新聞社、一九八七、一〇頁

図2

ハッスーナ第四層位の住宅。①平面図。②復元図。テル・ハッスーナ遺跡、紀元前四二〇〇年　東西二つの住宅が結合した遺跡。機能分化も進んでいないが、いずれも前庭があり、家の前に炉が見られ、穀物倉庫と屋内にかまどが設置されている。練り土造で壁厚四五センチメートル。控え壁による壁の補強がなされている。

①平面図

チ）」＋「前室（居間・台所）」＋「主室（寝室）」からなるもので、よく見ると基本的な一住戸単位の構成は同じであることがわかる。

　このように家と家とを互いに寄り添わせて集合させることができたのは、雨が降らない地方ゆえに平らな陸屋根となっているために、壁と壁とを接して造ることができたからである。これは集まって住むことにより、力を合わせて外敵に備えたのであろう。また軸線を真直ぐに通さない迷路のようでわかりにくい通路は、いく度も外敵の襲撃を受けてきた民族の敵をあざむく生活の知恵かも知れない［図3］。

　紀元前六〇〇〇年頃になると、メソポタミアで発展していたハッスーナ文化も、やがてハラフ文化、ウバイド文化を経て、紀元前三四〇〇年頃ウルク期へと移行した。

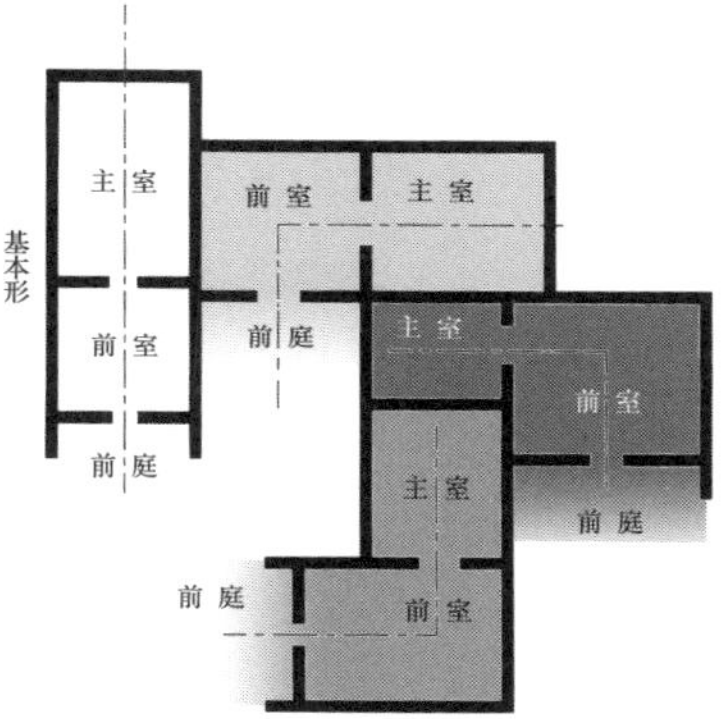

図3

複雑な住宅平面構成原理の概念図　迷路のように一見複雑な平面構成も、「前庭＋前室＋主室」からなる基本形の軸線が直角に曲がり、あるいは前庭を共有することもあるプランニング・メソッドを見極めると、基本形の結合であることがわかる。

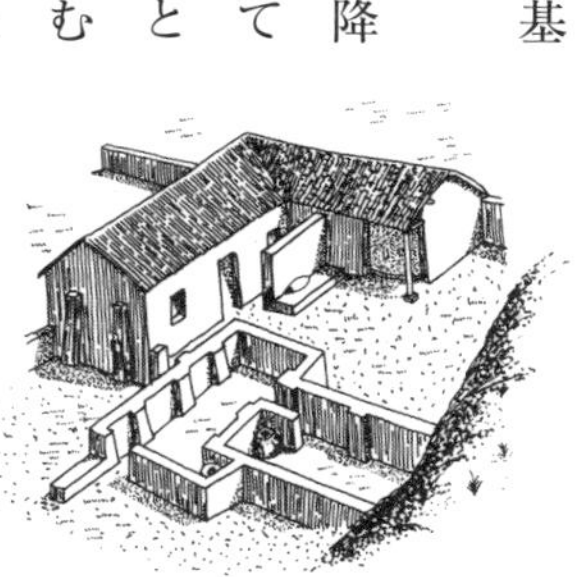

②復元図

❶-2

中庭形式の住宅と「有心空間」の成立

紀元前四〇〇〇年以降三〇〇〇年頃になると、集落の中には必ずしも生活基盤を農業におくことなく、狭い地域に大勢の人が住み、都市の性格をもつものが増えてきた。住居は密集して街路に面し、都市の繁栄とともに部屋数も増え、かつての前庭は建増しのたびに囲まれて中庭となった。

さらに手狭になってきたとき、この中庭に屋根をかけて中央広間としたことも考えられる。しかし中庭形式の住宅について、小林文次は中庭は解放された空地の周囲に諸室が配置されるもので、各室への光と風の供給、あるいは動線にプライバシーが得られるなどの利点があることを前提に、「これらの諸点は、これまでの中央広間形式のプランには望みえない所であった。つまり中庭形式の住宅は、広間形式の住宅より遙かに住居に対する高次の要求を満足せしめえたのである。したがって住宅プランの発展史上において、中庭形式が広間形式の後に位置するのは理解できよう」*3と述べている。

テル・アスマルの都市住宅（紀元前二四〇〇〜前二二〇〇年）は、中央広間型の例であるが、「アーチの家」と呼ばれる住宅を見ると九つの部屋からなり、前庭

*3 小林文次『建築の誕生』、相模書房、一九五九、三六頁

*4 S.Giedion,*THE ETERNAL PRESENT-THE BEGINNINGS OF ARCHITECTURE*.The National Gallery of Art.Washington.D.C.,1957,p.186,p.188,p.189

（7）から見張室（8）の前の入口（6）を通って中央広間（1）へと入る。広間とパン焼かまどのある台所（9）が接して機能的にできている。そして（2）〜（4）は居室。なお中央の広間には炉やベンチのほか、中央に柱の基礎が残っており、ここが中庭でなかったことが明白である［図4］。

　またウル第三王朝（紀元前二一一二〜前二〇〇四年）の頃に最も栄えた古代都市ウルで発見された都市住宅には中庭形式が多く見られる。西方住宅地の家（紀元前一八〇〇年）は、正方形に近い中庭をもつ典型であるが、二階に家族の寝室があるほか、一階には台所や便所、排水溝があるなどきわめて完成度の高いものである［図5］*4。

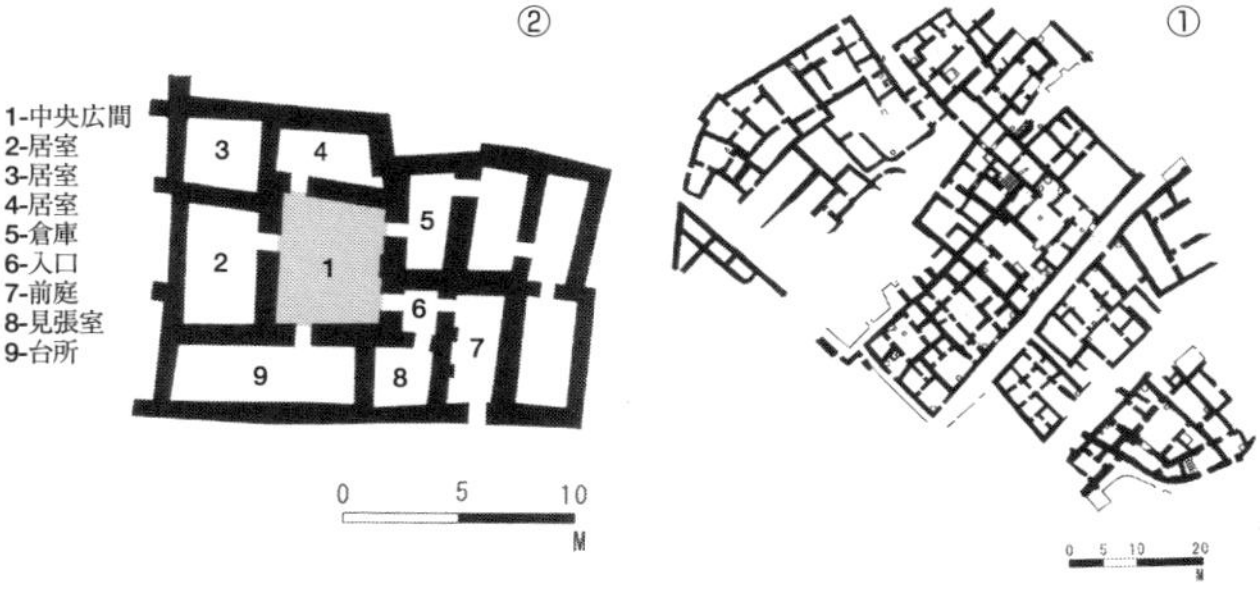

図4
アーチの家。テル・アスマル、紀元前二五〇〇年　①住宅地。②一住宅。この頃になると、部屋の機能分化がなされている。

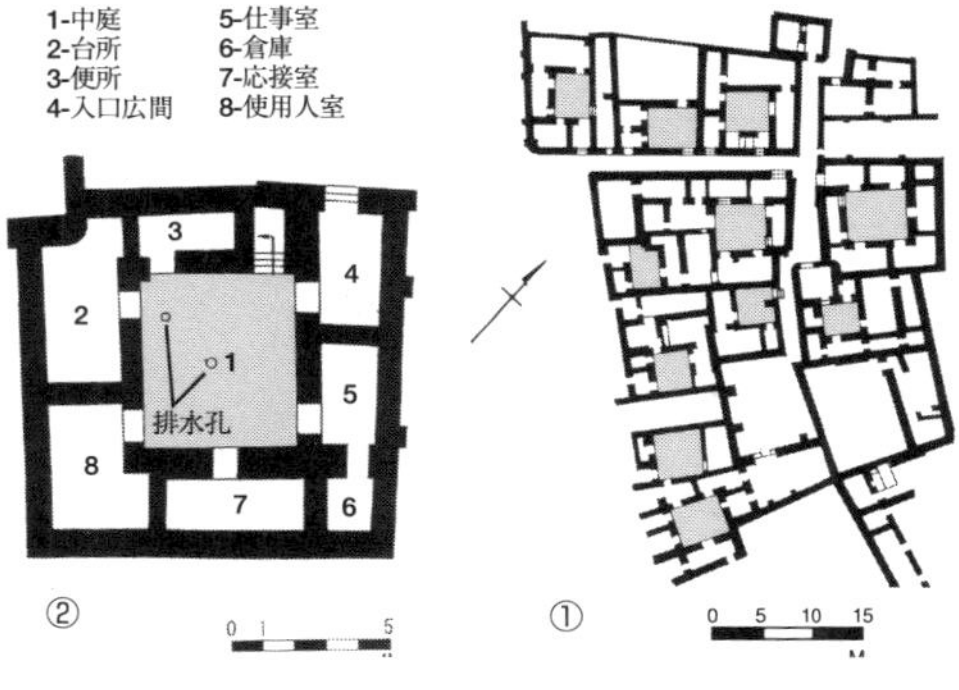

図5
ウルの西方住宅地とその一住宅。ウル、紀元前一八〇〇年　①ウルの西方住宅地の家は、中庭を中心に構成されている。二階建ての家も散見する。②この家は中庭型の住宅として完成されている。二階は中庭側の回り廊下で各室のプライバシーが保たれている

これらの住宅では、街路から入口を入るとまず中庭に出る。そしてそこから各部屋に入るもので、部屋から部屋へは行けず、隣の部家に行くにもいったん中庭に出てそこから入らねばならない。すなわち中庭はこの家の中心となる空間で、人の動きはその中心へ集まり（集中）、中心から出て行き（拡散）、その中心をぐるぐるまわる（周遊）。こうした中心をもつ平面は「有心平面」、この空間は「有心空間」と呼ばれるもので、古代住居の空間に見られる特色の一つである［図6］

❶-3 宮殿建築の構成と「複合有心空間」の成立

支配者が誕生し、階級社会が成立した古代では、住む人の階級によって住宅の規模や質も異なるものであった。したがって一つの集落の中に、小住宅に混じって大邸宅が存在することも不思議ではない。早くから古代社会を形成した東方諸国では、支配者の住居である王などの宮殿が造られていた。

初期の宮殿は、一般住宅の構成と同じ有心的な平面で構成され、ただ支配者としての権威を示すために一つ一つの部屋を大きくし、家全体も大きくなったに過ぎなかった。しかし宮殿は、支配者の住居であると同時に公務の場でもあるため、他の機能をも備えなければならない。謁見の間や、家臣・役人・神官・兵隊から召

図6
有心空間の概念図 人の動きは中心に集まり、出てゆき、周囲をまわる。「集中・拡散・周遊」

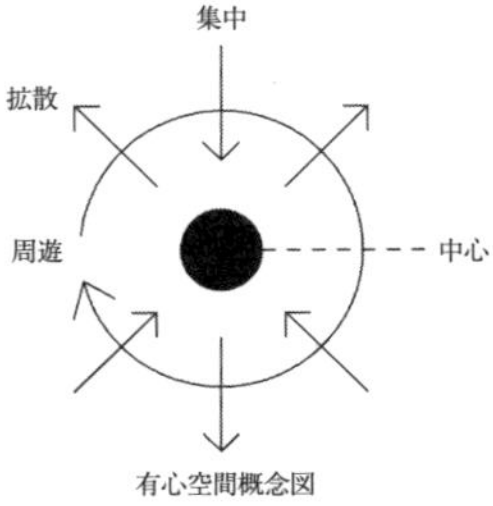

使・奴隷など大勢の人びとの部屋、さらには富の蓄積を収納する倉庫など、面積は膨れ上がった。巨大化して複雑な構成になっても、各室への出入りの動線や採光を考えなければならず、基本的に一般住宅と同じ有心的平面を繰り返し組み合わせることによって「複合有心平面・（複合有心空間）」を形成した［図7］。

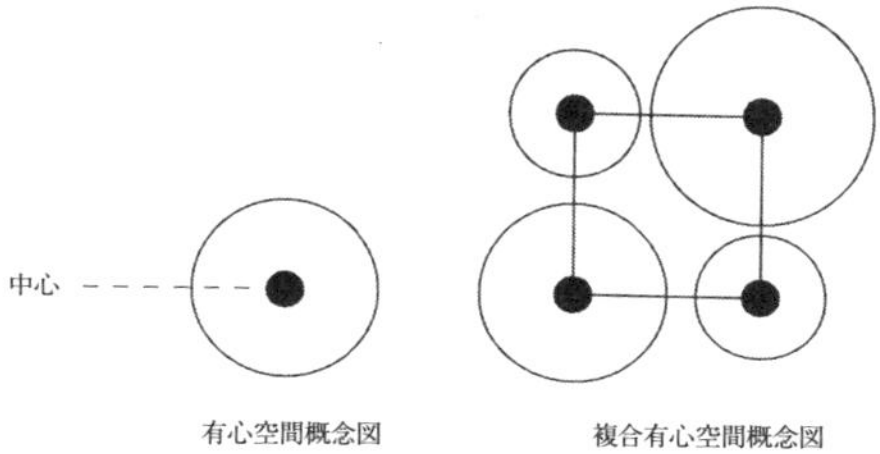

図7
複合有心空間の概念図　複雑に見えるが、細胞のように有心空間が繰り返し集まっている。

そしてこのことは、宮殿と規模こそちがうが上層富裕者たちの大住宅も同じであった。

バビロンの「メルケス地区の大邸宅」と呼ばれる住宅は、各々中庭を取り囲んだ三つの有心平面が組み込まれて、一つの複合建築になっている［図8］。

また、アッシリア帝国のホルサバードの宮殿は、複合有心平面の最も大規模な例である。非常に複雑な間取も、各室が中庭を囲む有心平面の基本形に分解しながら見ていけば、生物の細胞分裂のよ

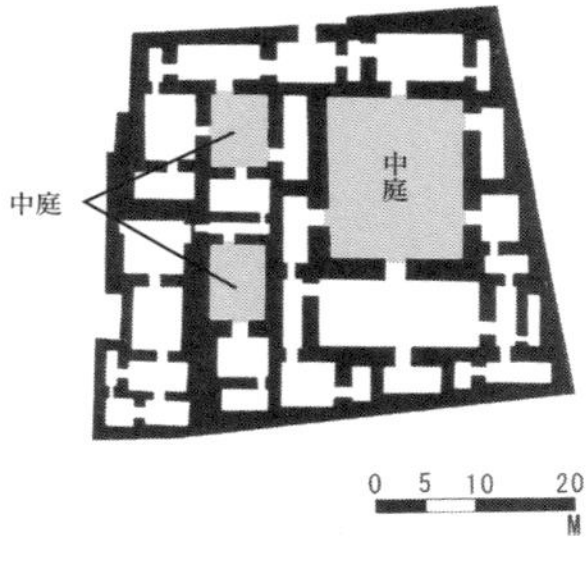

図8
メルケス地区の大邸宅。バビロン、紀元前七〇〇年頃　中庭を中心とする三つの空間の複合体であることが明確にわかる。

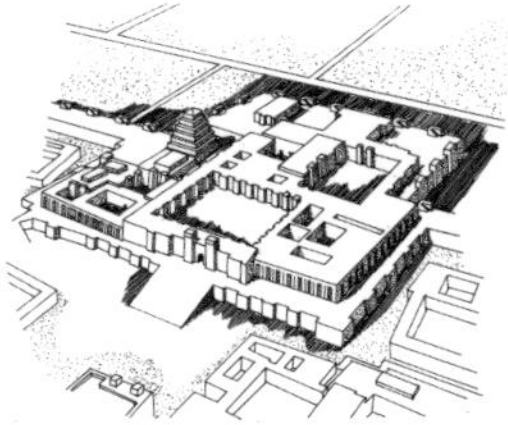

図9
ホルサバードのサルゴン王宮復元図。ドウル・シャルルキン（現在ホルサバード）、紀元前七二二〜七〇五年
アッシリアの王・サルゴン二世の巨大な宮殿とジッグラトを含む神殿。

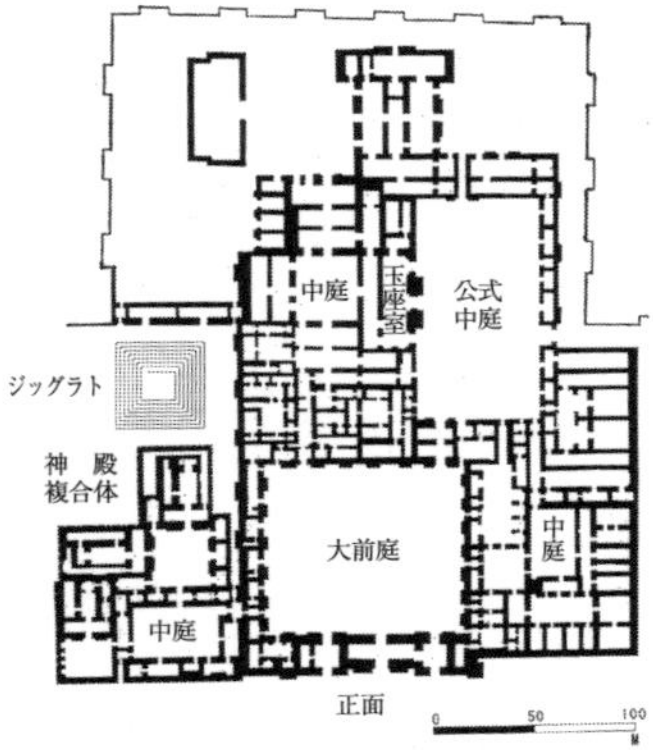

図10
ホルサバードのサルゴン王宮平面図　有心平面が複合した（複合有心平面）最も大規模な例。

うで、プランニングメソッドとでもいうべき一つの原理・法則が見えてくる。

この王宮は、大きく三つのエリアに分かれている。下半分の一番大きな正方形の中庭に面する部屋とその右側の部分は王宮を守り司る官僚、軍隊、役所に当たる。左下は宗教的な部分で、神殿や神官の住居、直ぐ上のいく重にもなった正方形*5はジッグラト。全体のおよそ上半分が王宮で縦長の大きな中庭を囲んでいる。その左側の正方形の庭を囲む部分はハレムで、王の寝室などプライベートな部屋。王宮全体を見ると、小さいものまで含めて十数個もの中庭から構成されていることがわかる［図9］［図10］。

*5　ジッグラト(ziggurat)は、メソポタミアにおける神殿や宗教的施設の一部をなす煉瓦積の階段状ピラミッド形聖塔。

❷ エジプトの都市と農村の住宅

❷-1 王宮の平面構成原理

大河の定期的な氾濫は肥沃な土地をもたらすが、この恩恵を受けるためには灌漑と治水なくしてはあり得ない。そのためには強大な力をもつ王などの統率者と、民の労働力が基本であり、メソポタミアやエジプトは、はやくから強大な専制君主がいて統一国家を築き、これらの事業を成し遂げてきた。

エジプトは古王国時代・第四王朝のときに王の権力が絶頂に達し、クフ王などの巨大なピラミッドが造営されたが一時期衰退した。その後近東の脅威であったエジプトは、ヒクソスとの長い抗争を制して再び栄光を取り戻し、新王国時代を迎えた。第十八王朝・トトメス一世（紀元前一五〇四〜前一四九二年）の時代にこれまでの国境を大きく拡大し、アメンヘテプ三世が即位（紀元前一四一五年）した頃には国土もさらに広がって大いに繁栄した。そのアメンヘテプ三世の宮殿「マルカタ王宮」跡がテーベの都（現ルクソール西岸）マルカタに残されている。

マルカタ王宮の規模は壮大で、はるかに離れた所に王子の宮殿があるなどさまざまな関連施設が点在し、全体ではパレスシティとでも呼ぶにふさわしい規模であり、現在までに主宮殿と壁を接する東翼、大厨房などが発掘されている[*6]。マルカタ王宮を例にして、主宮殿の構成について述べる。入口（A）を通り抜けると広庭に出る。ここから細い廊下を経てホール前室である列柱室（G）へ、さらに進むと大ホール（H）に至る。このホールの両側にはハレムを構成する住戸が片側に各四、計八戸あり、各戸は五、六室からなっている。ホールの奥は玉座の間（I）で、その後は王の寝室と寝室前室（J）である。

ハレムの婦人たちの部屋は大きさや造りも微妙に違い、序列があることを意味している。今、一番大きい右上の住戸を見てみよう。前室（N）には石板があり水瓶が置かれており、ここで湯浴みしたことも考えられる。水に弱い日干煉瓦の建造物の中にあっても、床は排水溝のある石造の水盤で出来ており、当時の浴室はほかでも見ることができる。（K）には腰掛けがある。居間の後の出入口は便所（P）と寝室前室（L）、寝室（B）へと通じている。脇の出入口からは倉庫（M）へ。

*6 「マルカタ王宮址」の研究に関しては、早稲田大学古代エジプト建築調査隊編『マルカタ王宮の研究・マルカタ王宮址発掘調査一九八五－一九八八』、中央公論美術出版社、一九九三、に調査研究の成果がまとめられている。

ここは衣装、装身具、貴重品、家具などを収納し、周囲はすべて棚になっている［図11］［図12］。

①

②

図11
マルカタ王宮跡。①平面図。②遺構。アメンヘテプ三世の宮殿跡、テーベ西岸・マルカタ、第十八王朝（紀元前一三六五～四八年） ①現在の発掘で明らかにされている部分は南北六五〇×東西五〇〇メートルの区域。②遺跡のほぼ中央に当たる王の寝室部分は壁の色彩も鮮やかに残っている。

図12 典型的な浴室、メディネット・ハブ神殿内

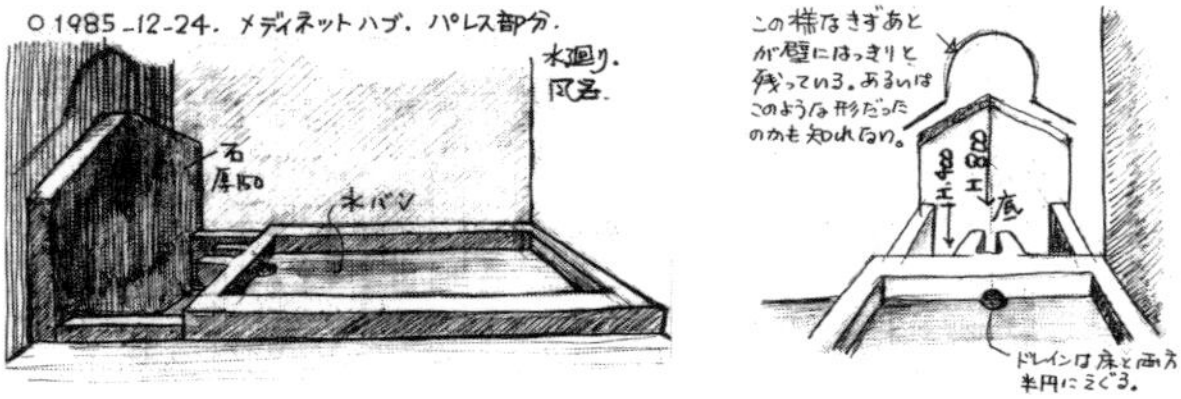

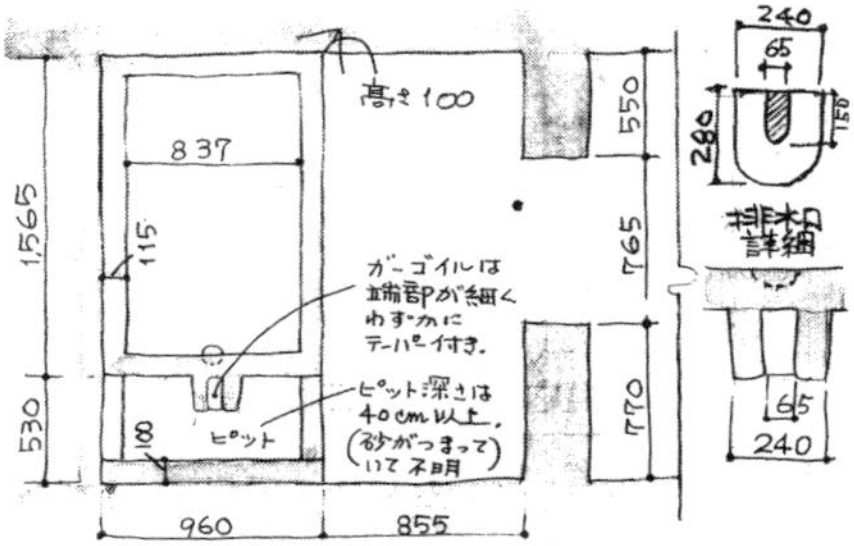

一九八五、八七年の古代エジプト調査によるマルカタ王宮調査時の実測調査野帳。

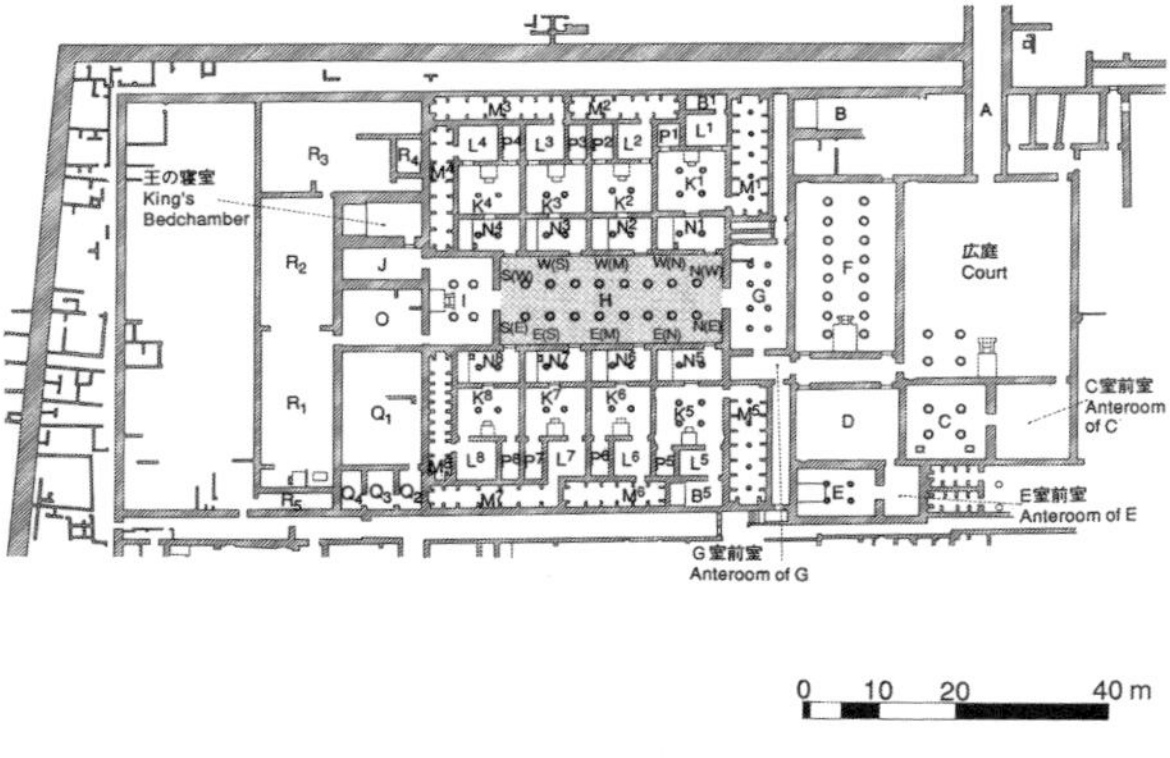

図13 **ハレムの婦人たちの部屋** ハレムを構成する婦人たちの部屋は、大ホールを挟んで両側に各四戸、計八戸、ホールを中心とする有心平面を形成している。各戸とも、背後には衣装室兼倉庫が設けられている。

ところで、主宮殿内の大ホールを囲む各室の構成において、一連の王の居室と夫人たちの居室を比べると、規模こそ違うがその構成は基本的に同じである［図13］。これは貴族の家を見ても同じであり、貴人の私空間における構成要素とその配列には一定の法則性があることに気づく。そしてここでは中庭ではなく、大ホールを中心に一つの有心平面が見られる［図14］［図15］。

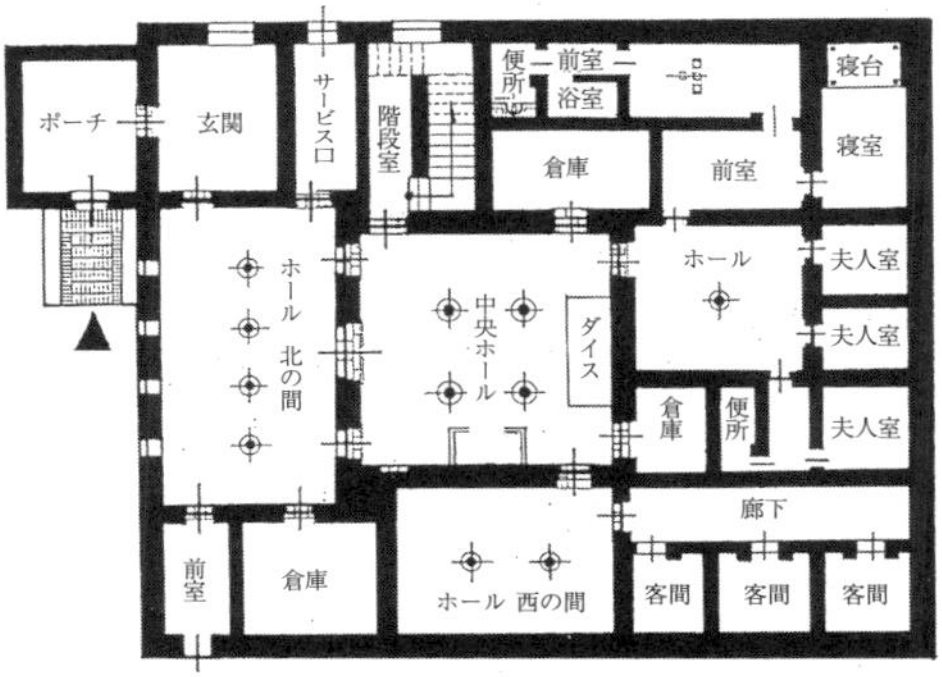

図14
新王国時代の貴族住宅平面図　中央ホールのほかに、もう一つ婦人たちの居間としての小ホールが見られる。すなわち婦人たちの部屋は一室だけからなり、寝室以外の前室や居間の機能がこの小ホールにおいて共有されている。

図15
アマルナ遺跡の貴族住宅祉　アマルナ遺跡は王一代限りで廃都となったため、貴族住宅の遺跡も比較的良い状態で残っている。

❷-2
貴族住宅の平面構成

マルカタ王宮で栄華を極めたアメンヘテプ三世の王子四世は、今までのアメン神を排し、太陽神アテンをもって宗教改革を行い、カイロの南約三〇〇キロに位置する新都アケト・アテン（現テル・エル・アマルナ）を造営した。しかし神官団が反発し、民心も離れ、ここでの繁栄はわずか一〇年しか続かず、次のツタンカーメン王のときには再びテーベに戻った。したがって王一代限りで廃都となったアマルナ遺跡には宮殿や貴族の住居跡が比較的良い状態で残っている。

支配者たちの住文化の発展は、紀元前一八〇〇年頃からで、近東の有心的な平面が取り入れられている。これらの住宅は都市の中に広大な敷地をもち、周囲を高い煉瓦の塀で囲み、主屋のほかにも倉庫などの付属建築と立派な庭園を設けていた［図16］。

アマルナの貴族住宅を見ると、正門を入り庭園を通ってもう一つ門を入ると玄関ポーチへの階段下に到着する。玄関から次のホールに導かれ、ここは応接間に当たる機能をもつ。いよいよ中央のホールへ入るとここは居間で、四本の柱に支えられて天井が高く、室との高さの差を高窓にして採光と通風を得ている［図17］。

ホールの奥は小ホールで、夫人たちの部屋とこの家の主人である貴族の寝室が囲むハレムである。主人の寝室には浴室や便所も付属して快適さがうかがえる。小ホールを囲むハレムは有心的であるが、さらにハレムを含むすべての部屋がホールを囲み、家全体が有心平面をなしている。

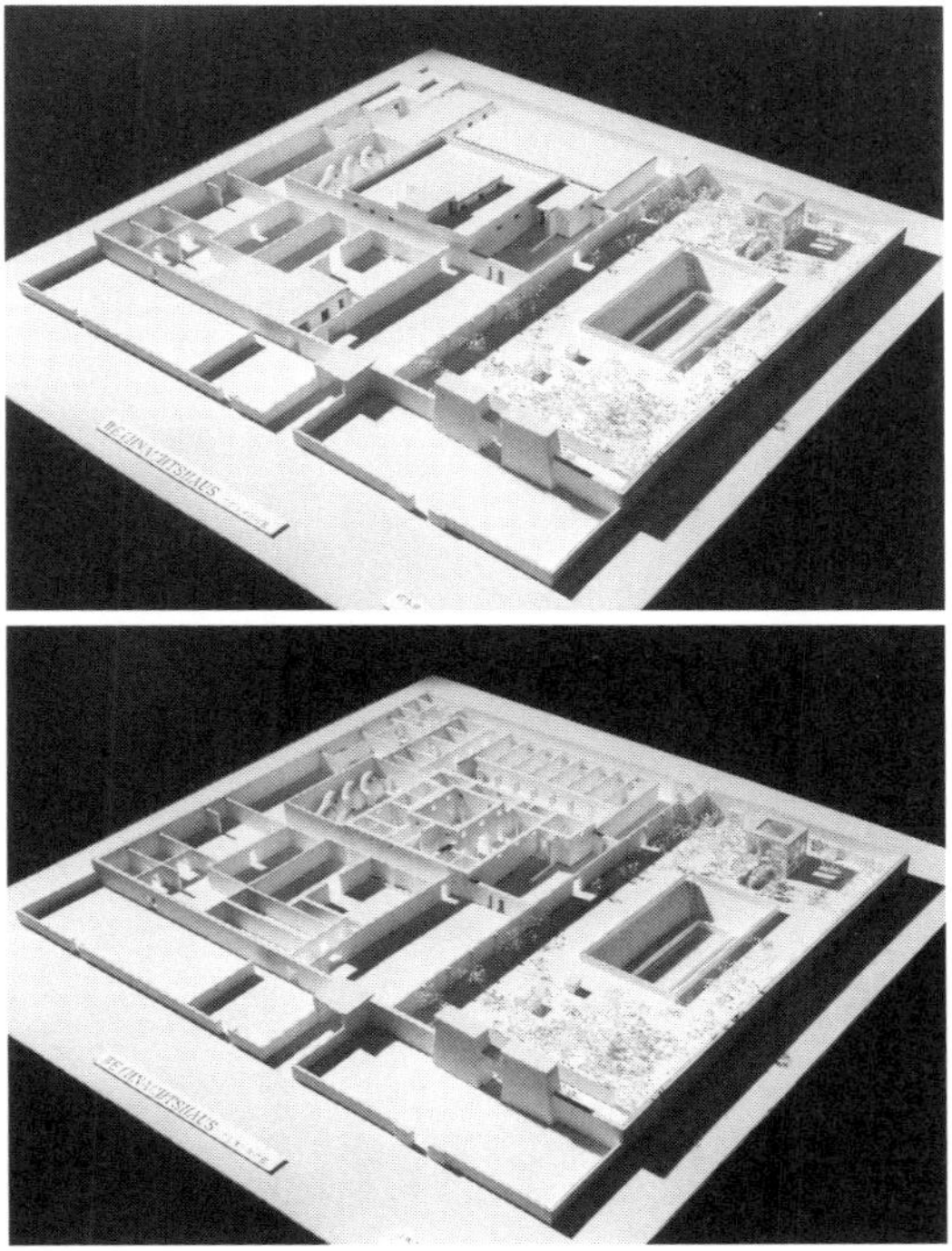

図16
アマルナの貴族住宅復元模型　アマルナに残る貴族の家は大きな庭園をもっている。そこには各種の樹木が植えられ、池が掘られているほか、付属建築や穀倉を含む大規模な邸宅であった。復元模型下図は屋根を取りはずしたもので各室の構成がわかる。

図17
アマルナの貴族住宅のホール（復元）　日常生活の中心であるホールは、四本の柱で支えられて天井が高く、周囲の部屋との高さの差から採光を得ていた。

この貴族住宅をすでに述べた王の主王宮の平面と比較してみると、貴族住宅は一見して接客部分の面積の占める割合が大きいことに気づく。これはいつの時代でも上流階級の住宅に共通して見られるもので、身分の下の者が上の階級に憧れ、自分の財力に応じた規模に縮小単純化して実現させたとき、そこには不都合や矛盾が生じる。貴族住宅の中央ホールは、主王宮の大ホールと玉座の間を合わせた性格をもち、いづれも日常的（ケ）な生活の中心的な場である。しかし、外来客人を迎える非日常的（ハレ）な生活において、謁見室をもたない貴族住宅ではホールが謁見室の性格に早変わりする。すなわち主王宮では、「ハレ・表」と「ケ・奥」とが明確に分離されているのに対し、貴族住宅のレベルでは、規模を縮小させるために、この二つの空間が兼用されている。

すなわち両者は平面構成原理を同じくするものであるが、貴族住宅では「表」と「奥」の空間をオーバーラップさせ、時間によって「ハレ」と「ケ」を使い分けている一方、面積的にもゆとりのある主王宮はこれを明確に区別している。

さらにハレム部分を見ると、主王宮も貴族住宅もその構成要素は同じであるが、後者では中央のホールのほかに小ホールがある。夫人たちの部屋は寝室が一室だけで、前室と居間の機能がこの小ホールで共有されている。数学の因数分解で共通

＊7　渡邊保忠・後藤久「住居平面原理より見たマルタカ王宮king's palaceについて」その一〜四、日本建築学会大会学術講演梗概集、一九八六〜一九八九

なものを括弧で外にくくり出すのと同じ手法で面積の縮小を図っている〔図18〕。

　したがって王宮は、貴族住宅の系列の頂点に立つ理想の構成を実現した住宅と見ることができる*7。

　また、貴族たちは都市の中の本宅とは別に、郊外に別荘を営んでいたことを第十八王朝の貴族の墓の壁画から知ることができる〔図19〕。ナイル川から運河で別荘の門前に船を着ける。高い塀に囲まれた中は果樹園や池があり、魚や水鳥も描かれている。雨が極端に少ないエジプトにおいて、果樹園を維持することがどれほど大変なことか、言い換えれば強大な権力と富の象徴でもあった。これらの別荘は、都市内の本宅とは間取の構成

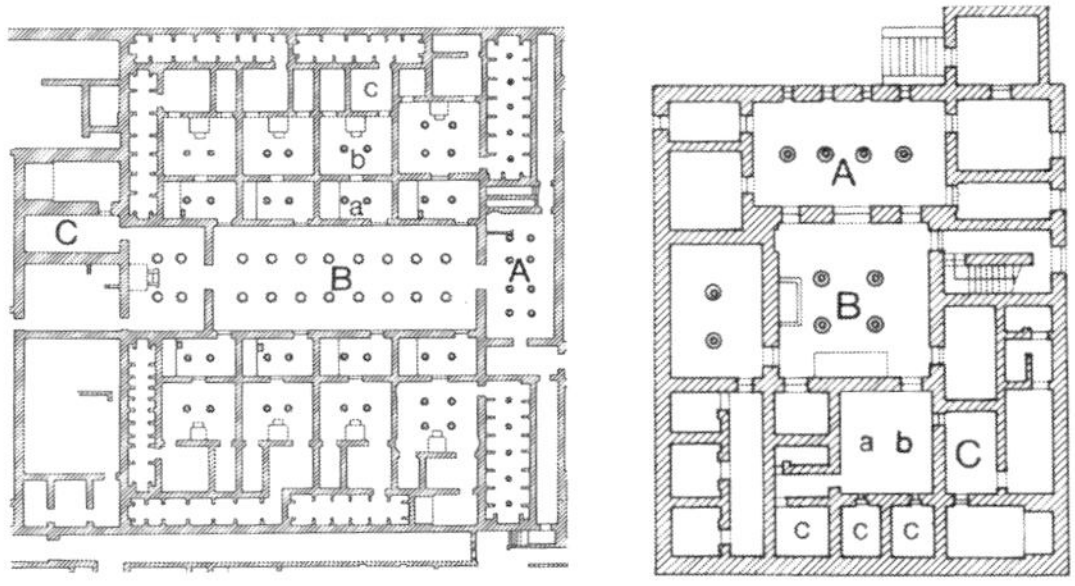

王宮ハレム部平面図　　アマルナの貴族住宅平面図

A：前室　a：夫人室・前室
B：ホール　b：夫人室・ホール
C：主寝室　c：夫人室・寝室

ハレム部の平面構成

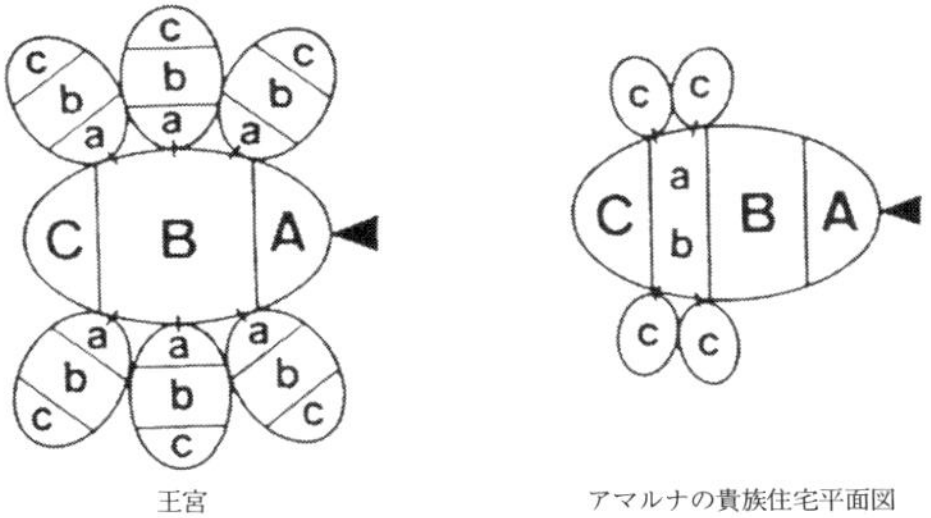

王宮　　アマルナの貴族住宅平面図

図18　**王宮と貴族の家との平面構成比較**　王宮におけるハレムは、ホールとその前室、および背後にある王の寝室からなる中心部分を夫人たちの部屋が囲んでいるが、各夫人たちの部屋の構成原理も前室、居間、寝室からなり、中心部分の平面構成と同じであることがわかる。そして貴族の住宅でも、基本的に同じでありながら、おのおの夫人たちの部屋から前室や居間としての機能を分離させ、これを共有することによって面積の縮小を図っている。

を変えており、有心的な平面は見られない。さらに墓の壁に描かれた画を見ると、今日の図面表現の平面図に立面図や断面図的表現が混在しているが、これは造園の樹種を示すなどわかりやすく興味深い[図20]。

高い塀で囲まれた方形の庭には、シカモア、ナツメヤシ、エジプトシュロ、イチジク、ザクロ、アカシアが整然と列植されている[*8]。

❷-3 泥造の農家と煉瓦造の町家

農民や労働者など一般庶民の生活や住まいについては、王朝時代の貴族の墓の壁画や、副葬品として埋葬された住宅模型などから知ることができる。新王国時

図19 郊外の別荘・第十八王朝の貴族の墓の壁画を基に復元した図。テーベ、新王国時代 アメンヘテプ三世に仕えた貴族の墓の壁画。

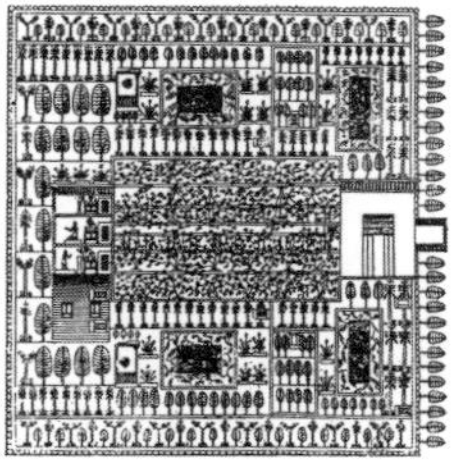

図20 貴族の墓の壁画に見る図面表現 平面図に立面図や断面図的表現が混在していて興味深い。造園の樹種もわかりやすい。これを今日の設計図に応用できないものか。

*8 「樹木の設計」編集委員会編、『樹木の設計—緑の創造』、産業技術センター、一九七七

図21 貴族の墓の壁画に描かれた住宅と別住宅の復元図。新王国時代 いずれも一般的な住宅であるが樹木から見て、中庭型住宅であろう。

*9 渡邊保忠・鈴木洵・稲葉和也「マルカタ南所見の乾泥構法住居について」、日本建築学会大会学術講演梗概集、一九八六

代の壁画に描かれた一般的な住宅を見ると、家の中央から樹木が見えており、中庭のある有心的な平面が推察される［図21］。

また、マルカタの王宮址やテル・エル・アマルナの住居址などに見る住居は日干煉瓦造であるが、それらのほとんどは官僚や神官あるいは技術者の住宅であり、農民の住宅まで同様の構法だったわけではない。

古代の農民の住宅に見る構法は今日なお農村において見ることができる。この泥造の構法は基本的に壁構造で、乾泥構法*9と呼ばれ、材料は得やすいうえに高度な技術を要さず、高級な住宅に先行した構法と考えられる［図22］。

図22
古代以来の乾泥構法による中層民の住宅　古代以来の構法で造った住宅は現在も使われている。この家は生きているナツメヤシの木を柱として乾泥構法で造ってしまったため、ナツメヤシの成長につれて家が壊れてきている。あと何年もつであろうか。

屋上に出た芯材は塗り残して束ねられる。これを図案化したものが貴族の墓の壁画として残されている。さらにこの部分は石造建築のコーニス（軒蛇腹）に名残を留める。

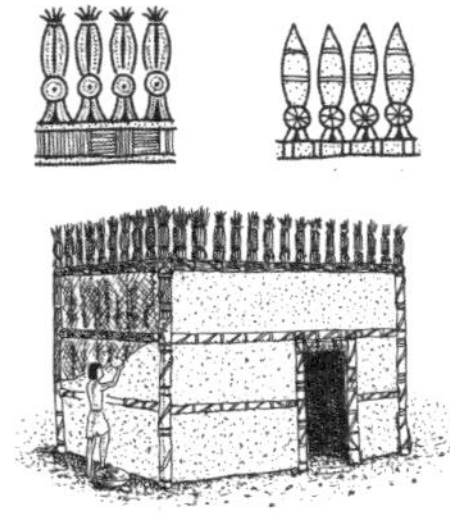

農民住宅の間取は、前庭から入口を入ると居間で、その奥の中庭を囲んで寝室および鶏や山羊などの家畜小屋がある〔図23〕。地面に木の枝やナツメヤシの葉の茎を突き立て、横木を渡して縄で編み、籠状にして両側から練った土にスサを混ぜたものを塗り、高さ二メートル程度の壁体を造る。その上に梁材を渡し、サトウキビやヤシの葉で屋根を葺いて日陰をつくり、また居間や寝室などはその上に泥を塗って放熱を防いでいる〔図24〕*10。

一方町家は農家同様の乾泥構法によるほか、日干煉瓦が用いられた〔図25〕。王妃の谷から一キロ、王家の谷からも一・五キロの場所に位置するデル・エル・メディナの街は、紀元前一五〇五〜前一四

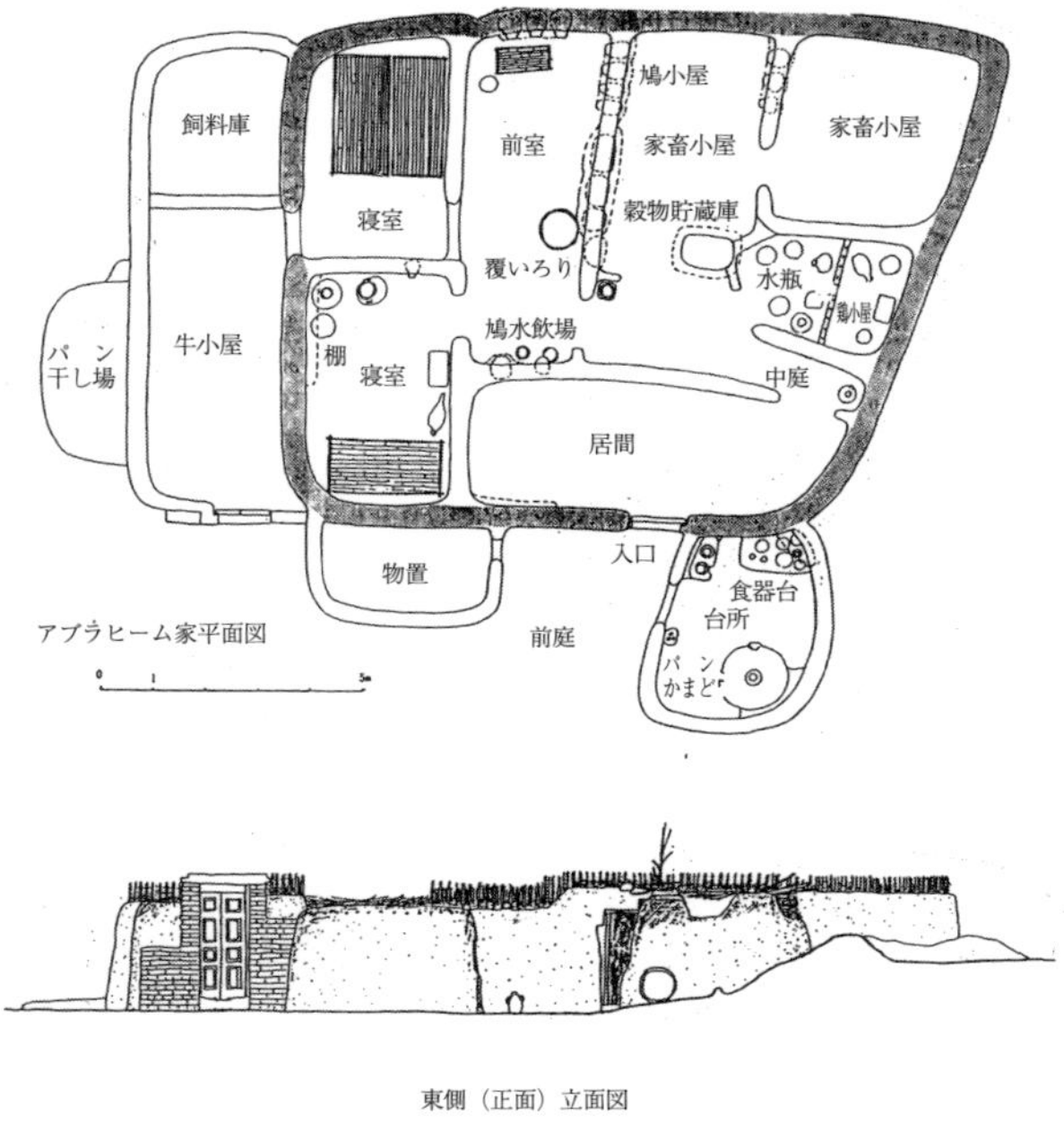

図23
農民住宅とその間取　乾泥構法住居の平面は、中庭形式をとるのが一般的である。接客の場でもある前庭があり、入口を入ると居間で、その奥が中庭である。中庭を囲んで寝室や穀物を収納する物置、厨房、ニワトリや羊などの家畜小屋がとられる。

九三年頃（新王国第十八王朝・トトメス一世時代）、王陵を建設する職人労働者のためにつくられた街の跡である［図26］。二十王朝までに何度か拡張されて最終的に約七〇戸、四〇〇人が住んでいたと考えられている。これらの労働者は王墓の秘密

＊10　渡邊保忠・鈴木洵・稲葉和也「マルカタ南所見の乾泥構法住居について」、日本建築学会大会学術講演梗概集、一九八六

図24
乾泥構法による農民住宅・アブラヒーム家　乾泥構法住居は、ナツメヤシの葉の茎や小枝を芯とし、両側から泥を塗って壁体をつくる。外壁厚は四五～五〇センチ、上部で二五～三〇センチである。その上に梁を渡して、ヤシの葉やサトウキビで屋根を葺いて日陰をつくり、寝室や居間などはさらに泥を被せて、熱の放出を防いでいる。芯材の先を屋根の上に塗り残して束ね、その隙間に梁を挟さんだり、屋根材の押さえとした。

図25
煉瓦造りの図　レクミラの墓の壁画。レクミラはトトメス三世、アメンヘテプ二世に仕えた建設大臣。この図は、土を堀り、切り藁などを混ぜ、池から汲み上げた水を入れて足で踏みながらこね、型に入れて煉瓦の形をつくり、並べて乾かし、運んでいく。右に棒を持った監督がいる。

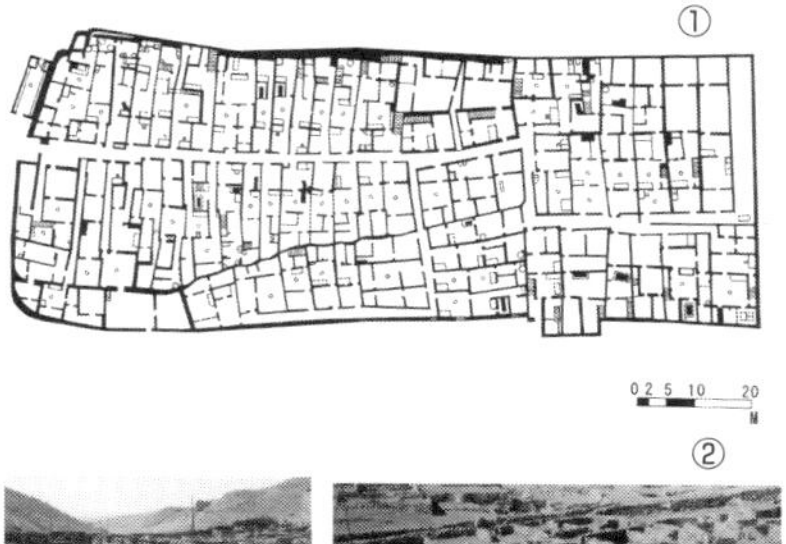

図26
デル・エル・メディナの職人労働者住居。①配置図。②住居跡。トトメス一世（紀元前一五〇七～前一四九三年頃）　テーベの西谷に、王陵を建設する人たちのためにつくられた街。約七〇戸、四〇〇人が居住していたと見られる。

を守るために生涯ここを出ることはなく、代々この街の中で生活していたため、すぐ上にある西の丘の斜面が彼らの墓になっていた。このような労働者の街の遺跡はアマルナにも発掘されている。

デル・エル・メディナの町家は細長い住戸からなる連続住居で、標準的な住宅

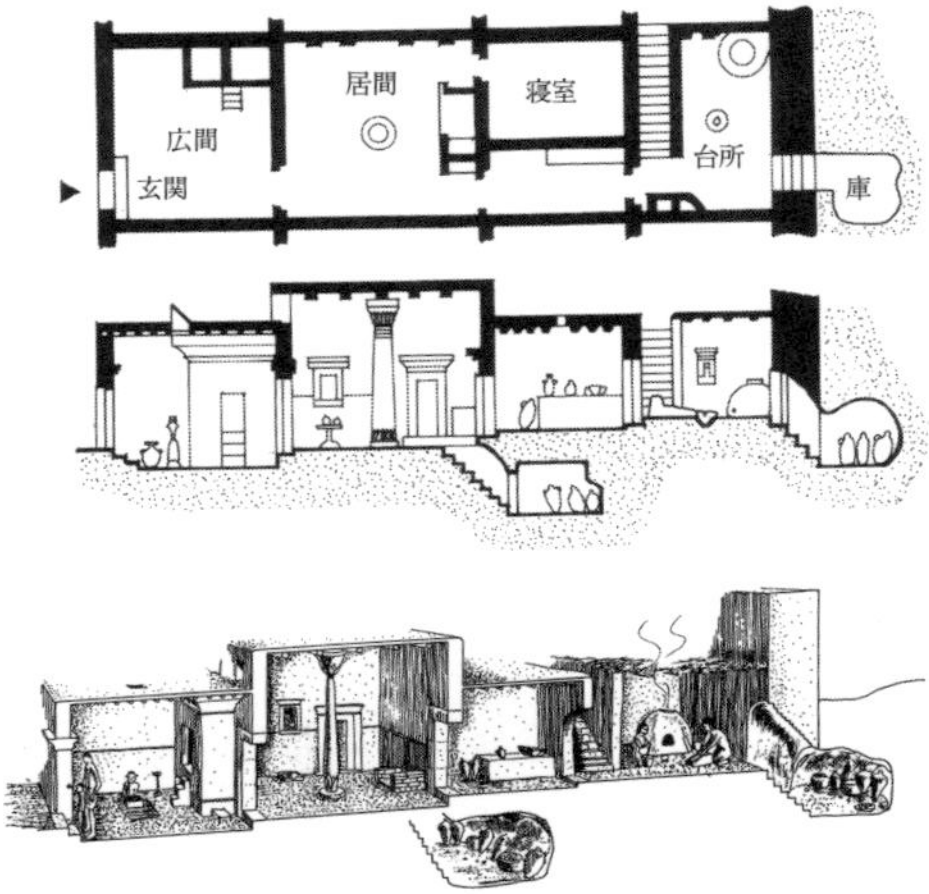

図27 デル・エル・メディナの住宅　各住戸は細長い連続住居で、平屋だが内部から階段で屋上に出られる。標準的な住宅は（三・五〜五）×（一五〜一七）メートル。

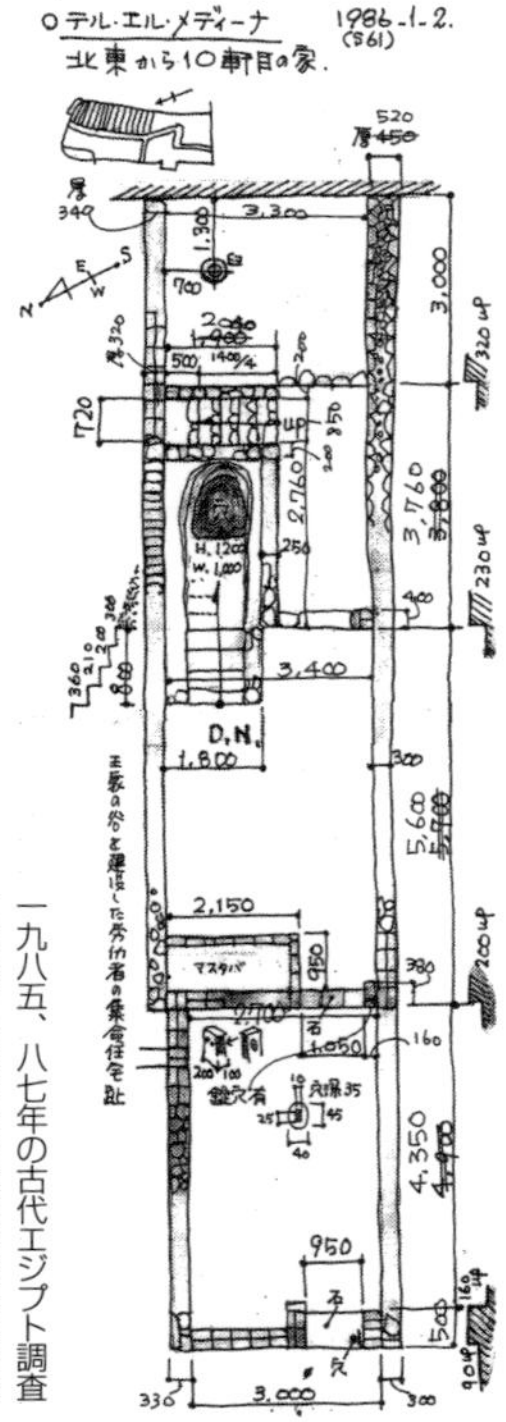

一九八五、八七年の古代エジプト調査によるマルカタ王宮調査時の実測調査野帳

は間口三・五〜五メートル、奥行一五〜一七メートル程度の平屋である。玄関ホール、寝室、台所のほか、地下倉庫や地下食品庫、あるいは屋上に出る階段などが設けられたり、小さなものではその一部が省略されているものも見られる〔図27〕。

ところで、より規模の大きいアル・カフンは、センウセレト二世（紀元前一八八七〜前一八七八年）のピラミッド建設用労働者街で、道路は厳格に直交している。整然と並ぶ住宅は、監督である役人の広い住宅から、背中合わせに造られた数室からなる石工など技術的労働者の住宅、さらに小さな労働者住宅まで何段階かの間取が確認できる〔図28〕。

図28 アル・カフン。第十二王朝・センウセレト二世（紀元前一八九七〜前一九七八年）イル・ラフンにおけるピラミッド造営の際の建設用労働者街で、整然と並ぶ住宅は、監督官の広い邸宅A・Bや、数室からなる標準的労働者の住宅C（二軒背合せ）、さらに小さな労働者住宅まで何パターンかの間取が確認できる。

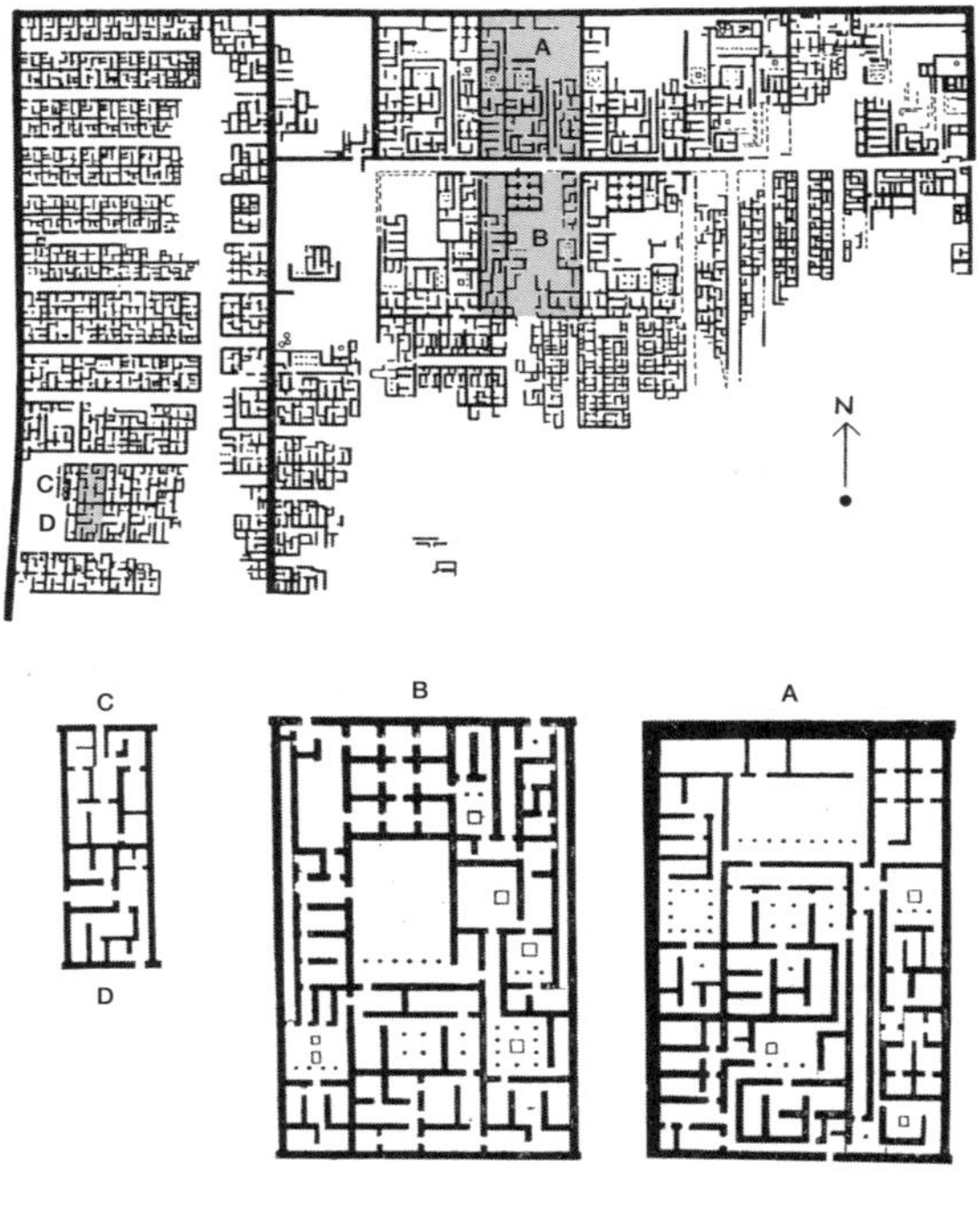

❸ ギリシア・ローマ型住宅の完成

❸-1 メガロン形式の住宅

ギリシアに近いエーゲ海において、紀元前二五〇〇年頃クレタ島のクノッソスを中心に高い文明が栄えていた。このエーゲ海文明に見る建築は住宅や宮殿、あるいは要塞などで、後のギリシア建築に対してメガロンや円柱の形式に影響を与えたと考えられている。

メガロンには二つの意味がある。①ミュケナイの宮殿の中心となる居間。前室と主室からなり、主室の中央には円形の炉がある。②ギリシア建築、およびそれ以前の古い住居形式。前室と主室、ポーチ、前庭からなり、木造の柱、梁、切妻型屋根および石の壁からなる。[図29] *11。

クノッソスの宮殿は起伏の多い敷地に木、石、日干煉瓦の混用で建てられ、中

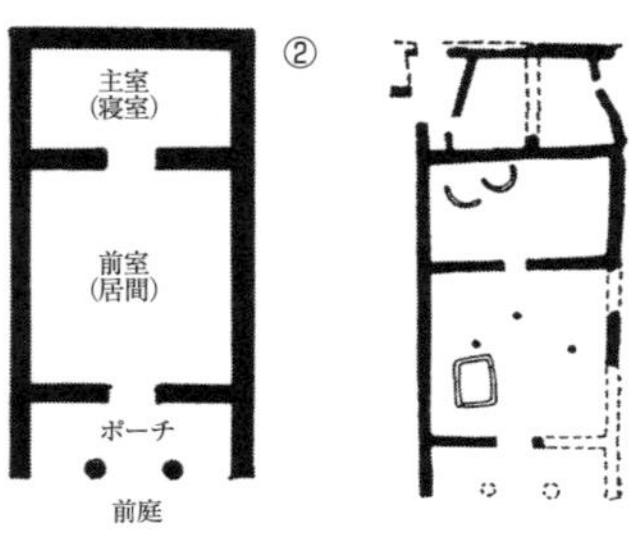

図29
メガロンの基本形。紀元前二〇〇〇年頃　①ギリシア北部のテッサリアで発掘された原始的なメガロン。上の台形の部分は複合遺跡で別の遺構の一部。②メガロンの基本形（ポーチ＋前室＋主室）の概念図。

*11　日本建築学会編『建築学用語辞典』岩波書店、一九九三、七一六頁

庭を囲む多くの部屋と歩廊からなり、宮廷、王と家族の居室、工房、倉庫部分から構成されている。王のアパートメントの階段室には丸い柱頭をもつ下すぼまりの木の円柱がある。またティリンスの城塞（紀元前一四～前一三世紀頃）は、ポーチ付きの一室住居を基本形とするメガロンを中心に、中庭型が成立しているようすを示している。その構成は、ポーチに下すぼまりの円柱が二本、続いて前室、奥に位置する主室の中央に円形の炉と東側の壁に玉座があった［図30］。

ギリシアの住宅における特質はメガロン形式（前記の定義②）の住宅が成立したことにある。メガロン形式はテッサリア地方に始まり、広くギリシア本土に見

①

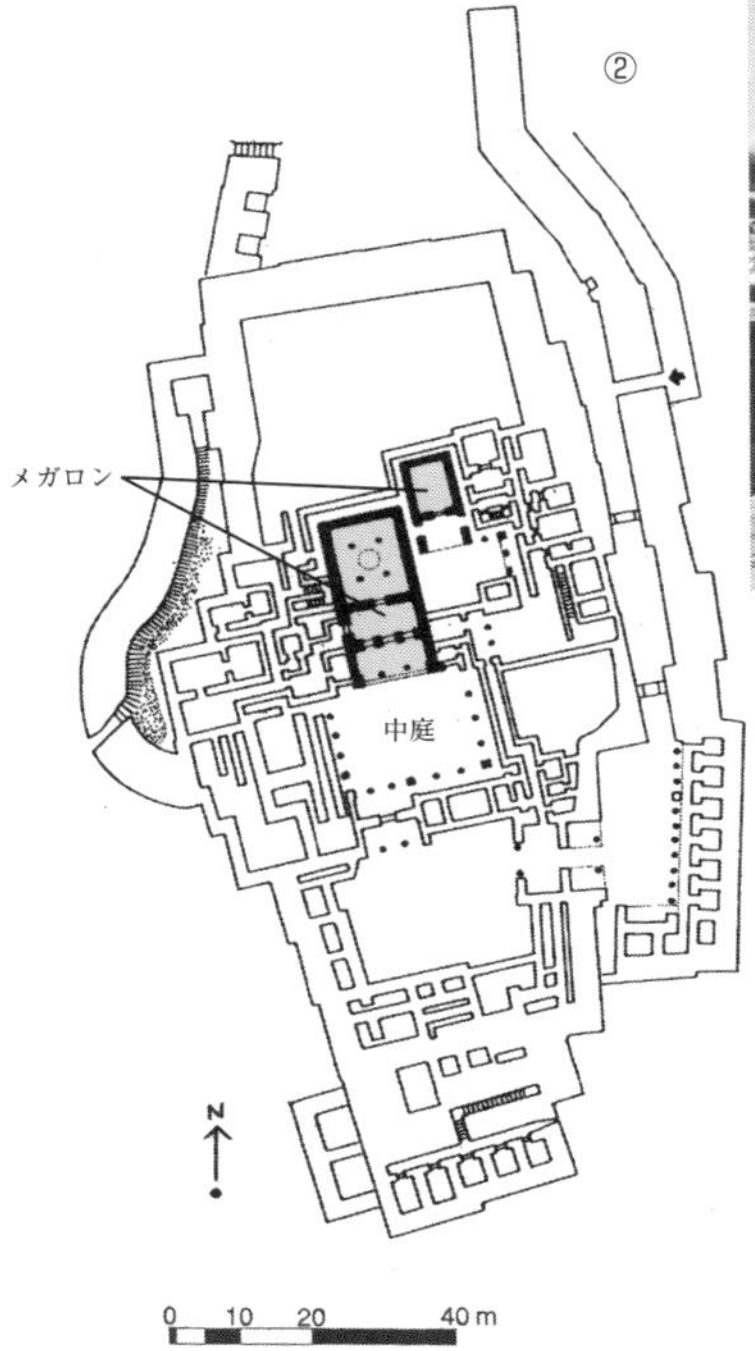

図30
①クノッソス宮殿。クレタ島、紀元前一九～一五世紀頃　高低差のある地形に造られ、迷路のような複雑な平面からなり、下すぼまりの円柱が特徴である。
②ティリンスの城塞平面図。ミュケナイ、紀元前一五世紀　大きさの異なるメガロンが存在し、ともに前室をもつ形式である。二つの前室をもつ大きなメガロンでは、外側の前室が中庭に面し、前室前面の列柱が中庭を囲う列柱としての役割も兼用している。

られる。前庭をもつ妻入りで、ポーチ、前室と主室からなる一つの完成された基本形である。しかしメガロンは、都市化の中で伝統的な本来の姿を維持することができなくなってくる。きわめて長期にわたって墨守されてきたメガロン形式の間取も、限られた土地での狭隘な条件や、多様化する住生活の内容によって行きづまり、やがて新たな発展を見ることになる。

紀元前四世紀末から前二世紀にかけてプリエネ（小アジア）の住宅を見ると、メガロンの前庭を囲んで部屋が増築され、かつての前庭は中庭へと変貌を遂げている〔図31〕。

それは一つのメガロン型住宅の前庭を囲んで諸室が配され、中庭形式の住宅平面へと発展していく姿である。列柱廊が取り巻く中庭は、各部屋への動線にとどまらず、すでに太陽と新鮮な空気を取り入れるものもあり、これらはアトリウム・ハウスというよりもむしろペリステュリウムの優雅ささえ備えていた。

同じ頃のデロス島におけるギリシア型住宅を見ると、中庭には周囲に屋根のある回廊が設けられ、天窓付きの中央広間に近づいている。プリエネの住宅では主室にメガロンの形式が残されていたのに対し、デロス島の住宅はまだ完全なロの字型になっていないが、各部屋が一体となって周壁に囲まれ、すでに中央広間を中心とす

図31 プリエネの住宅。①平面図。②復元図。紀元前三世紀　プリエネの街の住宅は、メガロンの前庭を囲んで部屋が増築され、かつての前庭が中庭へと化している。

①
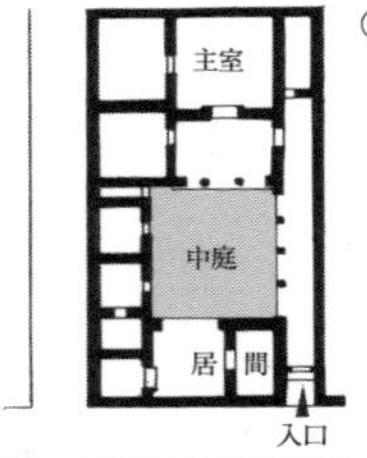

②

る有心平面をもつ都市型住宅を形成している［図32］。

なお、オリュントスの住宅は、古代ギリシアの住宅としてメガロン形式とはまったく異なるもので、敷地割の中に計画され、各戸が中庭をもつ連続住宅であった［図33］＊12。

＊12 ギリシア北東部の半島にあった都市、紀元前三四七マケドニアによって破壊された。

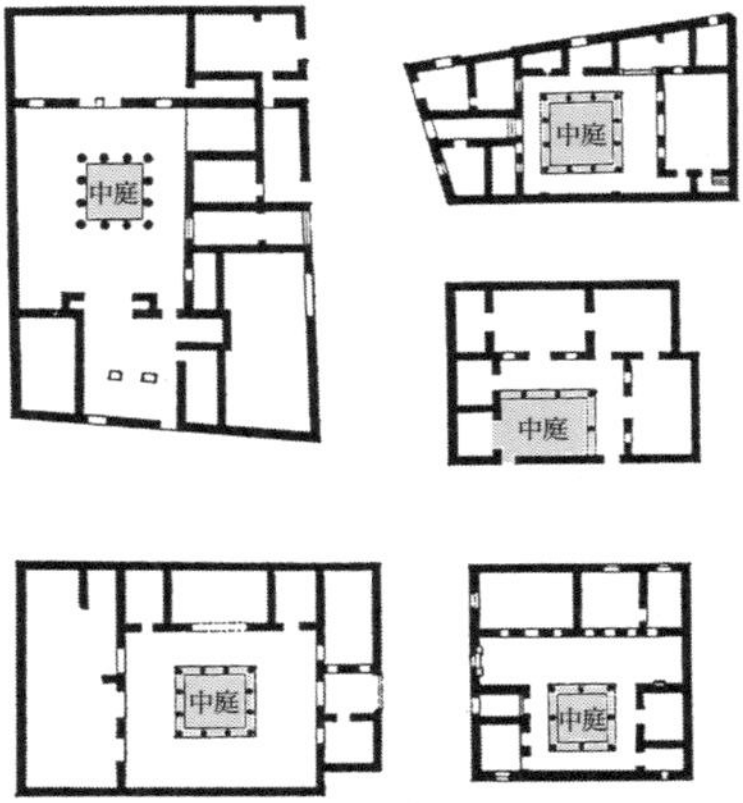

図32
デロス島におけるギリシア型住宅。紀元前二世紀 デロス島の住宅は、すべて中庭をもち都市型住宅形成しているが、ティリュンスの要塞のメガロン形式の原理につながるものである。

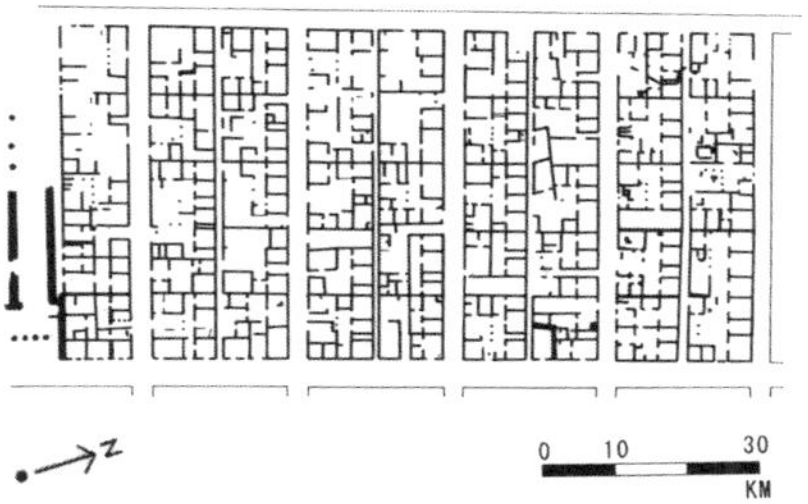

図33
オリュントスの住区とその一住戸。紀元前五世紀頃 オリュントスの住宅には、主室であるアンドロンと前室からなるメガロン形式が見られる。パスタスと呼ばれる中廊下が配置され、中庭をもつ都市型住宅に移行する過程を示す好例である。

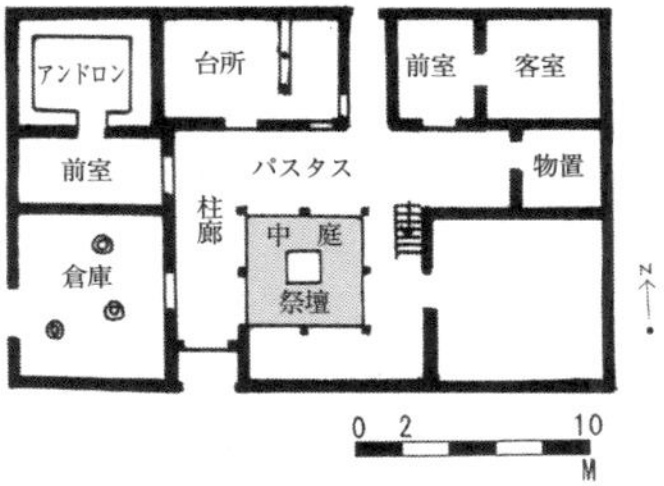

中庭型住宅の展開 ― 完成度の高い貴族住宅ドムス ―

一般史において、ローマの建国はおおむね紀元前八世紀とされている。先住民であるエトルリア人（エトルスキ）の住宅は、木と土で造られていたため、その遺構は現存していない。彼らの住宅形式を知る手がかりとしては、陶または石で作られた家型骨壺が出土している［図34］。遺構も土台や敷地の輪郭を確認する程度で、ローマの住宅に与えた影響が大きいことは否定できないが、推察の域にとどまっている。

ローマは紀元前三世紀初めにイタリア全土を、紀元前一世紀には地中海沿岸を支配し、紀元後二世紀に全盛期を迎えた*13。彼らは征服前にギリシア人が営んでいた住宅を取り入れ、とりわけ貴族たちの邸宅はギリシア風に造られた［図35］。

図34

家型骨壷 ①ローマのパラティノで発掘された紀元前八世紀頃の住宅を模した納骨器、もしくは一緒に埋葬したものと思われる。②エトルリアの都市・キウジで発見された紀元前四世紀頃の納骨器。寄棟型の屋根で、中央の四角い部分は天井に開口部があったことを示している。これがローマ住宅のコンプルウイウムの起源と考えられている。（ベルリン、アルテス美術館蔵）

①

②

*13 紀元前二七年のアウグストウスによる帝政開始以来、二世紀の間「パクス・ロマーナ」と呼ばれるローマ帝国の繁栄が続き、一一三年五賢帝の一人トラヤヌス帝のとき（一一三年の東方遠征）に領土は最大となった。

ギリシアに比べて経済的に優位に立ったローマの上流階層は、ギリシア住宅の有心的な中庭を囲む平面を二つ接続させ、手前を公（表）の空間、後を私（奥）の空間とするローマ独自の新しい複合有心平面の住宅形式を生み出した。

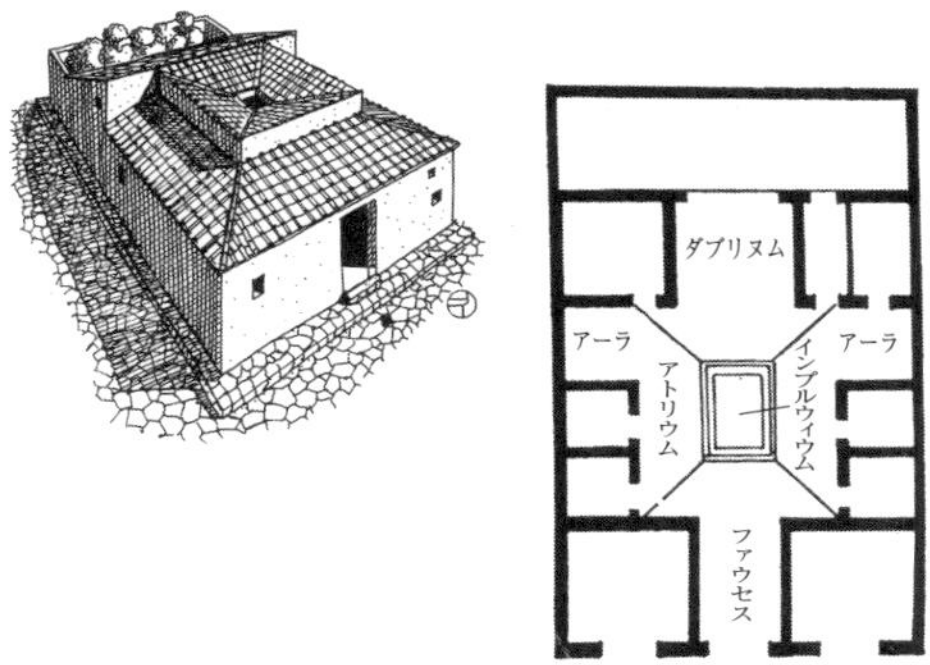

図35

ギリシア時代末期の住宅　ローマ人は、芸術、学問、文化などの面でギリシアを尊崇していたため、富裕なローマ人の邸宅はギリシア風に建てられた。

ワインの葡萄で財を築いた酒商人・ヴェッティの家と将軍・パンサの家など上流貴族の大邸宅では、四方が道路に囲まれた一街区を占有し、複合有心平面をもつ理想の姿を示している。しかし必ずしもすべてが大邸宅だった訳ではなく、さほどの規模でないものまでさまざまである。

しかしローマに現存する遺跡は、主に歴代の皇帝が建てた公共建築、寺院、広場、記念門などであって、住宅建築や首都ローマの市民生活状況は、ポンペイや

図36

①

②

①ベスビオ火山と②イタリア南部の地図
ベスビオ火山（標高一二八一メートル）は、イタリアのナポリ市東方に聳えるヨーロッパ大陸で唯一の活火山である。七九年八月二四日の噴火によりポンペイをはじめナポリ湾岸に栄えた都市は滅亡した。

オスティアなどの豊富な住居址を調査することによって知ることができる［図36］[*14]。

ポンペイやヘルクラネウムなどの市民生活は、紀元七九年八月のベスビオ火山が噴火した時点をもって断絶しているが、ここでは今日なお独立住宅「ドムス」を中心とした古代ローマの住生活をうかがうことができる。ポンペイはベスビオ火山のふもと、ナポリ湾に臨む景勝の地であり、帝政ローマにおける地方商業都市として、またローマの富豪の別荘地として栄えた人口二万人ほどの都市であった[*15]。遺跡の本格的な発掘が始まったのは一九世紀後半であるが、都市はおよそ六五〇平方キロメートルで、平均七メートルの軽石と火山灰の下に埋まっていた。

*14　後藤久『都市型住居の文化史』（NHKブックス四九七）、日本放送協会、一九八六、三四頁

*15　一七四八年、畑仕事をしていた農民によって最初に遺跡の破片が掘り当てられ、十数年を経た一七六三年に同じ場所から発見された碑文により、そこがポンペイであると確認された。

一方のヘルクラネウム（エルコラーノ）は面積がポンペイの三分の一、劇場の座席数などから試算して人口約五〇〇〇人の都市と推定されている。ヘルクラネウム遺跡は、溶岩と火山灰によって、深さ二〇ないし二五メートルの泥沼の下に埋まっていたため、ポンペイよりも完璧な保存状態が見られる*16。

紀元前一世紀に書かれた著名な『ウィトルウィウス建築書』は、ローマ時代の建築学に関する教本であるが、その第六書の住宅に関する項で、二つの中庭をもつ低層独立住宅について述べている。同書で示されている「標準的なローマ住宅の概念図」と、ドムスの典型とされる有名なポンペイのパンサの家とを比較してみる〔図37〕。

パンサの家は、街路に面するパン屋などの店舗や貸し室、貸家からなる外周部分を取り除くと、一見複雑に見えるこの住宅も、『ウィトルウィウス建築書』に見る概念図と酷似していることがわかる*17。街路から店舗の間の細い入口を通って家に入ると、広いアトリウムに出る。アトリウムは表（公）の中庭的な広間で、天井が採光のため吹抜けになっている。その左右は客用の寝室と、アーラ（談話室、待合室など）がある。二つのゾーンの真中はタブリーヌム（執務室、主人の仕事や面会の部屋）があり画や彫刻で飾られ、両脇の食堂とともに接客に使われる。タ

*16　一七〇九年、この町の修道院の中庭に井戸を掘っていた労働者が、大理石で出来た建築物に突き当った。また一七一一年には、ナポリ湾沿いの畑で農夫が大理石の破片を掘り出して、ヘルクラネウムの発見につながった。ポンペイの場合とよく似ている。

*17　ドムスの平均面積はおよそ一〇〇〇平方メートルで、パンサの家も一八七〇平方メートルから、その周囲に入り組んでいる店舗と貸家を除けば、ほぼ一〇〇〇平方メートルになる。

ブリーヌムとペリステュリウム（ペリスタイル、ペリステュリオン）を囲む奥の空間との間は折りたたみ戸で仕切られている。噴水や花壇のあるペリステュリウムは奥（私）の中庭で、ギリシア風の列柱廊に囲まれ、周囲にエクセドラ（居間、食堂など談話室）やオエクス（居間、主婦室など）、食堂、寝室、台所などが配置されている［図38］。同様にヴェッティの家も地価の高い市街地にあって太陽と緑を満喫できるペリステュリウムを囲み、街の騒音から隔離された生活を営むことができる理想的な住宅であった［図39］。

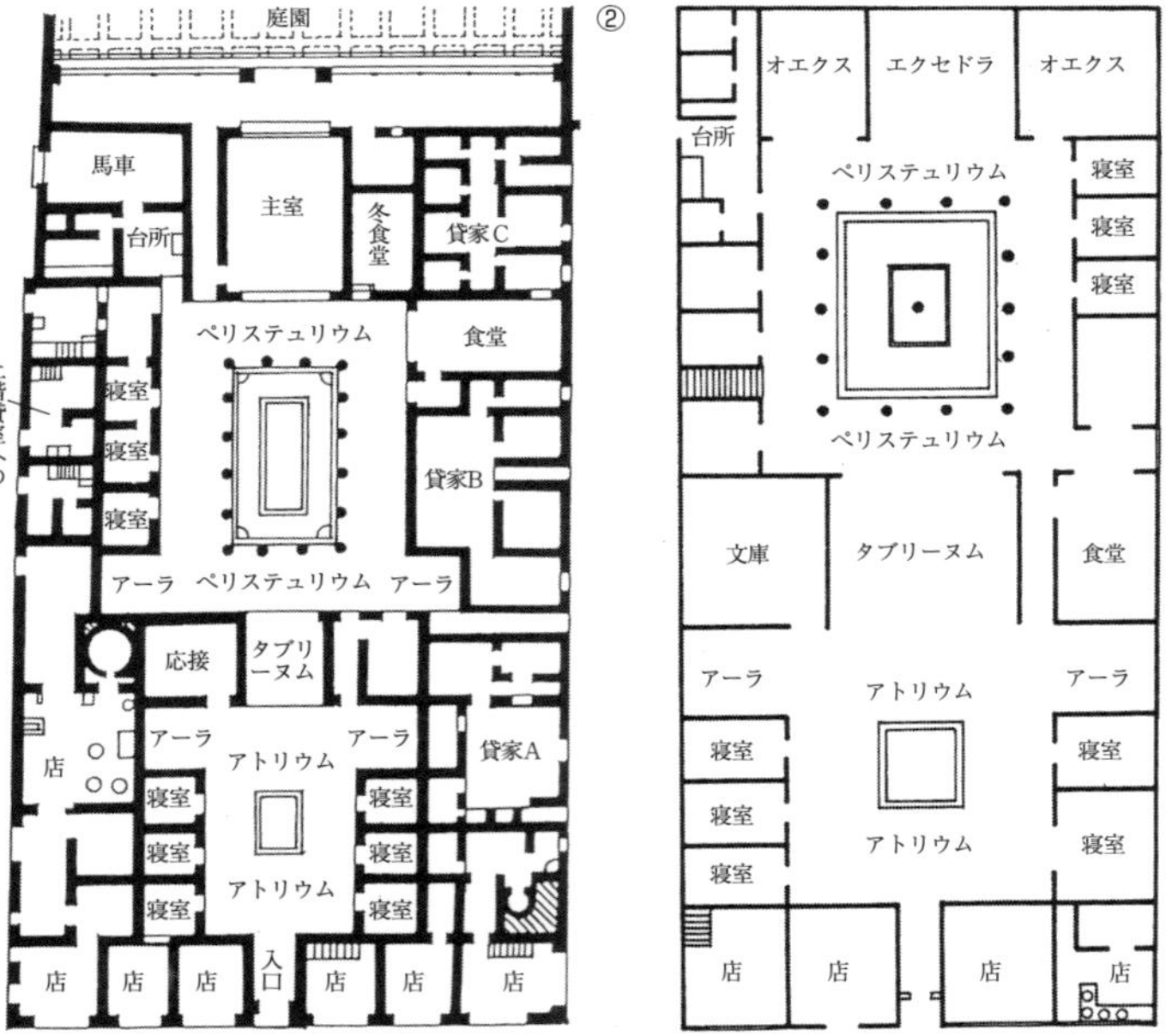

図37 ①『ウィトルウィウス建築書』による「ローマ上流住宅の基準平面」の図。②ドムスの実例・パンサの家　複雑に見えるドムス型住宅も、外周部分（中心のドムスと背中合せに街路側を向く店舗など）を取り除くと、基準平面と合致する。

同じ有心平面をもつ上流階級の住宅であっても、エジプトでは居住部分以外に貯蔵施設や奴隷による家内生産的施設が見られた。しかし古代後期のローマ社会にあっては、貨幣経済と都市における商工業の発達により、エジプト時代のように

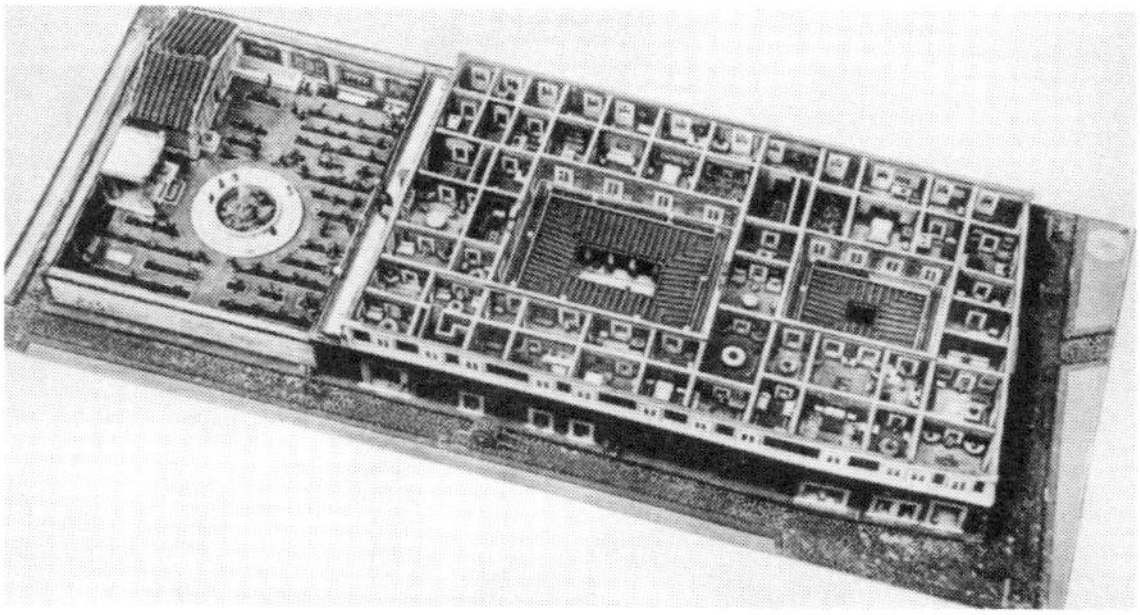

図38
パンサの家の模型（ニューヨーク、メトロポリタン・ミュージアム蔵）

図39
ヴェッティの家。ポンペイ、イタリア、紀元前二世紀～後一世紀　ドムスは太陽と緑を満喫できる庭園を囲み、街の騒音から隔離された生活を営むことができる理想的な住宅であった。

すべて自分たちのところで生産する必要がなくなった。したがってローマ時代には、上流階級の住居として富の象徴である巨大な穀物倉は姿を消したが、変わってアトリウムのような社交の場としての接客空間が出現している。

また、こうした高級な住居においては居住性が追求されるのが常である。しかしローマは比較的暖かい土地であるため、寒さの厳しいガリアやブリテンなどローマの属領のような暖房施設はなく、背の高い火鉢が用いられる程度であった。

❸-3 高層集合住宅の出現

ローマ時代にはすでに数階建てからなる賃貸集合住宅が存在していた。一般にこれをインスラ（Insurae）[*18]と呼んでいるが、各住戸に分けられた貸家で、個人住宅であるドムスに対して一階に店を伴った大きな建物である場合が多い［図40］。しかしこれがインスラのすべてではない。インスラは長い時間を経るうちにいろいろと発展し、初期の木造による粗悪なものから、後に造られた煉瓦とコンクリートによる立派なものまで

図40
インスラの一階にある店。オスティア、イタリア、紀元二世紀　一階の店舗には売台が見られる。アーチの下の四角い小窓があるところは中二階で、店の住人の寝室に当てられていた。

図41 ダイアナの家（復元模型）。オスティア、イタリア、紀元二世紀 ローマ時代の庶民の代表的な住宅形式であるインスラ（複合建築）は、一階にタベルナ（店舗）、二階以上が貸し室で、一住戸一室から数個のものまで多様である。規模はさまざまであるが、大きなものはダイアナの家に見られるように五階建て程度で、煉瓦とコンクリートによる頑丈なものであった。しかし貸室に台所や浴室便所などの付帯設備はない。

多様に変化している［図41］*19。

古代ローマにおいて金持ちといえば、元老院議員と騎士身分の上層である。彼らの一般的な利殖方法は、財産をインスラに投資して家賃を得ることで知られている*20。当時ローマ市内には人口が集中し、それらの人びとを住まわせるためのインスラが林立していた。初期のインスラがいかに悲惨なものであったか当時の風刺詩によって、都市貧民の憤りの声が残されている。粗悪建築による家の自然崩壊、その崩壊による夜の騒音、火事の危険など凄まじいばかりである*21。

首都ローマでは地価の高騰により、建物は益々高層化して互いに日が当

*18 インスラ「四方街路で囲まれた集合住宅で満たされた市街の一郭。集合住宅そのものを指すのにも用いられる」（『ウィトルウィウス建築書』森田慶一訳）。語源は「島」を意味する。

*19 William Stearns Davis.*A DAY IN OLD ROME*.Biblo and Tannen. New York.1967

*20 マールティアーリスの詩の中に、アーフェルという男の独り言が記されている。「―いくつものインスラと農地からはかたいところ三〇〇万セステルティウス―」（『エピグラム集』BOOK-Ⅳ-XXⅦ・弓削達訳）。このことから、金持ちは一人でいくつものインスラを所有していたことがわかる。

*21 マールティアーリス（四〇～一〇四年）やユウエナーリス（五〇～一二七年）の風刺詩によると、その対策も、投機的な建設業者や地主の強欲ぶりを制することは不可能であったという。

たらず、一住戸一室の各家に台所は無論、浴室も便所もない劣悪な環境のものであった。こうしたスラム化の結果疫病ペストが蔓延し、ローマでは大勢の死者が出た。

カエサルが定めた法（Lex Juliamunicipalis）の中には建築の基準を定めたものがあり、この法律で初めてインスラに七〇フィートを超えてはならないという建築の高さ制限がなされた*22。こうした法律が作られた背景には、ローマ市内でカエサルの時代（紀元前一世紀）にすでに高層建築が量的に増加していたに違いない。そしてこの法は、ローマの大火以後、ネロ帝によってさらに厳しく改定され、厳格な付加条項が付け加えられた。

紀元六四年におきたローマの大火は、六日以上も燃え続けてローマの大半を焼き尽くし、ローマに立派な煉瓦造の集合住宅が建てられたのはその後のことである。ローマ市内から発掘される遺構の多くは住居以外の記念建築物で、インスラの資料はポンペイ同様、ローマにほど近いオスティアに残る同時代の遺跡によるところが大きい。

オスティアは、紀元前四世紀末からローマ市の軍需前哨基地として、ローマ人が最初に殖民して以来のことである。そして古代ローマの外港として栄え、町全体が

*22　七〇フィートと示されている「フィート」は、「ローマン・フィート」であり、1フィート＝〇・九七一ローマン・フィート、一ローマン・フィートは二九・六センチ、よって前記の七〇フィートは二〇・七二メートルとなり、五階建て程度だったと考えられる。

図42

マーブルプラン 大理石に彫られたローマ市の地図（マーブルプラン）の断片（フラグメント）、このフラグメントには三軒のドムス型住宅が刻まれている（円内）。

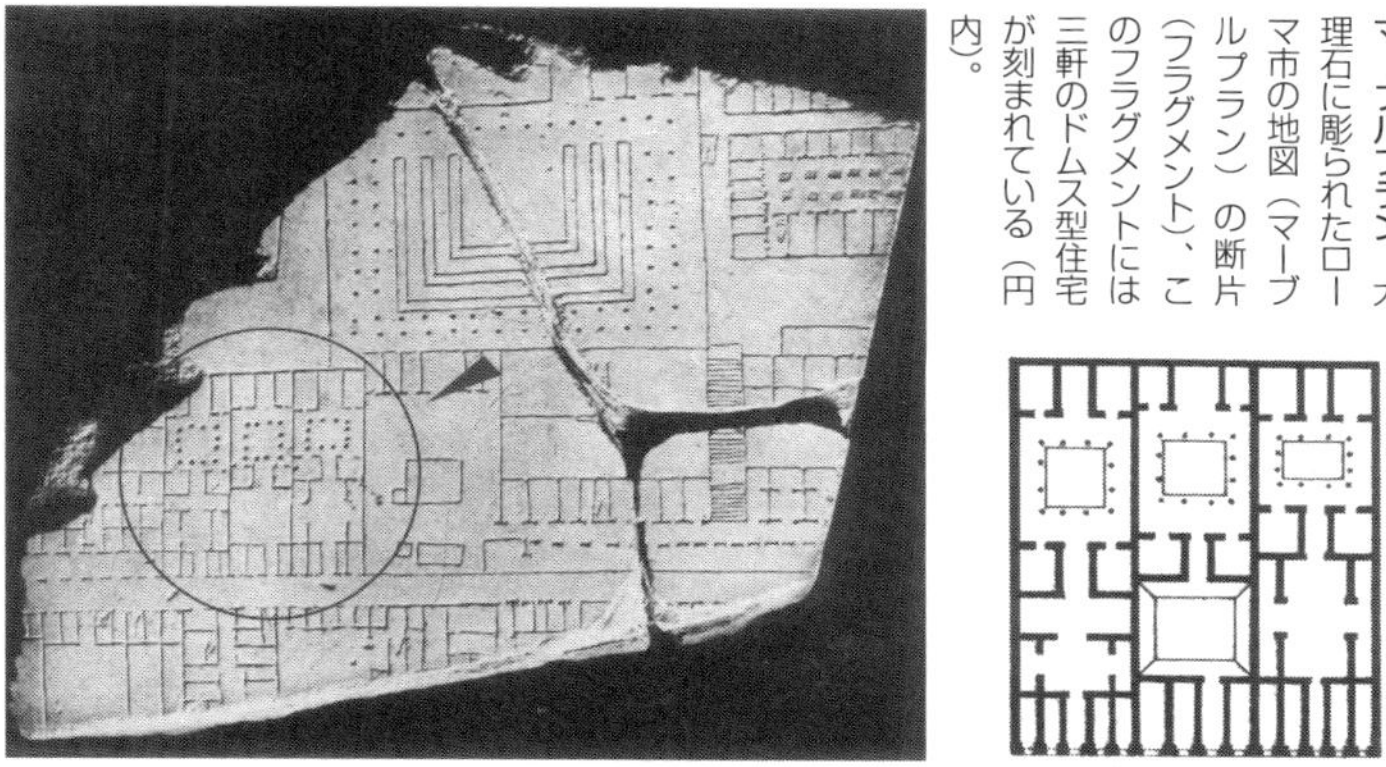

商業活動の中心地となり、ローマ市と密接に結ばれて紀元二世紀に全盛期を迎えた。こうしたオスティア遺跡の発掘はすでに中世に行われていたが、それは建材として大理石を盗むだけの目的の盗掘で、本格的な発掘は一九世紀に入ってからである。

ラッセル・メッグズは、マーブルプラン［図42］と呼ばれている大理石の板に刻まれたローマ市街の地図に注目している*23。そしてそこに示されているインスラの一階平面と、ローマ市に残る数少ないインスラの遺跡とを比較したうえで、オスティアのインスラはローマのインスラを踏襲したものだとし、実例を上げて同じ構造原理であることを述べている。

*23 Russell Meiggs. *ROMAN OSTIA*, Oxford at the Clarendon Press, 1973

そして発掘されたインスラを規模から見て、大きく三つに分類している。

① 多くの住戸からなり、四、五階建で、さらにその上に増築したものもある大規模なもの。必ずしも一般的であったとはいえない。

② 間口六～一二メートルくらい、五階建てで一階に店舗と上階への階段室の入口がある中規模なもの。今日なおローマの古い町で、テベレ川河岸に同じような建物が見られることから、帝政ローマにも数多く存在したと推察される。

③ セグメントハウスあるいはストリップハウスとも呼ばれる間口の狭い縮小されたインスラともいうべきごく小規模なもの*24。

巨大なインスラは何人かの共有財産であることが多く、その所有権は縦割になっていた。今日ではフロアー権、つまり各階で所有を分ける横割りが一般的であるが、古代ローマでのインスラは縦割で、各室の直上・直下の部屋が同一出資者の所有になっていた。したがって各所有者は、自分の所有権を明確にしようとするごく自然な成行きで、いくつもの幅の狭いインスラをつくり出すことになった。これは中世以降のヨーロッパで最も一般的になった建物とその特徴がよく合致している［図43］。

*24 James E.Packer, *THE INSULAE OF IMPERIAL OSTIA*, American Academy in Rome, 1971

図43 **イタリアの中世町家。サン・ジミニアーノ** 間口の狭いセグメントハウスの特徴は、イタリア、スペイン、フランスなど、ラテン系の石の文化圏のどこでも一般的な都市住宅に見られる。

❸-4

複合建築としてのインスラ

諸書においてローマ時代の住居として示される低層中庭型独立住宅であるドムスは、ほんの一握りの限られた階層の住まいである。したがってドムスは帝政時代のローマにおける都市住宅として、むしろ特殊なものともいえる。

一方集合住宅は、木造の粗悪なものが乱立した時代を経て、複合建築としてのインスラが成立する。古代の住宅が中世以後の住宅に与えた影響の重要性は、ごく一部のドムスではなく、圧倒的多数を占めるインスラにほかならない。

しかしミューズの家のようにドムスではなく、街路に面して一階に店舗（タベルナ）がある一般的な大きな集合住宅でも、内部はペリステュリウムと呼ばれる

①

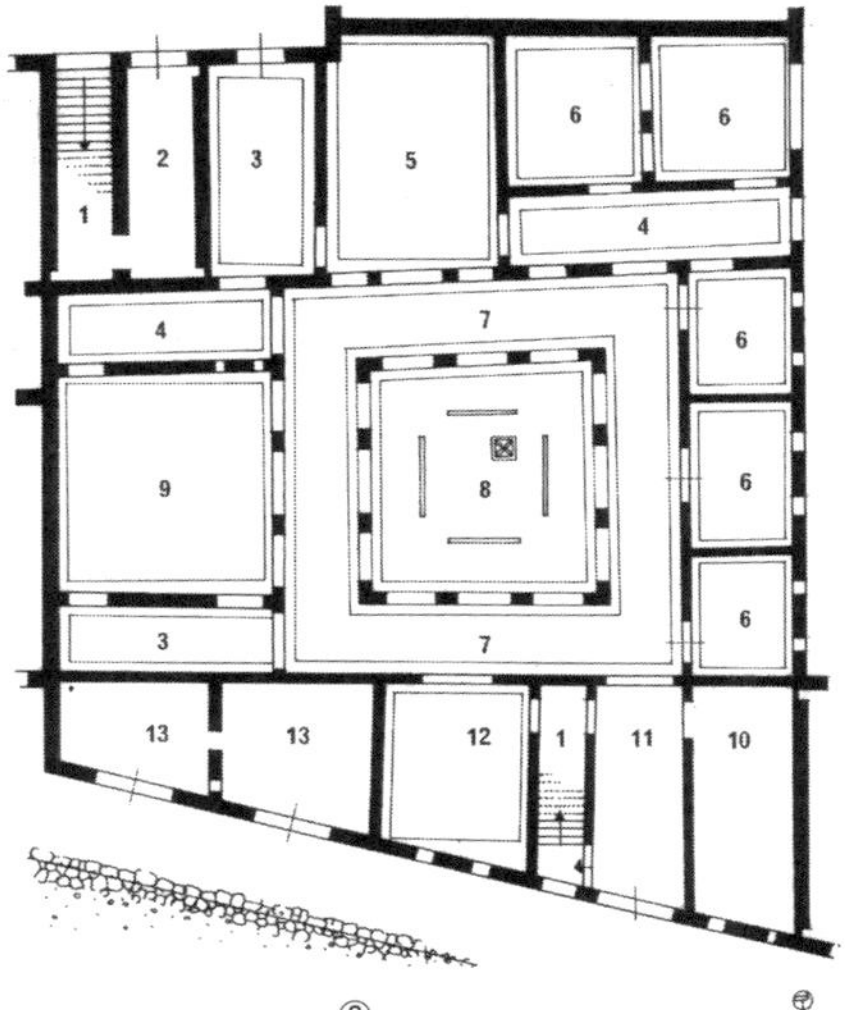

②

図44 ミューズの家。①一階平面図。②中庭。オスティア、イタリア　採光だけを目的としているとは思えない優雅な中庭をもつミューズの家は、ドムスに匹敵する建築的にも質の高いインスラと解釈される。

①

図45
①ローマ時代の壁の落書き。②パンサの家の壁に書かれたアリアナ・ポリアナという名のインスラに関する貸家の広告文
落書きの内容は、選挙の宣伝から単なる中傷悪口までさまざまである。当時の市民生活がよくわかり、公的資料に対し、日常的な資料としての価値がある。

INSVLA ARRIANA
POLLIANA cN ALleI NIGIDI MAI
LOCANTVR EX k IVLIS PRIMIS TABERNAE
CVM PERGVLIS SVIS ET CeNACVLA
EQVESTRIA ET DOMVS CONDVCTOR
CONVENITO PRIMVM cN ALleI
NIGIDI MAI SER
(*C.I.L.*, No.138, Vol.4)

②

列柱廊で囲まれた優雅な中庭がある建物の低層部分をどのように解釈すべきか難しい［図44］。いずれにせよ、地価の高い市街地にあって室内を外部の騒音から守り、太陽と緑を満喫することができたのである*25。

『ラテン碑文集』は、ローマ時代の公示文書から壁書き、広告などまで採集収録した一六巻からなる膨大な刻文集である*26。この第四巻・第一三八番には、パンサの家の壁に書かれたアリアナ・ポリアナという名のインスラに関する貸家の広告文が収録されている［図45］。

「アリアナ・ポリアナ、アパート式住宅、グナエウス・アレイウス・ニギディウス・マイウスの所有。次の七月一日か

*25　A.Boëthiusはオスティアの発掘資料を基にして、このタイプに関し、ペリステュリウムのあるドムスの豪華さが賃貸住居にもうつされてきたとしている。前掲*THE GOLDEN HOUSE OF NERO*.p.159.R.MeiggsもA.Boëthiusを支持し、トリクリニウムの家やミューズの家をあげ、インスラがドムスにもっとも近づいた建物であると述べている。前掲*ROMAN OSTIA* p.244

*26　『ラテン碑文集』*CORPUS INSCRIPTIONUM LATINARUM* (C.I.L.).1871　一八四七年ベルリン学士院の委嘱により、ローマ史とローマ法の研究者として著名なテオドール・モムゼンによって大成され、ドイツにおいて一八六三年以降随時出版された一六巻からなるローマ時代の刻文集。第四巻は一八七一年に出版されポンペイおよびヘルクラネウムにおいて採集されたものが収められており、一次資料としてきわめて重要性が高い。

*27　J.P.V.D. Balsdon編.*THE ROMANS*の中で、M.W.Frederiksenによって引用され、同書は長谷川博隆により『ローマ人』として翻訳されている。岩波書店、一九七一、二四五頁

ら貸します。店舗、付属の上の部屋付き。紳士にふさわしい二階のアパートメント。それに母屋。契約は、上記の人物の奴隷プリムスとなされんことを。」＊27

この壁書きによると、アリアナ・ポリアナという一つのインスラから、「ドムス=母屋」、「ケナクルム=貸家」、「タベルナ=店舗」という三種類の形式の住宅が貸しに出されている。このことは、ドムスとインスラを対立概念としてのみとらえてきた従来のローマの都市型住宅が、このような単純な対立概念では律しきれないことを物語っている。残念ながら今日、このインスラに該当する遺跡は特定されていないが、この資料の特筆すべき重要なことは次の二点である。一つは、インスラはドムス（母屋）、ケナクルム（貸室）、タベルナ（店舗）という三種類の形式の住居からなる複合建築であることが明らかになったこと。もう一つは、従来貴族の自邸としてのみ考えられていたドムスが、賃貸住宅の対象になっていることである。

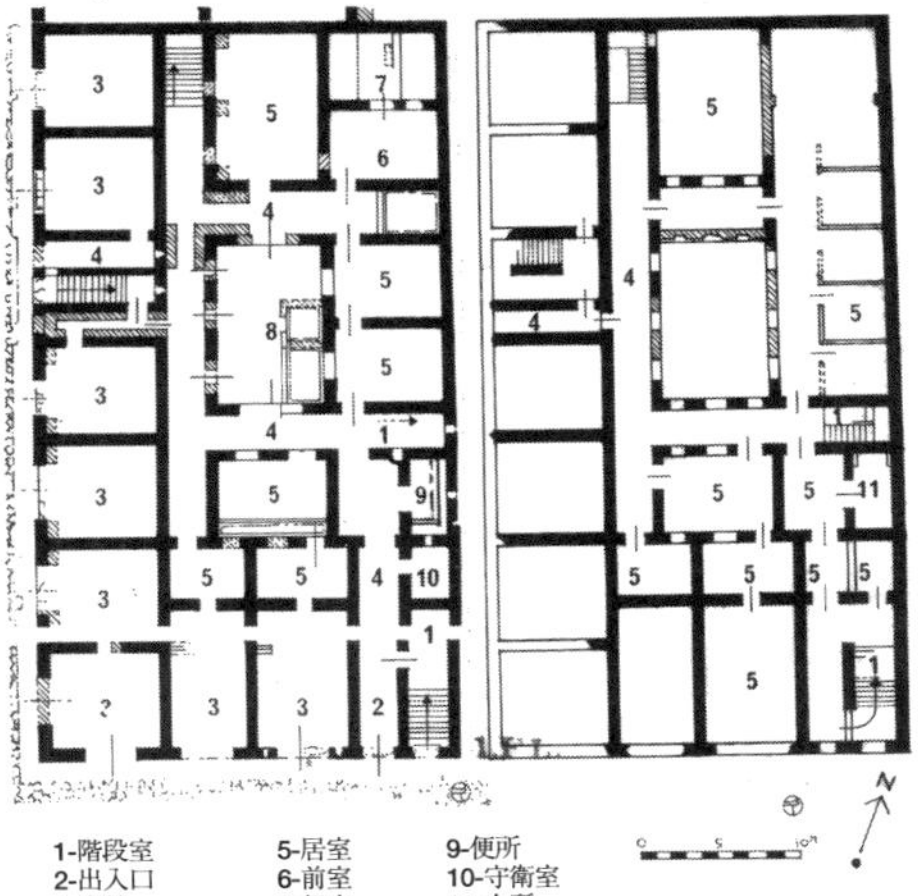

図46
①ダイアナの家の遺構。②一、二階平面図。オスティア、イタリア、紀元二世紀　この中庭は貴族的な雰囲気をもつものではなく、建物の奥行が深くなることにより道路からの採光が不足するために、純粋に光を取り入れることを目的とした実用的なものである。

今日オスティアに遺構をとどめているトリクリニウムの家と、ダイアナの家と呼ばれる建物を見ると、それぞれの性格を異にしながらも、いろいろな形式とさまざまな質の住宅が、一つの建築を形成した複合建築であることを示している［図46］。

トリクリニウムの家の場合は過密化した都市環境下でのドムスの一つの姿として見ることができる。すなわちトリクリニウムの家は、南北二面の道路におのおの一列の店並みがあって、おのおの道路から直接上階へ通じる階段があり、上階は集合住宅になっていた。一方中央にある二つの階段は、一階の中庭に面する家の中からのみ二階に通じており、一、二階の居住者が同じであることを意味している。本来のドムスの型ならば、ポンペイのパンサの家のように二つの中庭を中心とする有心空間を水平に連結するものである。しかしトリクリニウムの家の場合には、この平面的に並ぶべき二つの有心空間を垂直方向、

②

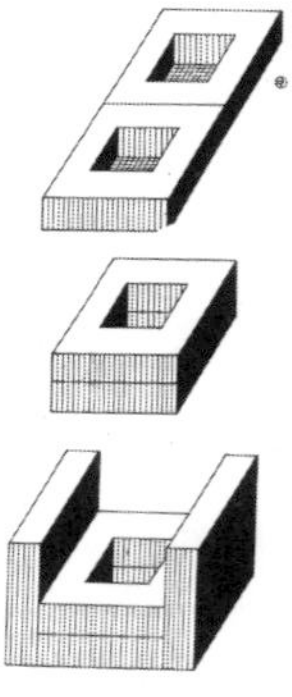

①

図47 ヴェッティの家とドムスの概念図。ポンペイ、イタリア、紀元前二〜一世紀 ①アトリウムよりペリスティリウムを見る。②ドムス本来の型は、中庭（アトリウムとペリスティリウム）を水平に連結したものであるが、都市化の中でこれを垂直に重ねたことを意味している。トリクリニウムの家はその好例である。

すなわち上に積み重ねたものと見ることができる〔図47〕。トリクリニウムの家の装飾豊かな柱が並ぶ優雅なペリスタイルや、採光だけを目的としているとは思えない広い中庭は、ドムスとしての特徴と誇りを示している〔図48〕。したがってこの建物の中央部分Ⓐはドムスと見るのが妥当であろう*28。そしてこのドムスの前Ⓑと後Ⓒに集合住宅が結合し、その一階には店舗がある複合建築(インスラ)といえる。

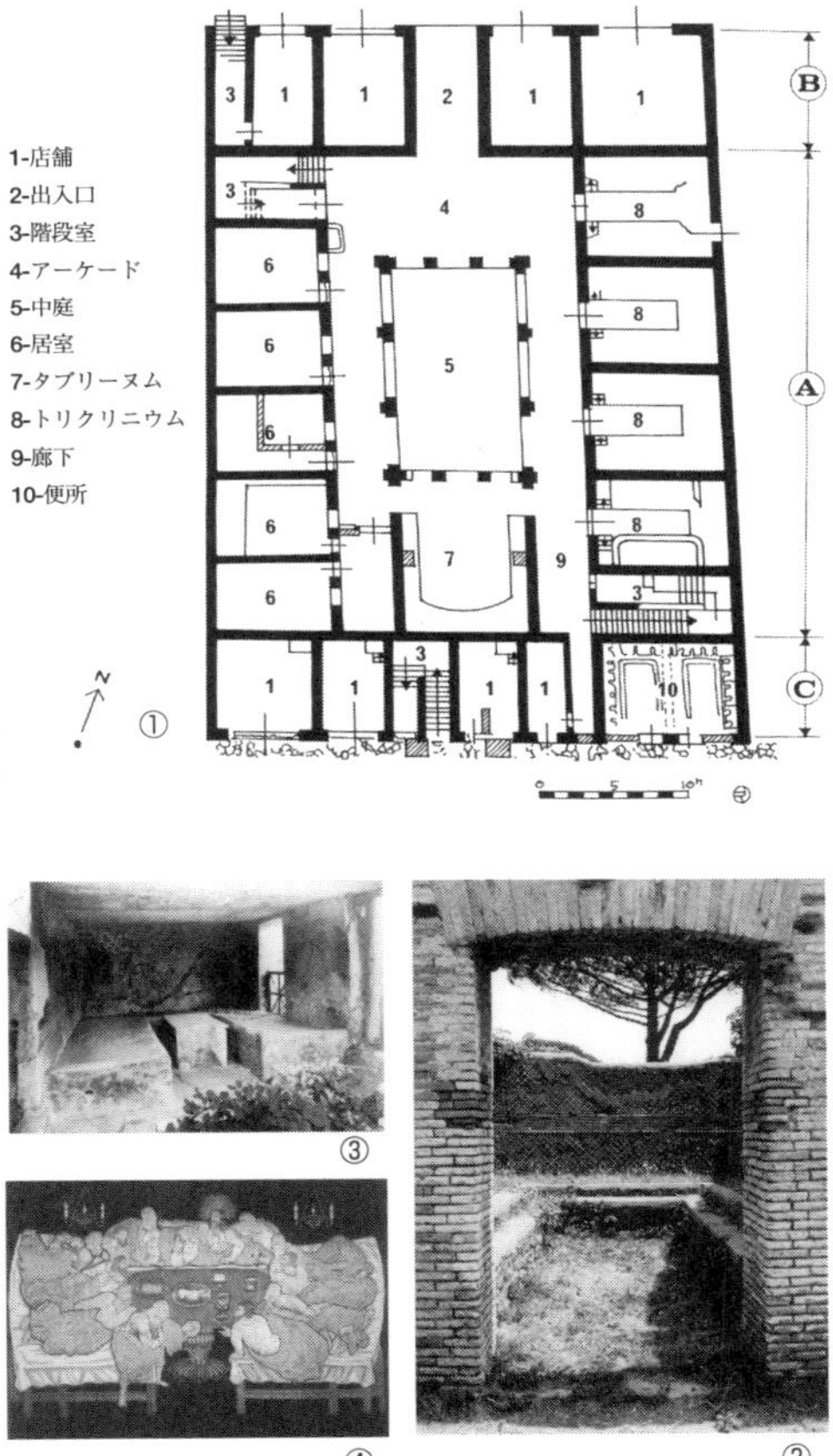

*28 後藤久「ヨーロッパにおける中世住居の系譜〔II〕・ラテン系町家の特質」、日本建築学会論文報告集二五二号、一九七七

図48

①トリクリニウムの家の一階平面図。②遺構。オスティア、イタリア、紀元二世紀 「トリクリニウム」とは③食事用寝台のことで、この古代ローマの横になって食事する様は、中、近世に描かれたいくつかの④「最後の晩餐」の画やキリスト教の宴の中にもその名残を見ることができる。積み重ねられた有心空間のあり方から見て、トリクリニウムの家は過密化した都市環境下でのドムスの一つの姿を示している。

四方街路で囲まれた敷地の真ん中にまずドムスが造られ、やがて街路とドムスの間が建て混んで来て今日の遺跡に見られる形が出来上がったとは考え難い。中も外も同じ煉瓦が使われていることからも、はじめから一体として造られた建築であることは明白である。したがってインスラの概念は、中庭型戸建住宅（ドムス）、貸室（ケナクルム）、店（タベルナ）という生活水準の異なる多様な階層の人びとのいろいろな住居形式が集まって、建築として切り離すことのできない一体の複合建築を意味するものである。この結果、同じ形式の住居が集合して一体の建築を造っている場合には、当然集合住居自体をインスラと呼ぶことになり、この場合には従来の定義によるインスラの概念と一致する。またインスラには、街路に面したタベルナやケナクルムに囲まれた中心部が、ドムスではなく公衆浴場や公共建築の場合もある［図49］*29。

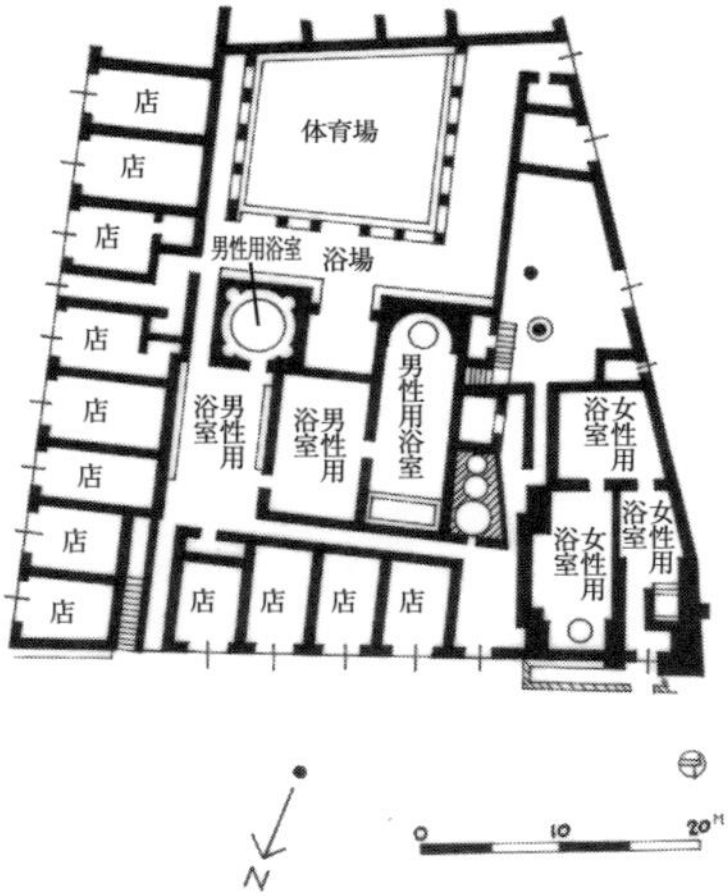

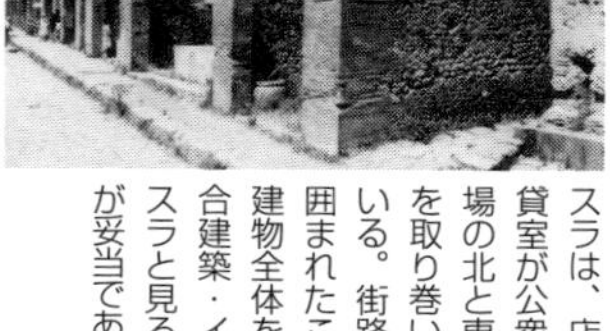

図49 公共建築を囲む店舗付集合住宅。①平面図。②遺構。ポンペイ、イタリア、紀元前一世紀　このインスラは、店と貸室が公衆浴場の北と東側を取り巻いている。街路で囲まれたこの建物全体を複合建築・インスラと見るのが妥当である。

*29 後藤久「ヨーロッパにおける中世住居の系譜（I）ローマン・インスラの概念」、日本建築学会論文報告集第二五一号、一九七七。後藤久「ヨーロッパにおける中世住居の系譜（II）インスラの多様性とラテン系町屋の特質」、日本建築学会論文報告集第二五二号、一九七七

第三章　中世

――封建社会とゲルマン系住宅の展開

中世は不穏な社会状況の中で堅固な城を築いて敵に備える必要があった。また領地内には城とは別にもう一つ、荘園の管理を任せられた騎士の館・マナハウスが営まれていた。マナハウスはホール中心の建築で、その上手に主人とその家族の部屋、反対側の下手に台所や召使の部屋が配され、そこには封建制を背景にあたかも目に見えない一本の軸線が貫かれたような有軸空間が成立した。そしてこれは中世住居の特徴であり、後の住宅建築に多大な影響を及ぼした。

❶ 封建領主の住宅

❶-1 城郭建築の発達と終焉

中世とは、一般にローマ世界の終焉からヨーロッパ世界が確立する一五〇〇年頃までのほぼ一〇世紀の間の呼称である。古代都市が衰微した後のヨーロッパは封鎖的な土地支配の時代を迎え、古代の支配者が貴族として都市で生活したのに対し、中世の支配者たちは領主として農村で生活していた。

イギリスではローマ人が撤退した後、八世紀頃に先住民族であるケルト人に変わって、アングロ・サクソン人などのゲルマン系民族が征服者となった。そして九世紀頃には同じゲルマン系でスカンディナヴィア出身のノルマン人が、イギリス、ドイツ、オランダ、フランスから地中海沿岸まで広い地域で略奪を続け、ヴァイキングといわれて恐れられたが、ノルマン人の中でも最強のデーン（デンマーク）人は

図1

モット・ベイリーの図　①一般的なモット・ベイリーの概念図。②イギリス・ウォリック州・ブリンクロウにおける遺跡からの復元図。

三世紀にわたり侵入を繰り返し、ついにフランスやイングランドに定住することになった。名高いヴァイキングの首領ロロは、一〇世紀のはじめ西フランク王シャルルに対し、キリスト教への改宗と領土防衛を条件に、セーヌ下流の地ノルマンディーと王の妹を得ている。

これによって一難去ったものの侵入の危機がすべてなくなったわけではなく、こうした背景から人びとの間に不安感が生じ、侵入者の攻撃から自分たちを守る城の建設をうながした。フランスやイタリアでも侵入者に備えて城が盛んに造られたが、とりわけイングランドでは、ノルマン人とアングロ・サクソン人の攻防のために城が数多く造られている。

城は、フランスでもイギリスでもはじめは柵で囲む程度の簡単なもので、初期の城郭はモット・ベイリー（Motte-Baily）と呼ばれた。モットは円形の土塁で、周囲に堀をめぐらして中に土を盛り上げた丘をつくり、木造の搭状の建造物を設けたものである。またベイリーはモットの前面にあって堀がめぐらされた砦としての広場であり、非常時には領民の避難場所にもなった。この形式はイギリスでもノルマンコンクェストまで急激な変化が見られなかった［図1］。

ノルマンコンクェストは、一〇六六年にノルマン人がイギリスを征服したことを

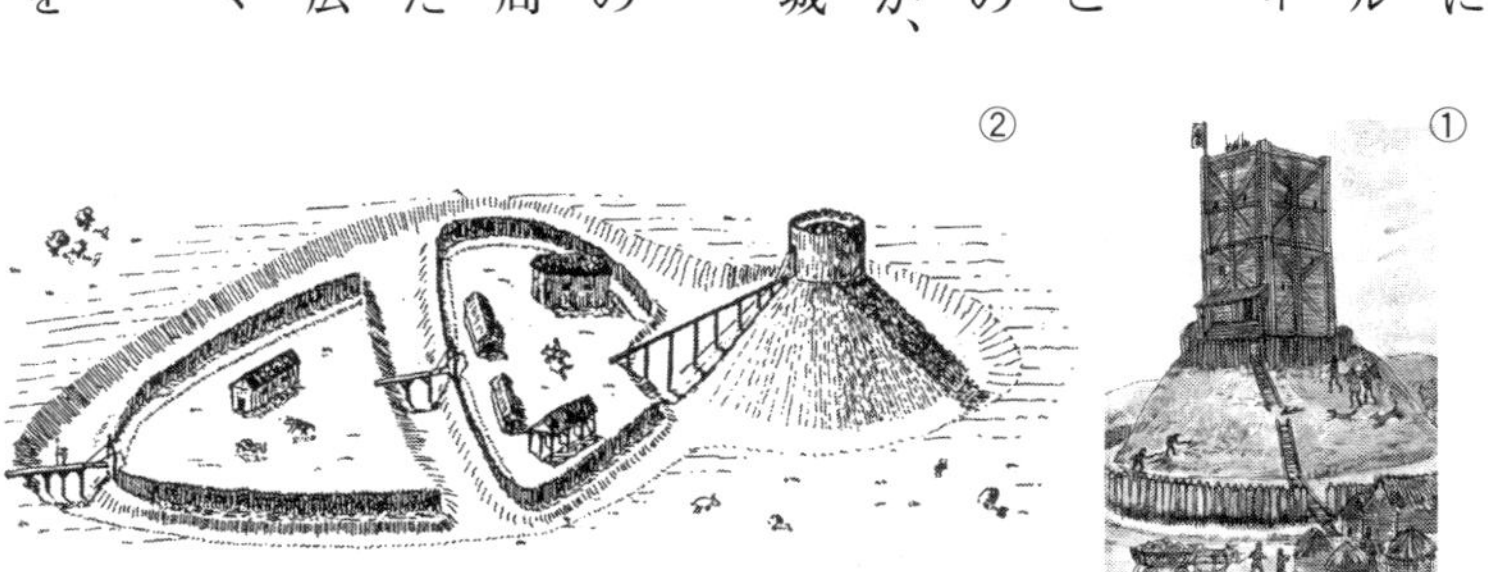

指す。イギリス王・エドワードの死後、王妃の兄弟ハロルドの王位継承を不服としたノルマンディー公・ウィリアムが、イギリス南岸に上陸してヘイスティングの戦いに勝利を収め、少数のノルマン人支配者が、圧倒的多数のサクソン人農民を支配する体制が確立した。このノルマンコンクェストこそイギリス中世のはじまりにほかならない。この時ウィリアムがバイユーの司教・オドーに描かせて作成したバイユー・タペストリー（Bayeux Tapestry）は当時を知る貴重な資料である［図2］。征服王・ウィリアムはノルマンの行っていたフランス規範にならって、イギリスに封建制を敷いた。ウィリアムの治世下で比較的少人数のノルマン人が広領域を支配し、国内の抵抗と外部の侵入に対応できたのは城郭の出現によるところが大きかった。これらの城郭は高い土塁を築き、キープ（天守閣）を建築して防御性を高めた。またノルマン人は反抗するサクソン貴族の領土を没収し、一部を王領、残りを部下であるノルマン貴族や修道院に分配し、帰順したサクソンの土地も一度献上させてから与えるなど巧みな政策をとっていた。

封建制のもとに、貴族は世襲化した所領内で独自の課税権と裁判権をもち、国王の権力も彼らの領内には及ばなかった。そして一二一五年に貴族たちは王に対して大憲章・マグナカルタを認めさせた*1。こうして王権の不安定から内乱が頻発し、

①

図2
バイユー・タペストリーより
①最初の部分　一一世紀半ば過ぎ、イングランドの国王エドワードは在位すでに二四年、六〇歳を過ぎても世継ぎが決まっていない。ハロルド公が密かなたくらみを抱くところから始まる。
②半ば過ぎの部分　ハロルドは軍勢を率いて北上し、スタフォードの会戦で敵を撃破、ヘイスティングに城を築こうと、モットをつくっているところ。

中世は不穏な社会状況の中で堅固な城を築いて敵に備える必要があった。

ところで古代ローマの高い技術と文化は、帝国崩壊後も東方のビザンチン帝国に受け継がれ、首都コンスタンチノープルは堅固な城壁に囲まれていた。一〇九六年に始まる十字軍の最初の遠征は、ビザンチン帝国から築城術や戦闘法を学んだイスラム教徒と戦い、聖地奪還に向けてビザンチンの技術による本格的な城造りを会得し、その成果を一二世紀末以降のヨーロッパにもたらした。そして一三〜一四世紀に城郭建築の全盛期を迎えるにあたり、この東方の高度な築城技術はヨーロッパ本土の城づくりに大きな影響を与えることになった。イギリスのウォリック城は、初期の城であるモットから堂々たる城に変貌をとげる姿を見ることができる［図3］。また、北部ウェールズを制圧したエドワード一世が治安を維持するために、三〇〜四〇キロメートルの間隔で構築したコンウェイ城、カーナヴォン城、ハーレック城は三名城とよばれている［図4］*2。

城はそれぞれに工夫を凝らしその目的に備えて造られていた。スイスのシオン城は背後がジュネーブ湖という立地条件で、紀元前一世紀の頃から城の先駆けが建てられていた。そして一三世紀に出来上がり、以後三世紀にわたってサボワ諸侯の繁栄と運命をともにしてきた。湖岸から橋で城に出入りするが、敵に攻められたと

②

*1 大憲章・マグナカルタは、封建貴族の土地保有の保護や領主裁判権の擁護など、貴族の権力強化につながる封建的特権の擁護が中心であった。

*2 太田静六『イギリスの古城』、吉川弘文館、一九八六、八八頁

③ ② ①

⑤ ④ ⑥

図3

ウォリック城の発展（復元図）。イギリス　初代からの家柄、家系がわかっており、資料も豊富なため、復元が可能であった。①高台の上に砦が造られて、まわりが木の柵で囲まれる。②一二六〇年川を背にして城が造られた。防護柵や建物の一部が木造から石造に変化し始めた。③一二六〇年～一四五〇年正面の塔と防護壁はさらに高く、大規模な工事がなされた。④一五四〇年要塞の正面には大砲が設置された。⑤一七〇〇年城の正面に置かれた大砲は高台の頂上に移され、正面は銃を使う場所とし、また塔の上部には大きな窓の見張り部屋が造られた。この後一八〇〇年頃は内部の各室に変化が見られ、外観はさほど変化していない。⑥現在の姿。

図4

ハーレック城、ウェールズ、イギリス、一二八三～一二九〇年　ハーレック城は、コンウェイ城、カーナヴォン城と異なり規模が小さく、また海岸近くの岩山に構築されている。ハーレック城のように四隅に円筒を配した矩形型城郭は、この頃から現れる。

きには自ら橋を壊して湖水に孤立する設定が読み取れる［図5］。

イギリスではノルマンコンクェスト以後の新しい築城が、一三〇〇年代のウェールズ遠征時に集中している。この頃に出来た城郭は要塞としての機能をもった城の典型であるが、同時に初期に建てられた城も増改築を加えて強化している。一四世紀の城郭に見る特徴は、モットとベイリーが一体化して要塞化された姿であるが、こうした戦いの日々もウェールズ遠征を最盛期として一五世紀の間にほぼ収束する。すなわち、一四世紀に入ると兵器としての弓や投石器に変わり、すでに火薬の使用が始まっていた。最初は大きな威力もなく、築城にも変化が見られなかったが、一五世紀後半に大砲が出現すると、古い防御要素はまったく威力を失い、戦闘型の中世の城は終焉を迎えた。

図5 シオン城。スイス、一三世紀 背後は湖、唯一陸との接点である湖岸からの橋は、敵に攻められれば自ら壊して身を護る。

❶-2 城の構成と日常生活

イギリスには、各時代の特徴を示す城やその遺跡が数多く残っている。初期には土塁に堀をめぐらした程度であったが、一〇世紀中頃になると木造から石造へと変化が見られた。また王権が弱体化する一二世紀頃には内乱が多く、城はますます城塞化していった［図6］。

図6 **初期の城概念図** モット・ベイリーから一段と発達し、木造から石造へと変化してきた。

①

図7
ヘディンガム城。イギリス、一一三〇年
①創建当時の合戦の図、②初期ノルマンの最も代表的な城で保存状態も良く、イギリス中世初期の城の典型。

②

ノルマンがイングランドを征服して間もなく、反抗するサクソンに備えて築いたヘディンガム城はノルマンコンクェスト後に建てられた城として、素朴ではあるが最も典型的な構成で、初期ノルマンの代表的な城である［図7］。またヘディンガム城の約三〇年後に造られたオーフォード城は、ヘンリー二世が一一六五年から八年以上の歳月と莫大な費用を投じて海岸の地に建てた城である。この二つの城を比べると、造られた時代も規模もよく似ているが、オーフォード城のキープには改良が見られる。すなわち四角いキープは射手が矢を放つときに視界を邪魔される部分が

生じるため、外側に三つの塔を付けた形のキープになっている［図8］。

中世の城として典型的なヘディンガム城をイメージしながら一般的な城の構成を述べる［図9］。多くの城がそうであるように自然の地形を利用し、まず丘陵の縁端にあたる高く見通しの良い場所を選定する。

ここに通じる道はただ一本、ほかには深い谷などの地形によって近づけない。道は大挙して攻め込まれないように細いほうがよい。また道沿いの樹木は切り倒した裸道で、見張りが馬一匹たりとも見のがさないことが大切。その道をたどって城に近づくと堀に跳ね橋が架けられている。これを渡ると城門には城門楼《じょうもんろう》（見張り小屋）があって出入りを監視し、怪しければ通れないように橋を吊り上げる。道から跳ね橋を渡って入ったところは外城で、中には周囲を囲む城壁に沿って馬具、兵器をつくる職人や労働者の住居、あるいは穀物倉、厩などの付属建物がある。つまり城の敷地は内城と外城の二つに切り離され、その間には深い堀が設けられて急傾斜の崖に阻まれ、今度はここに架けられた跳ね橋を渡ってようやく一段と高い内城に入る。こちらも厚い城壁で囲まれ、中央には敵との攻防に際して最後の砦となるキープが建っている。キープは通常でも壁厚二メートル以上五メートルほどもあり、最も完成度が高いといわれるクーシー城のキープでは、攻撃を受けやすい部分

図8
オーフォード城。サフォーク、イギリス、一一六五年〜　一般的な四角い建物から、射手が視覚を邪魔されないように工夫改良した形である。

が七・五メートルにも及んでいる。

窓は攻撃されたときを考慮して必要以上に設けず、とくに下の階ほど小さくスリット程度になっている。この小さな窓から最大限の採光を得る工夫から、壁の厚さ

①

②

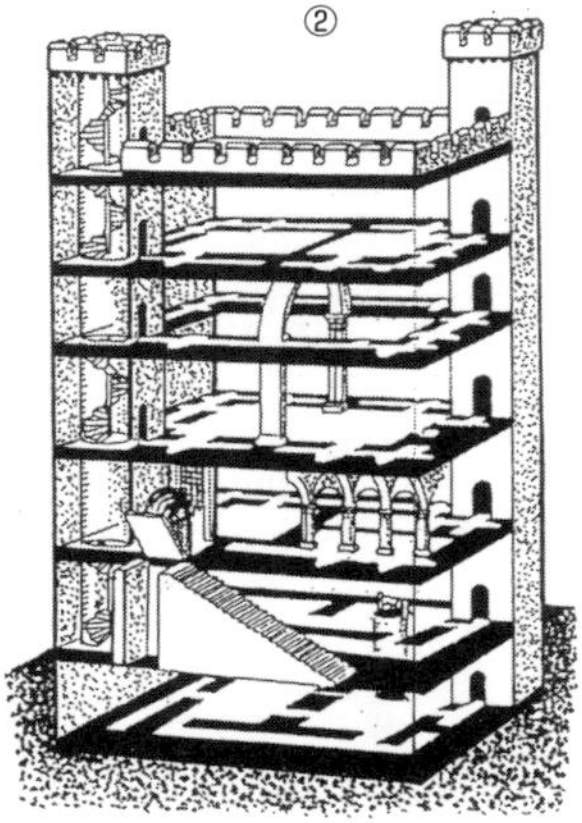

③

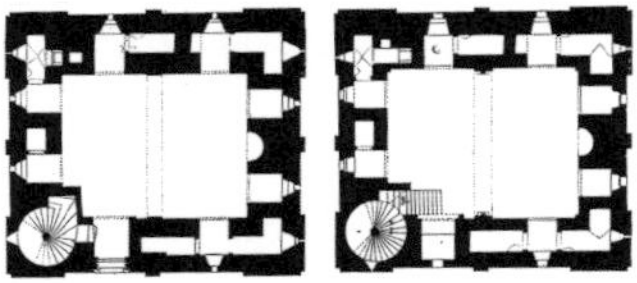

図9
ヘディンガム城
①全体図。②断面図。③二、三階平面図

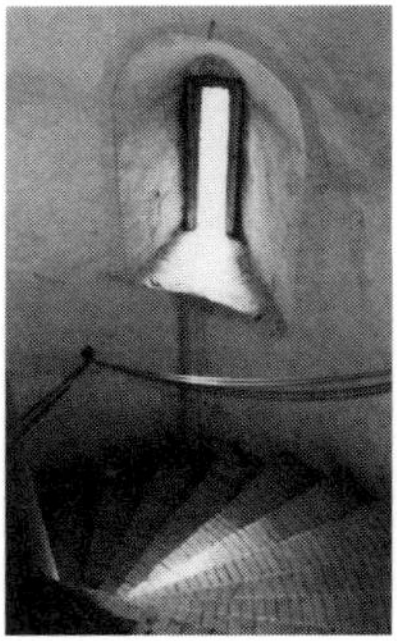

図10
ヘディンガム城階段の窓
城の窓は安全のため外部に向けて小さく、壁の厚さを利用して内側に漏斗状に拡大し、室内への光を拡散している。

図11
ランジェ城の吊橋。ロアール、フランス、一四六五年〜一四六九年　百年戦争の後、ルイ一一世がロアール川沿いのトゥールやアンボワーズを守るために築いた城で、開口部が少なく、入口に戦闘的な吊橋が見られる。

を利用して内側に漏斗状に拡大し、室内への光を拡散している〔図10〕。

さて、一階の外壁にはどこにも出入口がない。最初の出入口は二階にただ一つ、地上から真っ直ぐに階段（出来たときは木造）を上がると、踊り場の床が跳ね橋と同じ仕組みで吊り上げられる。しかも吊り上げた踊り場が出入口を完全に塞いでしまう〔図11〕。

最初に入る二階は兵隊の詰所で、兵士や家臣がその出入りを厳しく監視している。キープの上下交通はこの二階を起点として、厚い壁の中に作られたただ一つの螺旋階段だけである〔図12〕。地下へ行くには地上から一度二階へ上がり、この螺旋階段で下へ降りる。一階は倉庫で、ほとんどの城が籠城に備えて井戸を掘ってある。また戦争のときには大切な家畜を収容する場所でもあった。

敵が二階まで乱入して来たとしても、城主のいる一番大切な三階へは通すわけにいかない。唯一壁の中に造られた階段も、人が一人やっと通れる狭い幅で、しかも上がりにくい螺旋階段であれば、敵が大挙して上がってくることはない。上で刀をもった兵士が待ち構えているか、下を向けて槍を構えていれば絶対に通れないことになる。

三階はホール（大広間）で、天井高が二階分吹抜けになっている〔図13〕。つま

図12
壁の中に造られた螺旋階段　厚い壁の中に造られた階段は人一人がやっと通れる幅の狭いものであるが、敵を大挙して上がらせないためでもある。

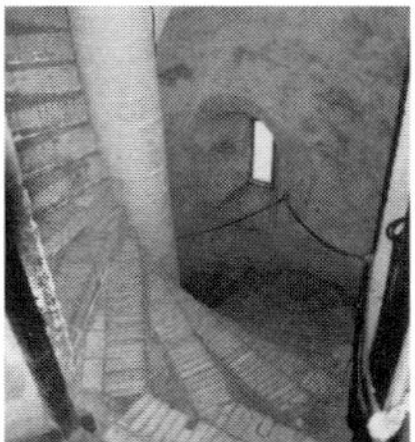

りへディンガム城は外から見ると五階建てだが、実際には地下一階・地上四階建てといえる。ホールは城主とその家族、家臣、ときには来客が一同にそろって食事をする。日常の生活の場として君主と大勢の家臣はもちろん、城のすべての人の共有空間であった。家臣は壁ぎわのベンチの上や床に藁か藺草を敷いて寝ていたが、食べこぼしや汗などで決して衛生的な環境ではなかった。

四階も大部屋で寝室にも使われたが、よその領主が訪ねてくれば大勢の家臣も同行するので、そのときは来客の宿泊にあてる。また一度戦いが始まれば領民が籠城するための場所となるなど、予備的な役割が強かった。

また、城では壁が厚いことを利用して壁の中にL字型の小部屋が造られた。一二世紀頃にはまだ扉がなく、L字の手前角が死角をつくり、部屋の前を通っても室内は見通せない。また扉がないことによって覗こうと思えば覗けるが、それをしないという西洋流のマナーも中世の生活の中で育まれた。そして三階より上の階の小部屋は領主とその家族の寝室にあてられたが、家臣の私室はなかった。同様の小部屋を用いて便所も造られたが、座面に空いた穴から直接壁の小穴に出されるだけで、汚物が流れ落ちるその壁面はきわめて不潔だったという。しかし不潔であれば人も近寄りたがらず、滑って壁面を登ることができないことは、忍び込む敵に対

図13
ヘディンガム城のホール　①室内。②ホールにおける生活の様子。三階のホールは天井が二階分吹抜けになっている。主従そろって食事をするなど、日常生活の中心となる場であった。

①

して好都合であったにちがいない。

ところで、三階のホールで領主と家臣がそろって一緒に食事をすることは、中世において君臣一体となり団結心を強めるために大切なことであった。しかしここで皆でそろって食べる食事は別棟の台所でつくられた。城は堅固な石造であってもホールの床や天井は木造であったため、火災防止の観点から一部の例外を除き、キープの中で炊事をすることはなかった。

したがって、出来た料理を持ってこの狭く上がり難い螺旋階段を毎食事のたびに運んでいた。このことを一つ取り上げてみても、中世の城がいかに戦闘時の防御と安全性を優先し、結果として生活や居住性を犠牲にした建築であったか理解できよう。

❶-3

城から宮殿へ

一一世紀に始まった城づくりも一三〜一四世紀を頂点として、戦闘術の変化や世情から脱要塞化の時代を迎えることになる。今までの内乱や国内の貴族同士が対象であった戦いは、百年戦争*3のように国家対国家に変わり、また貴族の勢力が弱体化する中で中央集権が強化されていった。こうした社会情勢に伴って城は大き

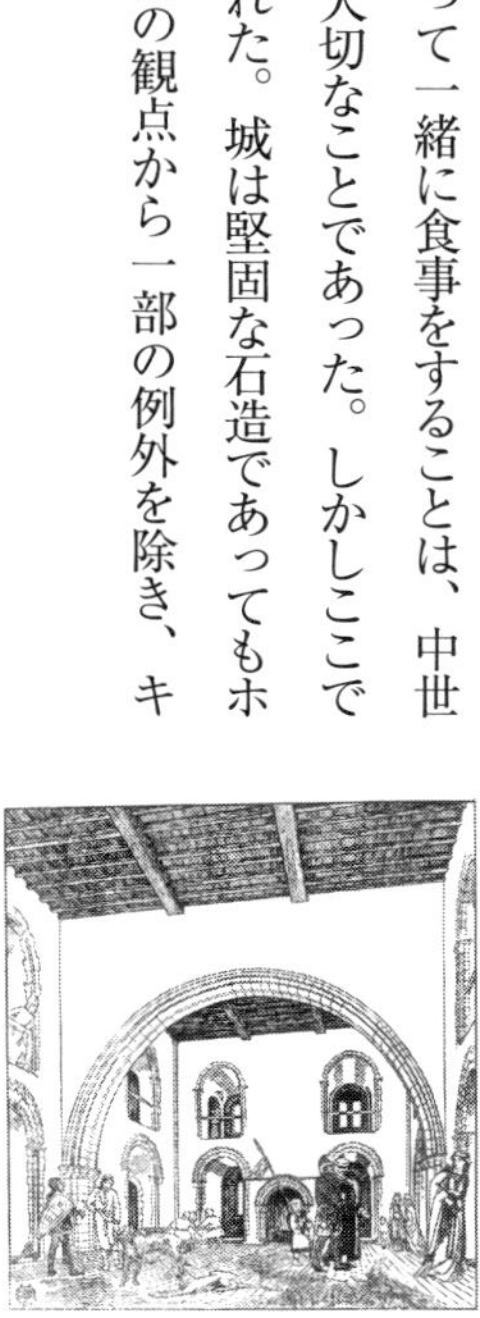
②

*3 フランス内のイギリス領地をめぐる英仏間の問題に端を発し、一三三七年に勃発してから一四五三年まで断続的に交戦が続いた。さらにイギリス国内でのランカスター家とヨーク家による貴族同士の内乱が長期戦にもつれ込んだ薔薇戦争などによって、権力構造が変わってきた。

く変化し、さらに火薬の使用による大砲の出現は、従来の梯子に備えた高い壁や物見櫓の攻撃にとくに威力を発揮し、要塞化を目指した城郭もその使命を終えた。

戦闘に明け暮れていた時代からようやく平和の兆しが見え始めてくると、生活の場は用心の良い二階から便利な一階へと移り、またホールでは全員そろって食事する習慣がなくなり、来客を招いての宴に使われるようになった。

ルネサンス以降、フランスなどでは豪華な宮殿が建築されたが、イギリスでは城郭の宮殿化とでもいうべき姿が見られる。本来の防御性をもたないこれらの城郭を見ると、部屋の多さが目

図14

城の内部の比較　平和の訪れとともに宮殿のようになっていく。①素朴なストークセイ城のホール、シュロップ州、イギリス、一四世紀初期。②宮殿化したベルボイア城のサロン、レスター州・イギリス、一七世紀（創建紀元）

①

②

図15

アゼ・ル・リド城。ロアール、フランス、一五一八年～一五二五年

城でありながら戦闘的構えをもたない居館であり、「ロアールの真珠」と呼ばれ、小さく簡素な中に優雅さが漂う。

にとまる。また採光のための窓部分が大きくとられていること、一階が積極的に利用されているなど、平和な時代の訪れを示している。

戦いの時代が終わると敵に対する警戒心や緊張感が薄れ、心理的なゆとりから生じる欲求によって装飾や美しさが追究された。こうして城は益々居住性が向上し、居住空間は宮殿化していった〔図14〕。

アゼ・ル・リド城は、「石落し」も形だけのもので、まったく戦闘的な構えをもたない優雅さの漂う建築である〔図15〕。このほかにもフランスのロアール川沿いには多くの美しい城が残されているが、その多くは狩猟の折に立ち寄る休息のために用いられたものである。

しかし豪華な内装が進む一方では、高くそびえる塔や胸壁など、中世城郭建築の特徴が、権威と美の象徴としての憧れから尊ばれた。堀、跳ね橋、鋸壁、銃眼、矢狭間、塔などの古い防御施設を建築美の構成要素として利用したのであった。結果として城の美しい外観をもちながらも戦闘・防備の機能がなく、宮殿化しながらも城の名を冠した建築が存続した〔図16〕。

図16
ノイシュヴァンシュタイン城。E・リーデル、G・ダルマン、J・ホフマン、ホーエンシュバンガウ、ドイツ、一八八六年　悲劇の狂王といわれたバイエルン国王・ルードヴィヒ二世により建てられた美しい城で、見る人を中世の幻影へと導く。しかしこの城が出来た時代は近代である。またディズニーランドのシンデレラ城のモデルとしても知られる。

❷ 荘園住宅マナハウスと居住性の萌芽

❷-1 マナハウスの基本形と有軸的空間の成立

城のキープ（天守閣）のような大領主の居館は、軍事的考慮が最重要課題であり住宅建築としての居住性、快適性を犠牲にすることによって成り立っていたといっても過言ではない。領主たちは日頃より戦いに備え、武術や狩猟など野外における粗野な日常生活をおくっていたため、居住性の悪さに対してさほどの不自由を感じなかったようである。領地内には、城とは別に領主に臣従して土地を拝領し、荘園の管理を任せられた騎士の館である荘園住宅・マナハウス（manor house）が営まれた。

マナハウスは、領主の本拠であるキープから離れた荘園の中心にあって、領民からの租税や武役の貢納の督促を任とする騎士とその家族や家臣たちの住まいであり、同時に領主を迎えて領民の裁判を行う場でもある。すなわち荘園の中心建築として管理を司るもので、周囲を木柵や土塁、あるいは堀で防備する姿も見られるが、軍事的な意味は薄く営農的性格が強かった。そしてヨーロッパにおける中世領主住宅の中でも引き続いて発展をとげ、後の住宅建築に多大な影響を及ぼしたものは、大領主の居館である城のキープではなく、このマナハウスであった。一二〇〇年頃にイングランドのリンカーン州に建てられたブースビー・パグネルは初期マナハウスの好例である。二階は暖炉のある大広間・ホール（hall）と主人とその家族の私室・ソーラー（solar）からなり、一階も二室に分かれて、一方は収穫物の保管に使用されていた。二〇・一二×七・九二メートルの大きさで、場所によっては約一メートル二〇センチもの壁厚がある［図17］。マナハウスは城のキープに相当し、おおむね二階建

図17 ブースビー・パグネル。①外観。②平面図。リンカーン州、イギリス、一三世紀　二階建てで、上階がホールとソーラーの二室からなるマナハウスの最も基本的な形を示している。

①

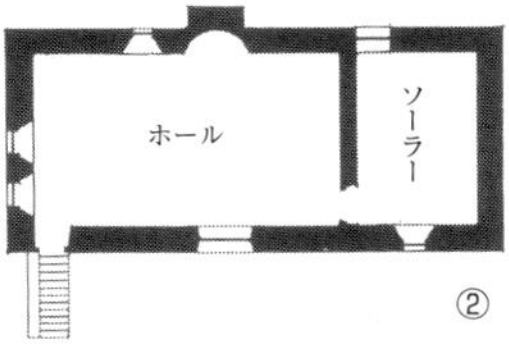

②

てで一階は納屋や貯蔵庫、二階が居室であるホールであった。後に平和な時代を迎えるにおよび防備の姿勢が薄らぐと、ホールは便利な一階に移るが、修道院の荘園の中にあるマナハウスなど比較的安全性の高い環境にある場合は、早くからホールが一階にあるものも見られた。

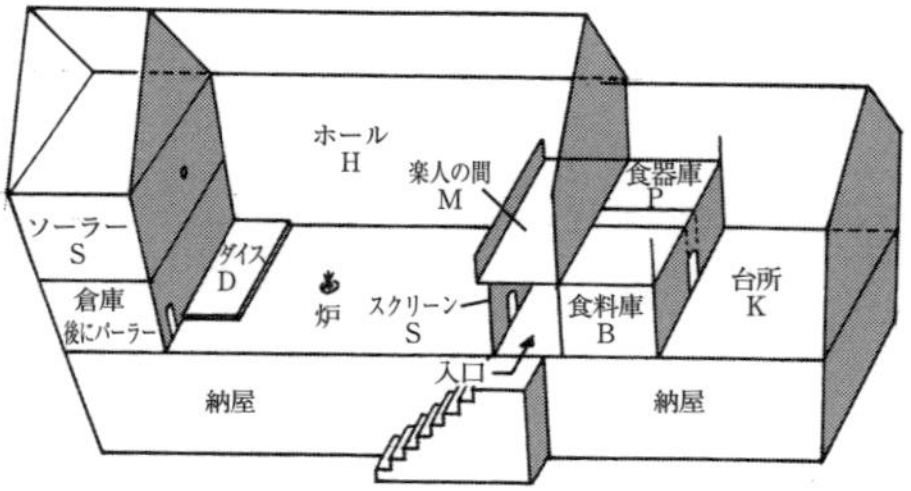

図18
一三世紀マナハウスの基準型

マナハウスの出入口は城のキープと同じで二階に設けられていた。ただし、城のキープは一階に出入口がなく、内部の階段で一階へ通じていたのに対し、マナハウスでは営農的性格から一階にも外から出入りできたが、内部から一階へ通じる階段はなく、一、二階は完全に分離していた。領民からの貢納物や収穫物を収納するために頻繁に出入りする出入口から、不意の侵入者を防ぐためである。いずれにせよ城もマナハウスも、人間が居住し、そのために出入りする最初の階がファーストフロアー（二階）であり、これが日本の二階をヨーロッパで一階と呼んでいる所以である［図18］。

さて、外階段で二階の入口から中に入ると、ここは溜まり廊下になっている。その片側（ホール側）は通常三カ所の出入口がある木造の重厚な仕切壁（スクリーン）で、ホールの中へ不意の敵が直に乱入したり、見通せないようになっている。反対側の壁の中央には台所へ通じる出入口があり、初期にはここから一度外部に出て別棟の台所へと通じていた。溜まり廊下からホールへ入ると、ここは吹抜けで天井が高く、振り向くと溜まり廊下の上が桟敷（ギャラリー）になっているものもある［図19］。ホールでの宴のための楽人の間として入口脇の壁の中に設けた螺旋階段か、ホール側に付けた階段で結ばれていた。

吹抜けのホールを挟んで楽人の間のちょうど反対側に、この館の主人とその家族

①

②

図19
ギャラリー（楽人の間、桟敷）
①ハドン・ホール、ダービー州、イギリス、一二世紀。ホールは天井が高く、一端（下手側）のスクリーンズで仕切られた入口上部にギャラリー（桟敷）が設けられた。
②小規模なマナハウスのホール、パックウッド・ハウスのホール、ウォリック州、イギリス、一七世紀初期。

のための私室であるソーラーが設けられた〔図20〕。ソーラーの位置はホールの床から半階上がった楽人の間と同じ高さにあり、下は礼拝室であったり倉庫など予備的な部屋であった（やがて後述のパーラーとなる）。ソーラーは昼間の居間であると同時に夜の寝室でもあり、主人家族と家臣たちとの生活は分離されていても、まだ家族間で個人のプライバシーが保たれるものではなかった。

ところでマナハウスの原型はただ一つの大広間であったと考えられるが、一二世紀頃になるとホールと、ソーラーの二室構成になる。ソーラーの成立過程は二通り考えられる。すなわちホールの一端を仕切ってソーラーが分化したことも考えられるが、おそらく別棟として存在した私室、すなわち住宅建築がホール建築と結合して一体となったと解釈できる。はじめは別棟のまま接続、やがて完全に結合し、これが一般化するに及び二つの建物を繋ぎ合わせることなく、はじめから一緒に造られたと考えられる〔図21〕*4。一般に建物は、はじめから一体に造られたか後に結合したか、屋根あるいは外観に現れる〔図22〕。

マナハウスの発達段階ではホールとソーラーの次に台所が見られる。城のキープにあっては火災を恐れ、台所を敷地内で別棟にするのが一般的であった。

主人も家臣も全員がそろってホールで食事する中世の生活を思えば、台所からホ

図20
一五世紀マナハウスのソーラー
ソーラーは主人と家族の居間で窓辺は明るく、壁厚を使って造りつけられた腰掛で裁縫などが行われた。暖炉もあり、最も居住性の良い部屋であった。

*4 後藤久「マナハウスに関する研究(2)・ソーラーの成立について」、日本建築学会大会学術講演梗概集、一九九五

ールまで外階段を上がって全員の食事を運ぶことになる。しかし城と異なり居住性を追求したマナハウスでは、やがてホールと同じ建物の中に台所を一体化した過程は、台所からバッテリー（食品・食料庫）やパントリー（初期には食器庫）が分化したことも考えられるが、台所より早期にホールを挟んでソーラーと反対側に、まずバッテリーとパントリーが設けられ、この二つの部屋の間にある廊下を通って別棟の台所へとつながっていたものが、やがて直結したとみてよいであろう[*5]。

　小規模なものでは台所をもたず、炉で料理をしていた。一般に中世では暖を採る火と料理する火が同じであり、言い換

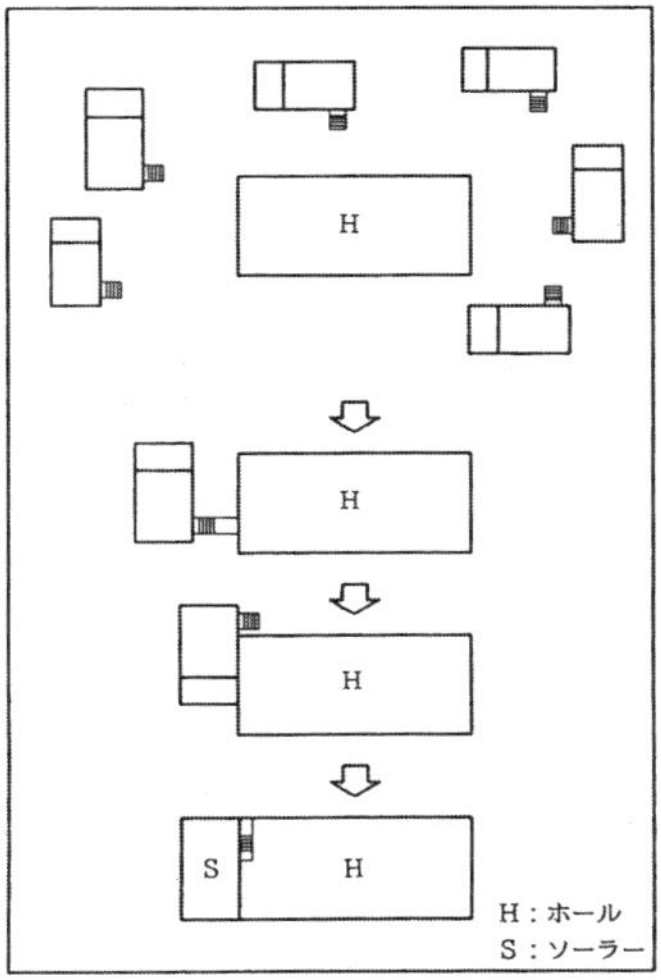

図21　ソーラーの成立過程概念図　別棟として存在した私室すなわち住宅建築がホール建築と結合して一体となった。

図22　一三世紀のマナハウスの構え　屋根の向きなどから見て一緒に造られたのではなく、二つの建物が結合している。はじめホール一室の建物に、後からソーラー部分が結合したと考えられる。

*5　後藤久「マナハウスに関する研究（3）・サービス空間の発達について」、日本建築学会大会学術講演梗概集、一九九七

えればそれで出来る程度の料理しかつくっていなかったことになる［図23］。

いずれにせよ、ホールを挟んで一端にソーラー、反対側に台所という平面が定型化される。さらに一三世紀になるとホールのソーラーのある側にはダイス（dais）と呼ばれる一段床の高い部分がつくられ、段上には主人とその家族、時には来客が座り、段下の家臣たちとともに食事をした［図24］。

ダイスの上に置かれた椅子は背もたれがあり彫刻が施された上等なもので、ダイスの下のフロアーで家臣たちが座ったベンチ式のものとは歴然とした差があった。またダイスの後ろの壁にはタピストリーが掛けられ、冷たい石の壁の雰囲気を和らげると同時に、より正面性を強調していた。

ホールを挟んで一方がソーラーなど主人たちの空間、反対側が台所など召使たちの空間からなる。マナハウスには、一端に上手が存在し、ここから遠ざかるにつれて高貴性が薄れ、他端が下手となるような目に見えない一本の軸線が貫かれた空間が出来上がっている。さらにこれはダイスが出現することによって一段と明確になった。言い換えれば、ダイスは封建的な上下関係を、視覚的にも分かりやすく秩序づけたもので、こうした有軸的な空間の成立は、同時に一三世紀にマナハウスの基本形が完成したと見てよいであろう。

図23
オーフォード城内の厨房施設。サフォーク、イギリス、一二世紀
火災を起こさないように、城のキープには厨房をつくらないのが原則である。あってもこのように小さなものであった。

図24
ダイスとハイ・テーブル　①領主のハイ・テーブル。トレンチャーと呼ばれる入物に薄く切ったパンが入っている。食後に残りが集められて貧しい人びとに与えられた。②イギリスの家政の絵本に描かれているダイス。

先に古代の住宅建築の中では、中央にある中庭や広間に注目し、ここに集中、拡散、周遊といった動きが見られ、中心をもつ有心的空間を構成していることを述べた。この古代の有心空間（有心平面）に対し、有軸空間（有軸平面）は一三世紀にマナハウスのホールの中で成立した中世住宅の特色である。

しかし、マナハウスはその後の平和な時代の訪れとともに防御的配慮が緩み、しだいにその間取の構成も多様に変化しはじめる［図25］。

図25
マナハウスの発達過程

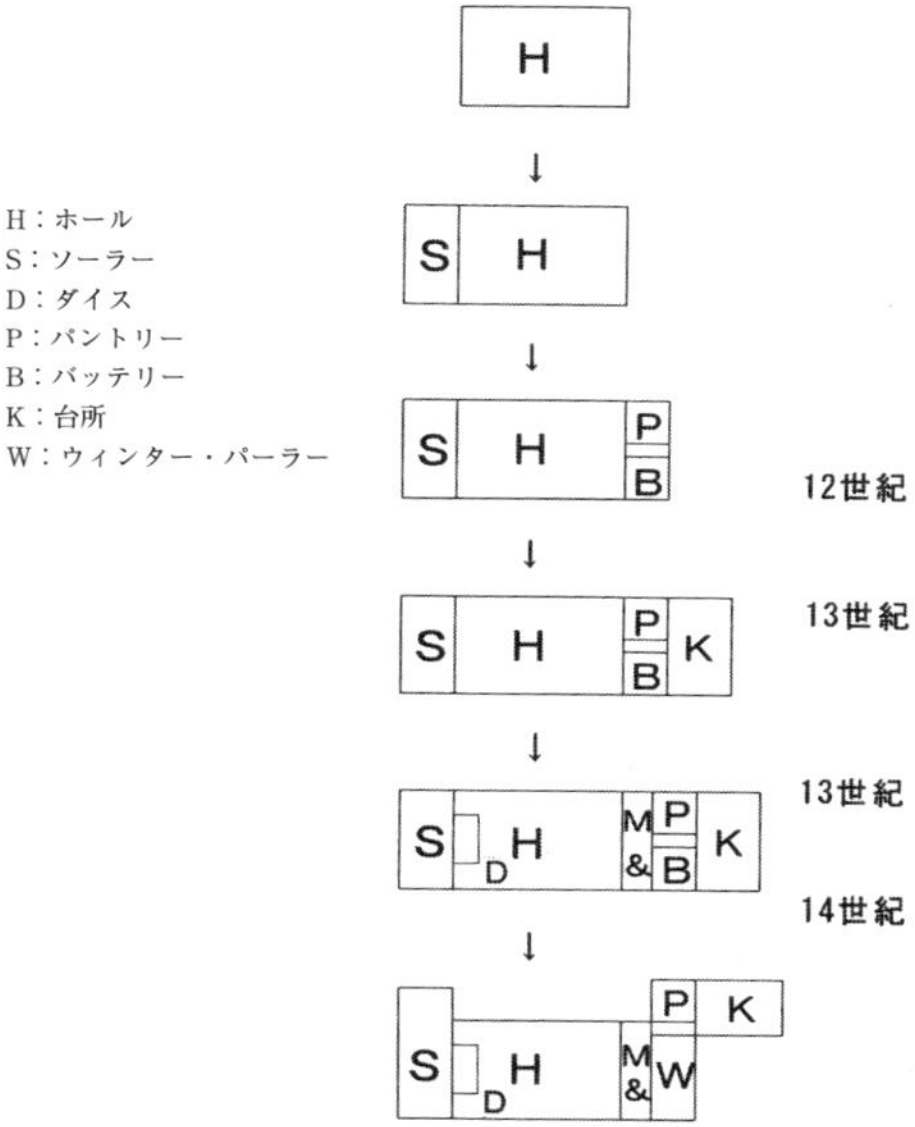

①

②

❸ マナハウスの発展と居住性の向上

❸-1 アイタム・モートに見るマナハウスの変遷

中世マナハウスの典型例の一つといえるアイタム・モート（Ightham Mote）は、イギリス南東部のケント州に位置するマナハウスで、一三四〇年頃に建てられている。騎士あるいはスクワイアの一三～一四世紀に建てられた典型的な住宅と見てよいであろう。創建以来何度かの増改築が行われてきた［図26］。

増改築の経緯がほぼ判明しているため各時代の建築的な流行や傾向を一つの住宅建築の中に見ることができ、住居史研究の史料価値が高い。今日なお保存状態が良く、増改築のたびに個室や暖炉が増えるなど、時代とともに居住性の向上を目指したことが見てとれる。アイタム・モートは一三四〇年頃に建てられ、初代の所有者は不明であるが、一三六〇年頃、コーン家が所有していた。当初は現

図26
アイタム・モート（Ightham Mote）の発展過程。ケント州、イギリス、一三四〇年～　創建以来何度かの増改築が行われ、現在ではチューダー様式やエリザベス様式あるいはジャコビアン様式の要素も見られる。また幅五～六メートルの「モート」と呼ばれる堀で四方を囲まれており、防備の姿を伝えている。

①

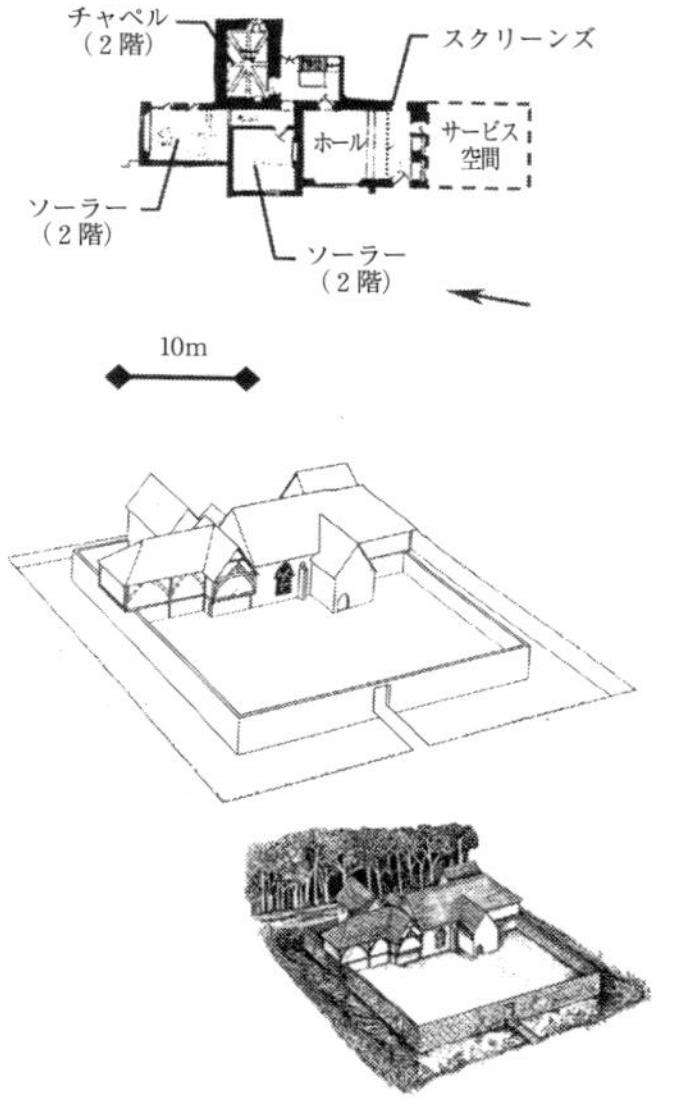
チャペル
（2階）
スクリーンズ
ホール
サービス
空間
ソーラー
（2階）
ソーラー
（2階）
10m

②

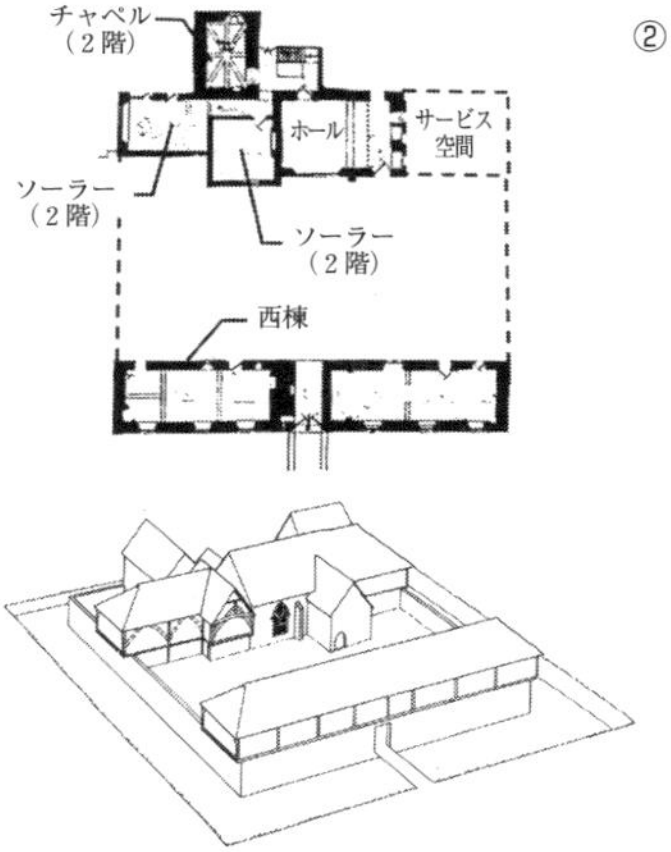
チャペル
（2階）
ホール
サービス
空間
ソーラー
（2階）
ソーラー
（2階）
西棟

③

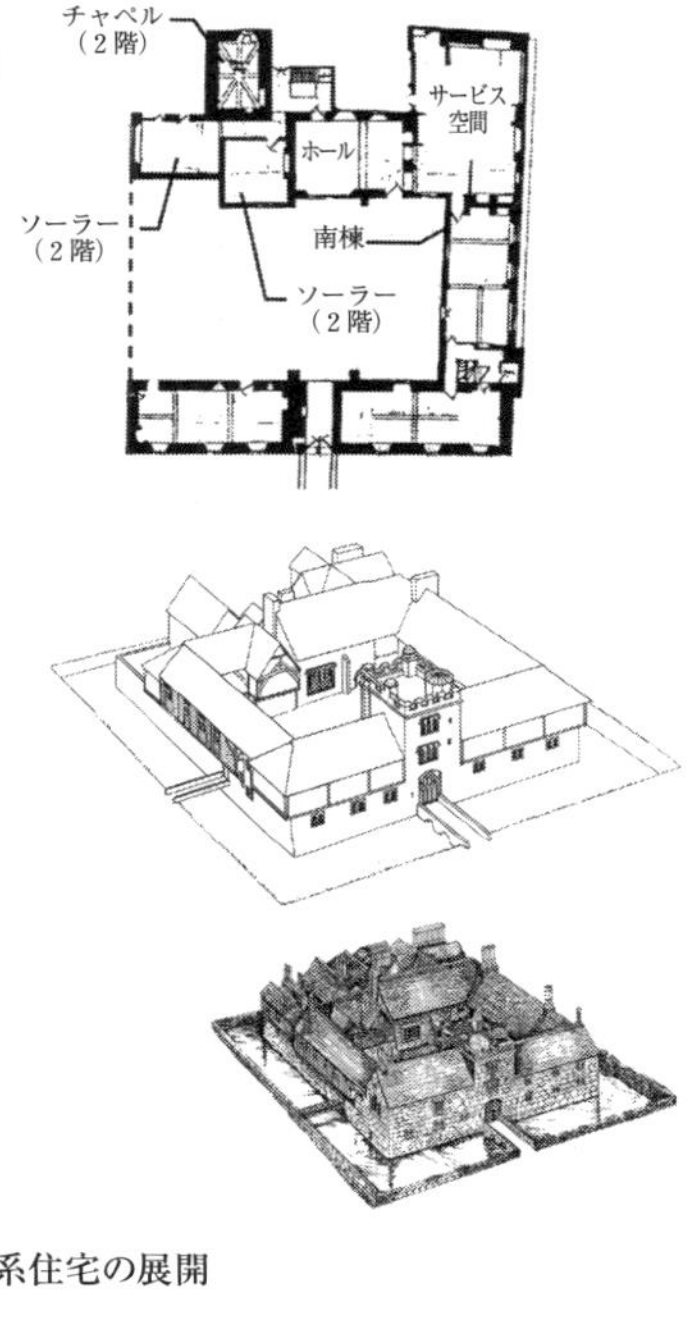
チャペル
（2階）
ホール
サービス
空間
ソーラー
（2階）
南棟
ソーラー
（2階）

④

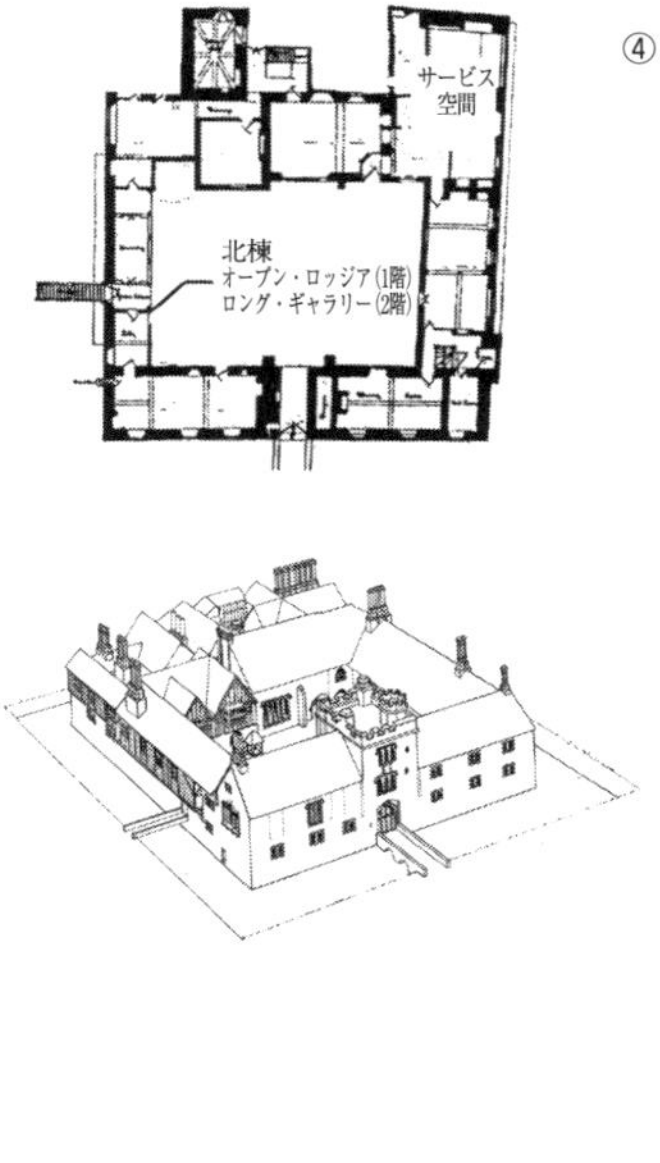
サービス
空間
北棟
オープン・ロッジア(1階)
ロング・ギャラリー(2階)

在の東棟だけで、その中心を占めている一階のホール、ホール東側の階段室、二階にあるチャペルとその階下にある倉庫、そして二つのソーラーで構成されていた。ホールをより安全な二階に設けなかったのは、おそらく創建時から今日見られるように堀で四方が囲まれていたためと解釈される。

当初はホール東側の壁に現在見られる大きな暖炉と窓はなく、オープン・ルーフにはルーバー跡があるため平炉があったと考えられる。またホールの下手（lower end）には二つあるいは三つの戸口があり、厨房とバッテリー、あるいはパントリーに通じていたことも明らかであるほか［図27］、東側にある階段室には螺旋階段があったことなど、建設当初のアイタム・モートはホールを中心としてごく基本的なマナハ

図27 アイタム・モート 東棟のホール。①外観。②室内。

①

②

図28 アイタム・モート 南棟外観。

ウスの部屋構成であった。

一四世紀後半以降はホールで全員そろって食事をとる習慣が廃れてくるが、下級貴族住宅では一六世紀末頃まで行っていた。

アイタム・モートは一四四四年頃、コーン家に変わってケント州の裕福なスクワイアであったオート家の所有になる。このときに中庭を挟んでホールの反対側に二階建ての西棟が建てられた。この西棟は、身分の高い使用人や従者たちのための数室続きの宿舎であるロッジングとして使用された。その後西棟に続き、二階建ての南棟が増築されて建物はコの字型となった［図28］［図29］。そのため南棟の二階部分がつながり、主人と家族の私的な居住部分が拡大された。そして一五〇〇年前後にホールの東側の壁に暖炉が設置されることによって、既存の平炉はこのとき塞がれたと考えられる[*6]。

また、ホールの南側、中庭に面した窓が大きくなったが、薔薇戦争後に王権が確固たるものになると、建物は軍事性、防御性から居住性へと変化し、窓が大きくなる傾向があった。大きな窓は富の象徴であり、過ごしやすい明るいホールへと居住性は向上した。

一五二一年、所有者はオート家からクレメント家へ交代する。リチャード・クレ

図29
アイタム・モート　西棟とエントランス・ゲート外観

*6　一般に平炉が暖炉に替わる時期は一四世紀から一五世紀初頭であり、アイタム・モートでは多少遅かったといえよう。

メントによって二階建ての北棟が増築され、ついに中庭を囲んでロの字型となった。北棟の一階はオープン・ギャラリー、二階はロング・ギャラリーであった。

最初期のギャラリーは、覆われた通路という機能しかもたなかったが、一六世紀になると悪天候の日でも運動のために歩く場所として新たな機能をもつようになり、大いに流行した。ギャラリーは一般に自慢の品や先祖の肖像画を飾る場所とされてきたが、リチャード・クレメントはこのロング・ギャラリーに王室の紋章などを飾っており、社会的地位を誇示する場としての機能をもたせていた[*7]。またアイタム・モートの北棟に見られるように上下階の同じ場所にギャラリーを配置する手法はほかでも見られ、当時流行していた建築的要素を取り入れていたことがわかる。

一五四四年、アレン家、そして一五八五年、セルビー家に渡って多くの改築や増築がなされ、一六世紀末から一七世紀はじめは階上にあるグレイト・チャンバーが最も重要な空間となり、ホールからそこへ至るまでの階段とグレイト・チャンバーが壮麗化した。

西棟にある塔より北側半分の二階が建て直されてウィズドローイング・ルームが一新された。さらにジャコビアン様式の暖炉が設置され、アイタム・モートの中で最も壮麗で装飾的な部屋になった。暖炉は本来の機能のほかに、建築的な装飾と

*7 M. Girouard, *LIFE IN THE ENGLISH COUNTORY HOUSE*, New Heaven,1978,p.100,101

しての重要性が増したことを物語っている。
一七世紀は既存のチャペルが暖炉のある個室となり、その続きにある東棟二階の北の端に暖房のある小さな個室がいくつか増築された時期である。このように各人が個室をもつことは、プライバシー志向が強くなった社会背景よるものであり、それらに暖炉が設置されて高い居住性が実現された。

図30
アイタム・モート　西棟および南棟外観

はじめは唯一ホールの平炉だけであったものが、個室における暖炉の設置により高い居住性を実現させるなどの推移、とりわけ間取の変化は、一五世紀頃から目まぐるしく増築して部屋数を増やし、各室の用途も変えている。こうした姿は決してアイタム・モートだけのことではなく、多くの中世マナハウスが時代の変化の中で、近世の上流住宅へと移行する姿である［図30］[*8]。

*8　一八七二年には、ホールの外部に通じる出入口が囲われ、ホールに隣接するサービス空間が玄関の間（vestibule）となって動線が変化している。
一八八九年、コリヤ・ファーガッソン家が所有、そして一九五三年、アメリカ人チャールズ・ヘンリー・ロビンソンの手に渡った。彼は復元工事を行って元の姿を再現することに意欲を燃やし、その後一九八五年にナショナル・トラストに遺譲されて今日に至っている。

居住性の向上―ローマン・ヴィラからの影響―

カエサルによるイングランド侵攻は紀元前五五年に始まり、四一〇年頃にローマ人が撤退するまでイングランドはローマの属州であった。その間、東部を中心として道路や都市が建設され、その周辺に多くのローマ人のヴィラ（villa・別荘）が建てられた。しかし、ローマ人の撤退後はサクソン人によってローマ時代の都市やヴィラが破壊され、ローマ・ブリテン文明はほぼ消滅している。

古代ローマ帝国支配下時代のイングランドにおけるローマ文化の浸透、およびサクソン人侵入後の存続の度合いについては研究者によって、必ずしも意見の一致をみない。しかし、支配下におけるイングランドの上流階層の生活には、便利で快適なローマ的住生活が受け入れられ、定着していたことは遺跡から明らかになっている*9。もちろんイングランドに限らず古代ローマの拡大とともに、ローマン・ヴィラは各地に存在し、基本的に営農的な機能をもつものが多かった。[図31]*10。

紀元前一世紀頃には都会の喧騒を避け、あるいは余生を送るために、贅沢で壮大なヴィラを建てることが裕福な人びとの間で盛んに行われるようになっており、トラヤヌス帝治世下の政治家小プリニウス（六一〜一一三年頃）が、ラウレント

*9 C.Hibbert, *THE STORY OF ENGLAND*,1992 北川稔編『イギリス史』、山川出版社、一九九八、二七頁、現在七〇〇以上の遺跡が確認されている。

*10 その詳細については『ウィトルウィウスの建築書』の第六書で、田園のヴィラについて部屋の位置や大きさなど具体的に述べられている。

*11 国原吉之助訳、『プリニウス書簡集』、講談社、一九九九、八六〜九五頁。小プリニウスは書簡の中で、「快適な中庭」や「居心地の良い奥広間」を持ち、暖房配管がめぐらされていたこと、また「鎖された深い静寂」のある寝室や、日常の喧騒から解放される居間のためにプライバシーが確保されていることを述べている。

ウムに所有していたヴィラはこの典型であった［図32］。小プリニウスはこのヴィラについてガッルスという人物に宛てた書簡の中で、個室の快適さについて述べている*11。

イングランドでは属州の間、その首都となったコルチェスターなどの都市周辺に多くのローマン・ヴィラが建てられ、裕福なブリトン人も、このローマ的生活を受け入れていた。

イングランドにおいては、農村が繁栄した四世紀前半に最も数多くのローマン・ヴィラが建設され、その規模も農場の小屋のようなものから、一〇〇人以上が生活する大規模なものまで多様であった。その形態は、全面にベランダがある回廊型、同じく廊下型から派生した中庭型、内部に屋根を支える柱があるバジリ

①

②

図31 アフリカにおけるローマン・ヴィラ　①三～四世紀頃、古代ローマが植民地の一つ、カルタゴにローマン・ヴィラをつくった際のモザイクである。ユリウスという荘園領主の別荘の様子が描かれている。モザイク中央が別荘で、その一部にはドーム状の屋根がかかり、隅は見張りやぐらになっている。別荘を囲うように、オリーブの木や家畜、奴隷たちといった庭の様子が描かれている。②四～五世紀における北アフリカのヴィラで、列柱のある一階部分が生活空間と見られる。（①②ともチェニジアのバルド美術館蔵）

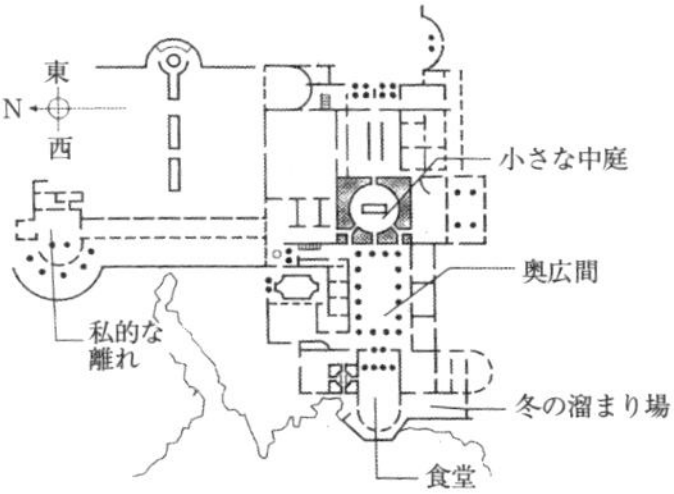

図32 小プリニウスがラウレントウムに所有していたヴィラ。紀元六一年～一一三年頃

カ型に分けることができる。ローマ帝国の中心地に建てられたヴィラは中庭型が主流であったが、イングランドに建てられたものは両端に翼部をもつものが主流であった[*12]。

ノッティンガムシャー州のヴィラは両端に翼部が突き出したコの字型で、この形態は、属州ブリタニアにおいて最も標準的であると同時に、フランス、ベルギー、ドイツにも存在していた[*13]。

一方、ローマ帝国本土でハイポコーストは浴室群に限定されていたが、地中海と気候が異なる冬の厳しいイングランドでは、浴室以外の部屋にも幅広く用いられていた。つまりイングランドは地中海から遠隔の地で、ガリアのように完全にローマ化されることはなかった。しかし古代ローマにさかのぼる居住性の概念は脈々と生き続け、ローマン・ヴィラを通じてもイングランドの地へもたらされたに違いない。

そして高い生活文化を築いた古代ローマ帝国の崩壊後も、とりわけ修道院の所有するマナハウスには、僧院長の住まいなどを通じて灯が消えることなく脈々と伝わり、これはやがて多くの他のマナハウスにも広まったと考えられる[*14]。

冬期に寒さの厳しいイギリスでは暖房もまた居住性にかかわる大きな問題であった。暖をとるための主な方法には、平炉（central hearth）と壁付き暖炉（wall fire-

＊12　R.G.Collingwood.*ROMAN BRITAIN IN AN ECONOMIC SURVEY OF ANCIENT ROME*, 1937

＊13　福田陽子「ローマン・ブリテン時代のヴィラにおける居住性について」、『風土と文化』第五号、二〇〇四

＊14　福田陽子・後藤久「マナハウスに関する研究（4）」、日本建築学会大会学術講演梗概集、二〇〇〇

place）があり、ケルト人の住居跡やアングロサクソン時代のホールの遺跡に見られるような、早い時期のものは平炉であった。

平炉は多くの場合、主人と家族および客人のハイ・テーブルがあるダイス寄りに設けられていたことからも、暖かい快適な場所は、主人たちの特権であったようだ*15。

火を直接床に置くための危険性から、多くの場合はground floor（一階）にある二層吹抜けのホール、あるいはfirst floor（二階）がホールのときは下が石造の倉庫などである場合に限られていた。そして屋根にある穴、あるいはルーバーによって排煙がなされていた*16。そして一四世紀末から一五世紀初頭になると、平炉は壁付き暖炉へと発達し、塞がれてしまうことが多かった［図33］*17。

初期の壁付き暖炉は強風時の逆流を防ぐため、室内に円錐形のフードが突き出していたが、一四世紀後半からは一般に緩やかなアーチ型や平らなリンテル型へと美しく変化し、やがてホールよりも、ソーラーやウィンター・パーラー、あるいは個室に設けられるようになり、一六世紀になると暖房設備であると同時に室内における建築的な装飾の対象としての性格が強くなっていった。

平和な時代を迎えると、今まで侵入者を防ぐために小さくしてきた窓を大きくし、

*15 M.Wood. *THE ENGLISH MEDI-EVAL HOUSE*. London,1965

*16 福田陽子・後藤久「マナハウスに関する研究（7）」、日本建築学会大会学術講演梗概集、二〇〇三

*17 壁付き暖炉が主流の一六世紀になっても、クロスビー・ホールなど平炉が残存し、並行して使われている場合もあった。

図33 **ペンズハースト・プレイスの平炉**
上座側にある平炉。ダイスの後ろの壁にはタピストリーが掛けられ、左側にソーラーへの階段に通じる入口が見える。

図34 上部の小さな穴・ライトから採光していた　まだガラスがないため、風雨のときは昼間でもウドゥン・シャッター（木製板戸）を閉めなければならず、ライトから唯一の採光が得られた。ライトにはガラスが出来るまで雲母や油を染ませた麻布（linen）を張っていた。

図35 窓辺に造り付けられた腰掛　明るいソーラーの窓辺では、厚い壁を利用して向かい合わせに造付けの腰掛けが設けられ、裁縫などに使用された。

図36 物語『グリーン・ノウの石』の挿絵に見る窓部分を造っているところ　『グリーン・ノウの石』は、ルーシー・M・ボストン夫人が名作『グリーン・ノウ物語』全五巻を書き上げた後、さらにこの作品の舞台となっているグリーン・ノウの家の起源や歴史を、一一歳の少年ロジャーの体験を中心に語っている。ピーター・ボストンの挿絵も建築的に見て興味深い。ここで、腰掛け部分が後からつくられるのではなく、窓部分の構造体と一体につくられている様子がわかる。

室内を明るくしたいという強い欲求に応えた。しかしガラスは教会堂のステンドグラスに見られる程度で、一三、四世紀頃の領主の館ではまだ貴重であった。ホールや他の部屋の窓には安全のために鉄格子（grill）が入れられ、まだ窓ガラスはなく昼は開け放たれ、夜や昼でも風雨の強いときは雨戸のように木製の扉（wooden-shutter）が閉められた。扉を閉めてもかろうじて雲母や油を染ませた麻布（linen）を張った上部の小さな穴（light）からわずかに採光していた［図34］。

図37 富裕者のステイタスとして多くのガラスを採り入れたマナハウス。オークウェル、イギリス、一五世紀中頃　ホール部分の外観。上階のガラスは嵌め殺し、下階は格子と内開きの板戸。

マナハウスの中でもソーラーは最も快適性を追求された部屋で、最初にガラス窓が設けられた。明るいソーラーの窓辺では、厚い壁を利用して向かい合わせに造り付けの腰掛けが設けられ、裁縫などに使用された［図35］。ルーシー・M・ボストンが、グリーン・ノウの家の起源や歴史を一一歳の少年ロジャーの体験を中心に語っている『グリーン・ノウの石』は、ピーター・ボストンの挿絵も建築的に見て興味深い。ここで、腰掛部分が後から造られるのではなく、窓部分の構造体と一体に造られている様子がわかる［図36］*18。

悪天候から守りながら光を透すガラスは、居住性から見てきわめて優れたものであったに違いない。しかしまだ贅沢品であるがゆえにたちまち領主階級を魅了し、ステイタスとして一五世紀のマナハウスにはより多くのガラスを採り入れたものが見られる［図37］。教会のステンドグラスと同じように、はじめは小さなガラスの固まりを鉛の紐でつなぎ合わせたものであったが、やがてガラスの製法技術の進歩とともに、瓶の底のような丸いクラウンガラスや菱形のガラスを鉛の紐でつないだ窓ガラスが作られるようになった［図38］。

*18 ルーシー・M・ボストン著、亀井俊介訳『グリーン・ノウの石』、評論社、一九八一、一一六頁

図38 **中世の丸いガラスと菱形のガラス**　ガラスの製法技術の進歩とともに、瓶の底のような丸いクラウンガラスや菱形のガラスを鉛の紐でつないだ窓ガラスがつくられるようになった。ヨーロッパを旅していると、マナハウスやタウンホールにはこれらのガラスが入った窓を今日なお見ることができる。

❸-3

マナハウスの展開

ノルマン王朝以後のイギリスにおいて、エドワード一世（在位一二七二〜一三〇七年）は封建制度の崩壊を早め、国王の権限を強化することに成功した。国王が力をもつことにより、かつてのように領主間での争いではなく、戦いが起こっても国同士の戦いであるため、領主は兵を連れて国王の元に結集する。したがって戦場は自分たちの領地から遠く離れたところであるためイギリス国内は平和が続き、他のヨーロッパ諸国に比べて早期に戦乱の時代が終わった。武勇を競ってきた領主たちは、彼らの居館を不意の襲撃に備える必要もなくなり、武装を放棄して居住性を追求することができるようになった。

平和な時代の訪れにより、まず出入口は無論、ホールや台所がある主階を敵の不意の襲撃に備えて二階に設ける必要がなく、一五世紀以降に建てられたマナハウスではホールを一階に設ける傾向が見られるようになり、便利で使いやすい一階が基準階となった。以前から一階にホールがあるものも存在したが、その多くは城や寺院の領内に設けられ、守られた環境下にあるものが主であった。

一三世紀に基本形が出来上がったマナハウスであったが、一四世紀以降は平面

図39
冬の間・ウインター・パーラー
サービスエリアに近いところを改造し、主人と家族が冬の間だけ食事をするために、天井が低く暖房のよく効く小部屋を設けた。

が複雑に分化し始めた。もともとマナハウスは防御一辺倒の城のキープと異なり、居住性を重視していたが、より一層防御的配慮を欠き、その分住み心地の良いものへと傾斜していった。

かつては主人も家臣もともに戦い、家臣は主人のためなら命も問わなかった。そのためにはホールで全員そろって食事し、その団結と絆を強め、君臣一体化する必要がある。しかし平和な時代の訪れは今までの緊張感を欠き、領主としての頭首の座も文武に秀でた最も力の有る者が継承するのではなく、血縁者の中に委ねられるようになった。こうして誕生した領主はすでに居住性の良い屋内生活を十分知っており、吹抜けで天井が高く暖房の効かないホールでの冬の食事には耐え難い軟弱な者になっていた。したがって、冬だけは主人と家族だけで快適に食事をするため、料理がさめない台所の近くに暖房効果を考え、天井も高すぎない適度の広さの冬の間（winter-parlor）を設けた［図39］。しかし全員そろって従来どおりホールで食事する習慣はその後も続き、冬の期間だけ執事が主催者である主人の代行を務めた＊19。ホールにおいて主人以下全員そろって食事をする風習が崩れ始めた頃から、マナハウスにおいて最も象徴的な部屋であったホールは、急速にその重要性を失っていった。

＊19　西洋において、主人らが主催する食事は重要な意味をもち続け、一九世紀以後も上流階級の正餐をはじめ、豪華客船内での船長主催の晩餐会などにもその名残を見ることができる。

❹ 中世農民と町人の住宅

❹-1 中世農民の住宅と生活

城は人の生命線である農村を防衛する役目をもち、戦いで農民たちが危険なときは城内にかくまっていた。したがって城は中世封建制の中で、農村社会の防衛の基礎として益々築かれ、その周囲に農民たちが移り住むに至った。すなわち城を中心にして農民たちの居住地が形成された。

領主たちは領地におけるすべての権力を掌握し、領民である民百姓に貢納と城の維持管理にかかわる労働奉仕や、戦時における騎士の面倒を見る賦役を果たさせていた。中世ヨーロッパの封建社会において、農奴は領主から貸し与えられた土地を耕作する農民で、領主のために一定の日数の労働が義務付けられていた。しかし農業は地中海地方では古代世界から伝えられていたが、内陸地域では新しく独自に試みなければならない仕事であり、領主にとっても農民は大切な存在であったに違いない。

イギリスの経済史家アイリン・パウアは、中世農民の典型として、九世紀はじめ北フランスの修道院荘園に住む農夫ボドを通じて、荘園農民の生活を表している[*20]。やがて中世の農民も村落の中で小作人として、荘園の畑仕事などに駆り出される代わりに自分の畑を耕し、一定量の貢租を納めることになる。

農民の一日は日の出とともに畑仕事を始め、日が暮れれば止めるもので、これは職人も同じであったが、北ヨーロッパにおける冬の労働時間は短かった［図40］。ということは、屋内での生活時間が長く、居住性の向上に目覚めても不思議はない。しかし住宅についてはさほどの変化が見られないのは、はじめは彼らの生活が貧しく重い租税負担に苦しんだためで、しばしば農民が徒党を組んで領主に租税の軽減を要求した記録が散見することからも、住生活の向上を目指すだけのゆとりがなかったと考えられる。

地域差はあるにせよ、多くの場合農民の家は木造の粗末な小屋に過ぎず、床は踏み固めた粘土、壁は漆喰塗りが一般的で、標準的な農奴の住宅は間口約七・二メートル、奥行約三メートル程度で三〇平方メートル以下であった。標準以上の

*20 アイリン・パウア著、三好洋子訳『中世に生きる人々』、東京大学出版会、一九四五、九〜二九頁

一月

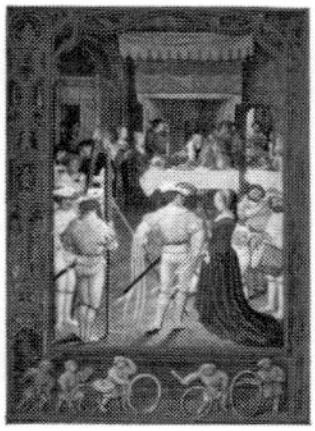

二月

三月

四月

五月

六月

七月

八月

九月

一〇月

一一月

一二月

図40　農村の一年

ヨーロッパには生活を知るうえで興味深いカレンダー（暦）が何種類かある。その一つ、一六世紀初頭のフレミッシュ・カレンダー（絵の下には遊びが描かれている）。

一月＝農家とその暮らしぶりがよくわかる（そり遊び）。二月＝館のホールで食事をしている貴族の前で、楽器と火のついた松明をもった踊りに興じる（輪回し）。三月＝春夏の庭が草花で綺麗になるように、造園に励んでいる（ガラガラ遊び）。四月＝手入れの行き届いた庭で恋の季節が始まる（ボール遊び）。五月＝城壁の外堀で音楽を奏でながらの舟遊び（アーチェリー）。六月＝街の広場での騎士の馬上試合。背後に城がある（玩具の棒馬にまたがって遊ぶ）。七月＝家来と犬を連れて鷹狩をする領主。後ろでは干草をつくっている。その後ろにマナハウスが描かれている（ちょうちょ採り）。八月＝穀物収穫のとき、一休みしながら飲み食いする人もいる。遠くに大きな城が見える（コックを投げて遊ぶ）。九月＝畑を耕して種まき（ビー玉遊び）。一〇月＝葡萄を搾り、出来立てのワインを試飲（九本のピンを倒すスキットルで遊ぶ）。一一月＝狩猟から帰ってきた領主。後ろの作業小屋では穀物を竿で売って籾殻を分けている（ボール遊び）。一二月＝豚を殺している人たちの後ろではパンを焼いている（そりの引っぱり合い）

住宅でも、間口約九メートル、奥行約四・二メートルで、せいぜい四〇平方メートル程度のものが記録に残されている。

中世の庶民生活を知るうえでチョーサー*21の『カンタベリー物語』は貴重な資料となる。三〇名の巡礼者たちがロンドンからカンタベリー大聖堂まで巡礼の旅をする道中、旅籠に泊まり順番に話をしたものが集められ、現存する二五話からなる物語集である。カンタベリーへの巡礼の旅は一三八七年におこなわれたと考えられている。この中に質素な生活をしている少し年老いた寡婦の話が出てくる。三頭の牝牛、三頭の豚および羊を飼って、娘二人と三人で暮らしていた。その家は、寝室と広間の二部屋だったようである。「彼女の寝間も広間も煤だらけでした。その広間でいつも彼女は乏しい食事をしました。——中略——彼女の食卓には、牛乳と黒パンが一番多く出されました。それらには事欠きませんでした。それに、あぶったベーコンや、時には卵が一つか二つつきました。と申しますのは、彼女はいわば農場働きの女でしたから」*22。ここで指す広間とは居間であり食堂でもあり台所でもあった。煤けているということは、この家にはまだ煙突がない。すなわち暖炉ではなく炉であったことがわかる。煙突は、一四〜一五世紀になると農民の家にも散見するが、普及するのは一六世紀のことである。また「農場働き」とは、家禽類など

*21 チョーサー、Geoffrey Chaucer 一三四〇〜一四〇〇、イギリス詩人。ワイン商人の子として生まれたが、英詩の父といわれ王室に仕えるまでになった。

*22 チョーサー著、桝井迪夫訳『カンタベリー物語』、岩波書店、一九九七

の世話がつとめの者を指している。

同様に住生活がわかる資料としては、その四〇年前に書かれたボッカチオの『デカメロン』がある。こちらは優雅な貴婦人・紳士が、フィレンツェで猛威をふるった疫病を避けて別荘を旅しながら語られた話であるため、『カンタベリー物語』のほうが年齢や職業など社会的にも幅広く生活感がある。

図41

フランドルのカレンダーの一月に描かれた農家　二部屋からなる家であることや、煉瓦造りの煙突から見て、ある程度恵まれた農家であることがわかる。右端に牛が顔を出しているが、一つ屋根の下に家畜が飼われているのは一般的であった。

ところで、寝室と居間の二部屋ということは、古代にさかのぼる主室と前室に空間分化が見られた時点から基本的に進歩していない。居間では食事のほか、台所の機能である炊事も含まれ、さらに羊や鶏などの家畜が雑居していた場合も少なくない。

しかし時代とともにその建築方法などにも進歩が見られ、こうした様子は一六世紀初頭のフランドルのカレンダーの一月に描かれた絵によく表れている。二部屋ではあるが、

図42

中世農民の家の内部と家具　椅子が三本脚であるということは、まだ床が平らではなかったことを意味している。土間床から平らに板床が張られると、安定の良い四本脚になった。

この家は混構造の頑丈そうな建物であるほか、煉瓦造りの煙突も見られる〔図41〕。かなり裕福な農民の家になると、すでに床が板張りのものも見られた。家具はテーブルとベンチ、簡単な箪笥のような戸棚および低い三本脚の腰掛けが置かれていた。三本脚が用いられていたということは、床がまだ平らではなかったことを意味している。後により安定の良い四本脚が用いられるようになるが、それは土間床ではなくすでに板が張られ、床が平らに作れるようになったからである。夜はベンチの上に藁を敷くか藁を詰めた袋を置いて寝るのが普通で、ベッドのある家は少なく、あっても一台で親だけが使い子供は床に寝ていた〔図42〕。

また、より富裕な人たちの生活を見ても、中世ではまだ暖をとる火と料理などをする火が一緒であった〔図43〕。

図43
中世では暖をとる火と、料理などする火はまだ一緒であった
一四世紀後半の写本に見える、病の夫のために薬をつくっている妻。ここでも暖炉の中で薬を煎じている様子がわかる。

中世都市の成立

中世ヨーロッパにおいて、古代ローマ文明が及んだアルプス以南の地域、すなわちラテン系・石の文化圏の都市の多くは古代ローマの伝統の継承と影響のうえに新たな都市が形成され、ここでは商工業者と封建貴族が敵対することなく都市国家を成立させた。一方、アルプス以北、ゲルマン系・木の文化圏では商工業者が封建貴族と戦いながら自治都市をつくり上げる姿を見ることができる。

一一世紀から一三世紀後半にかけて、ヨーロッパのキリスト教徒が聖地エルサレム回復のために行った十字軍の出征に端を発し、ヨーロッパ内陸間の交通路は旅商人の活発な往来を迎えた。領主たちは、十字軍の遠征によってもたらされた銀製品などの財宝や珍しい生活道具をこぞって求めるようになった。こうした美しく貴重な東方の品物を運んでくる商人は、途中で襲われ、略奪される危険を避けて隊商を組んで移動したが、長い道のりの主要な分岐路などに中継地を設けた。商人たちが活気溢れる東方の市場から受けた刺激は閉鎖的なヨーロッパの人たちへの起爆剤になったに違いない。農業技術の向上による余剰農産物も定期市を促進させ、得た富の保全からも外敵に備えて周囲を囲い、自分たちの場所は自分たちで防御に当たっていた。囲いの中は封建領主の支配が及ばない自由な土地で、その特権を維持するために、石で堅固な城壁を築いた。こうして中継地は定着地となり、農村から商工業を分離させるに至り中世都市を形成していくが、その過程は封建的権力と商工業者との闘いであり、そこには自分たちの力で勝ち取った自治都市としての姿がある。こうした自治権を封建領主に承認されることにより都市として成立する。封建貴族たちの城砦・ブルクの周りに商人たちが安全を確保して定住する中世都市こそ、今日のヨーロッパ都市文明の原点であり、その後の都市の基礎となっている[図44]。

都市の中心は広場として市民の集う場であり、宗教・行政から商業までコミュニティを形成する中心となり、後に都市の核として発展した。中世都市のランドマークとして、市場広場、そこに面して建つ市庁舎、大聖堂、教区教会、それらを囲む市壁をあげることができるが、各都市それぞれ固有の条件の下に多様な展開が見られる[図45]。例えば、イタ

図44
中世都市の姿を残すノルドリンゲン ドイツ・バイエルン地方の小都市ノルドリンゲンは、教会と市場広場を中心にきれいな円形をなし、今日なお中世の面影を留めている。

図45
シエナのカンポ広場。シエナ、イタリア、一三～一四世紀　広場はすりばち状にシエナ市庁舎に向かい、その高い塔と一体の美しい空間を構成している。

リアでは都市の有力者たちの抗争が絶えず、こぞって物見の塔のある住宅を建設し、一時はフィレンツェだけでも一五〇もあった。その高さは初期には五〇メートル以上もあり、後に三〇メートルまでに規制されている。旧都ボローニアや山岳都市サン・ジミニアーノには今もその面影を見ることができる［図46］。

城塞都市カルカッソンヌは、スペインとフランスを結ぶ戦略的な位置にあるため、宗教争いが起こるたびに要塞として利用された。街を囲む城塞は、古代ローマ時代からここを支配した者たちによって築かれたものが補強され、継ぎ足され、さらに二重の壁が築かれた。そして長い間に街全体を内包した城塞が出来上がっ

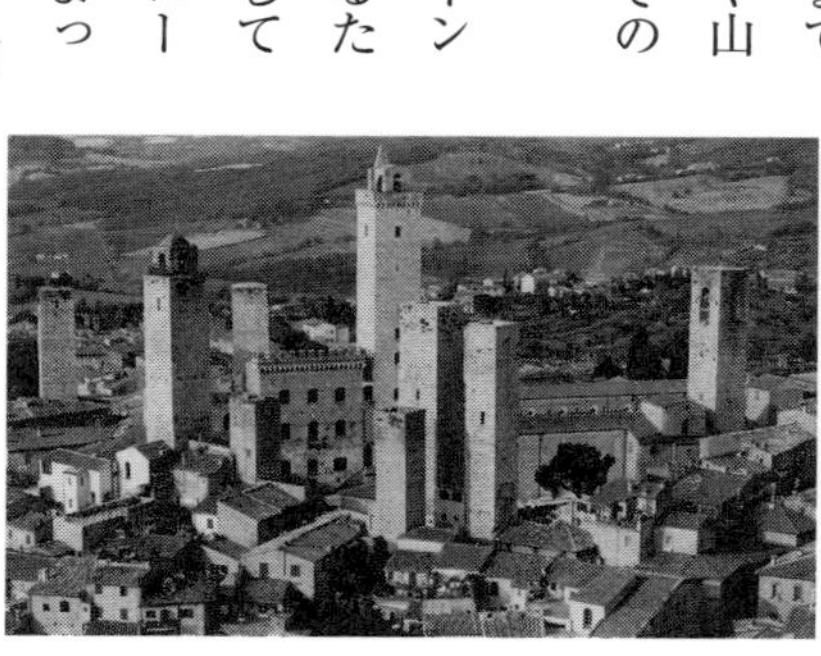

図46
中世山岳都市サン・ジミニアーノ　塔の街として代表的なサン・ジミニアーノは、当時の貴族たちが富と権力の象徴として塔の高さを競い、全盛期には七〇以上の塔が立っていた。

た［図47］。

一方、一三世紀に完成したフランスの都市モンパジェは、市門に通ずる幹線と直交する他の街路で整然とブロックに分けられている［図48］。またドイツにあって今なお最も中世都市の面影を残すローテンブルクやゴスラーは、いずれも一二世紀頃に市壁が建設されて都市が成立している［図49］。

ハンザ同盟で重要な役割を果たしてきたリューベックは、西から陸路で届いた品物をバルト海の航路につなぐ中継地として建設された都市である。ほぼ格子状の街

図47
城塞都市カルカッソンヌ。主として一三世紀、フランス　中世城塞都市の典型。古代ローマ時代からここを支配した者たちによって築かれた要塞が、補強され、継ぎ足され、長い間に街全体を内包した屈強な城塞都市となった。

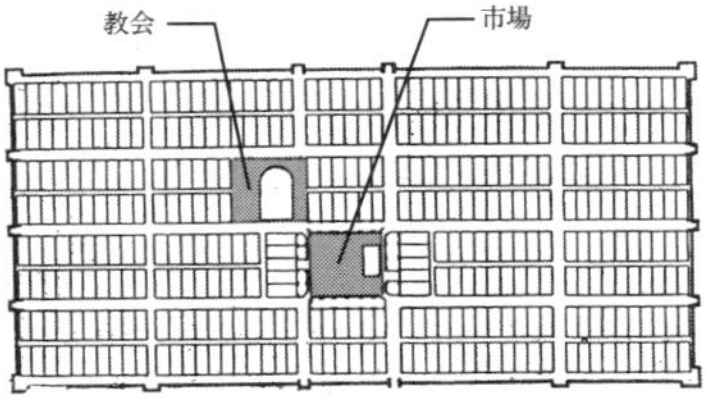

図48
整然と区画されたフランスの中世都市・モンパジェ　エドワード一世により一二八四年頃完成。直交する街路で二〇ブロックに分けられていた。その内二ブロックが市場に当てられている。

図49
ローテンブルクの市壁　中世の面影を保つドイツ・バイエルン地方のローテンブルクには、現在も市壁の一部が残されている。紀元前五〇〇年頃にはケルト人の集落であったという。一二世紀初頭、当時の支配者の城が築かれてから商人や職人の集落が発生し、急速に街として発展した。

路に整然と妻側が面し、その街並みが同盟諸都市の構成に少なからず範とされてきたが、一二五六年にさかのぼるハンザ同盟も一四世紀を全盛期として力を弱める。ケルンやハンブルグをはじめハンザ同盟の諸都市においても、必ずしもすべてに格子状街路の秩序は見られないが、ヨーロッパの多くの中世都市は広場と教会を中心に、複雑な中にも防備の秩序がうかがえる。

またブールジュなど、ベルギーやオランダでは運河を設けて水路を利用するように、中世都市も各地の独自性による展開が見られる。

❹-3

町家の発生

中世ヨーロッパ大陸部を中心とするライン川以北の初期ゲルマン系町家は、間取も造りも農村住宅の踏襲にすぎず、はじめは都市住宅としての特性をまったく備えていなかった。しかし都市人口の増加にともない、町の敷地割りは街路に面する間口が制約されて狭く、奥行の深い形状となっていった。この敷地を有効に利用するために、間取をはじめとする新しい住宅が生まれた。

ゲルマン系の町家に見られる独特の急傾斜屋根は、屋根裏を倉庫として有効に利用することから出来上がったもので、荷物を屋根裏部屋まで吊り上げるために、滑車を棟の下部に取り付けたものが多く見られる。こうして都市生活や商工業の新しい機能を反映し、営農的な住宅を祖形としながらも、次第に都市住宅としての特質を形成していった［図50］*23。

フランスとドイツの国境に接し、ストラスブール、コルマールなどの町があるアルザス地方は、一七世紀の三十年戦争でドイツからフランスに割譲され、第二次大

*23 渡邊保忠・後藤久「ヨーロッパにおける中世町家の系譜（1）」、日本建築学会大会学術講演梗概集、一九七一。図50は、一九六七年渡邊保忠・後藤久の実測調査による。

①
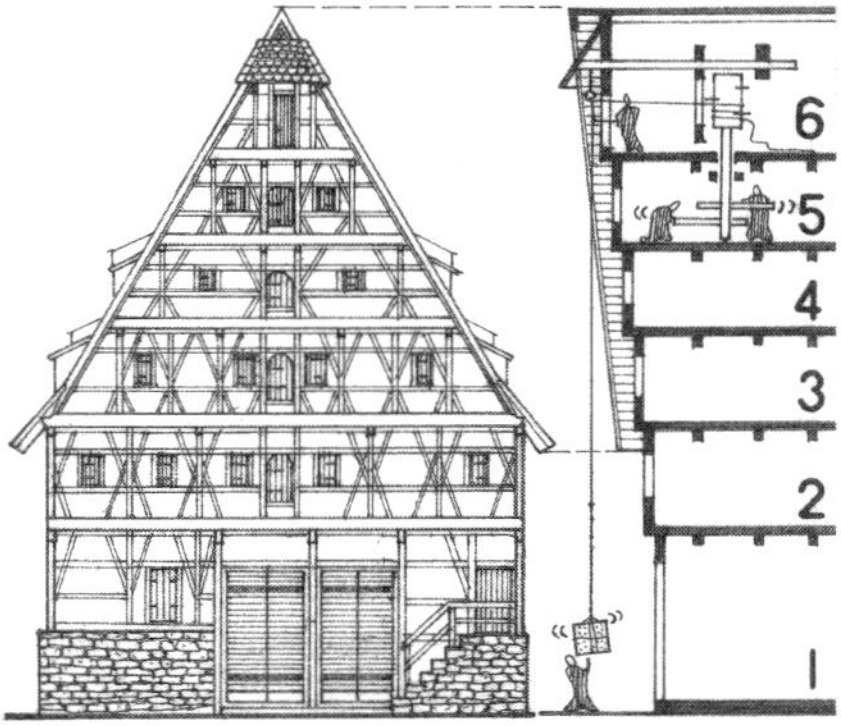

②

③

④

図50
典型的な中世ドイツの町家。①②ディンケルス・ビュール、ドイツの町家。③④J.H.VERWALTER家住宅、フェハット・ヴァンゲン、ドイツ、一五六五年　営農的住宅を祖形としながらも、次第に都市住宅的特質を形成して行った。

戦ではドイツの占領下に、そして戦後フランスに戻るという、一世紀にも満たない間に四度も国籍が変わった地である。このアルザス地方に見るハーフティンバー（混構造）の町家は、一見してローテンブルグなどゲルマン系・木の文化圏の中世都市を思わせる［図51］。しかしその一階部分にはラテン系・石の文化圏の建物同様にアーチを用いるなどの地域性が多く見られる。

図51
アルザス地方コルマールの町家　国境の街の建築には両国の文化が反映される場合が多い。コルマール、ストラスブールなどの場合は、石の文化と木の文化の狭間にある。

いずれにせよ中世都市における城壁拡張のための建設費は市民の大きな負担となるため、簡単に広げることはできなかった。したがって都市の住居、すなわち町家の敷地は街路に面して間口が制約され、奥行の深いものになった。

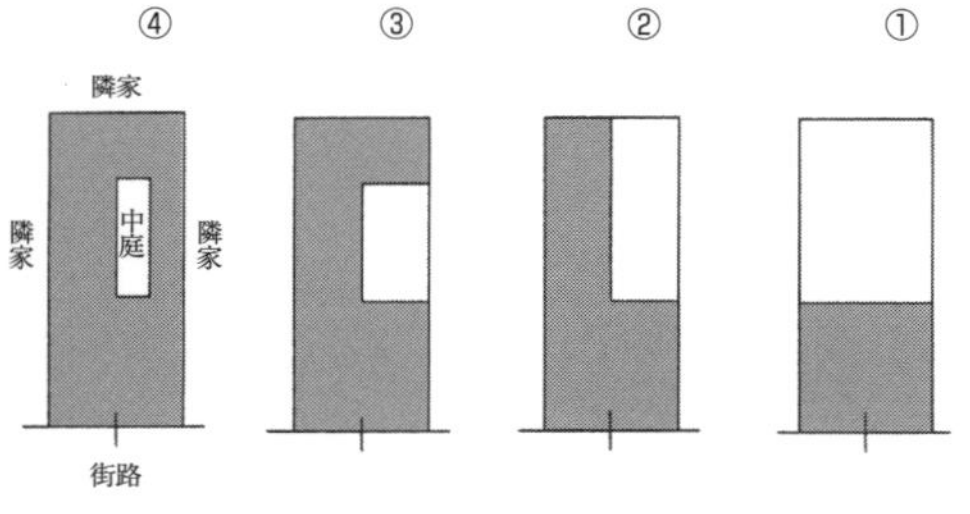

図52
制約された敷地における町家の増築　限られた敷地の制約の中で増築すると、隣家に近接する町家にあっては、前面の街路以外からの採光を確保するために、最後は口の字型にならざるをえない。

この狭い土地を有効に利用するために、上階を道に迫り出して建築することもなされたが、敷地の形状から間取に共通した特徴をもつものが多く見られる。すなわち街路に面して主屋が建てられ、手狭になると後に増築された。都市型住宅の宿命として、街路に面する前面以外は両側と後が隣家と接近するため、採光を考慮してL字型になる。さらに増築を重ねればコの字型、最終的にはロの字型になる。すなわち採光のために、背後の庭は縮小されても最後まで中庭として残さざるをえなかった［図52］。

一階が店や仕事場、台所兼食堂、二階に居間、寝室、三階に子供、四階に使用人の寝室、倉庫。家の規模によるが、上階は倉庫に使用されるのが一般的であった。しかし時が経つと、裕福な市民の中には隣の家を入手して間口を広げるものも現れ、独立した食堂や応接間を設けるものも見られた。

しかしギルド有力者たちの住居も、敷地の制約と本来が町人である性格から一般町家の特性の範囲内にあって、巨大な併用住居を営んでいた。ギルドは、中世後期の職人たちによる同業団体で、規約を定めて競争者の数を制限して利益を守ろうとするもので、市街の一定の場所に同業者の住まいが集まることもあった［図53］。

図53 **ハンザ同盟の都市** 北ドイツの塩坑の町リューネブルクは、ハンザ時代に岩塩の製造で名高かった。今なお当時のままの商店が残る。街路に面する妻飾りは富裕な都市貴族の象徴であった。

図54
ユダヤ人の家（Jew House）
早い時期から耐火的な石や煉瓦が用いられていた。

図55
エジンバラのロウンマーケットの町家（Gladstone's Land）　最も重要な正面部分が、木造から石造アーチによるアーケードに改築されている。

また経済力の成長や防火上の理由から、石造や煉瓦造の家も普及し、完全に農村住宅とは異なる町家独自の形が完成した。ゲルマン系の木の文化圏にあってもユダヤ人の家（Jew House）は、富の蓄積をねらわれて火をかけられることがあったため、早くから石や煉瓦による住宅が造られた。イギリスのリンカーン州にあるユダヤ人商人の家は石と煉瓦で造られており、切妻屋根で街路に面する桁側に玄関がある。一階が店、二階は暖炉を備えたホールで、梁などの構造材が露出しており マナハウスを思わせる。ホールは家族の中心的なリビングルームとして、その後のイギリス中流階級の典型的な都市住宅に見られるものである［図54］。また、スコットランドのエジンバラにある一七世紀はじめのロウンマーケットの町家「Gladstone's Land」*24は、トーマス・グラッドストーンが一六一七年に入手し、間もなく前面に二三フィート増改築している。一八八〇年の版画からその頃の様子を知ることができる。石造で地下がある六階建てで、一階が店舗、二、三階は裕福な人、五階と屋根裏は貧しい人たちへの貸家、そしてこの家の主人家族が四階に住んでいた。後にこの建物は一階正面の木造部が石造のアーケードに改築されている［図55］。またロンドンでは一六六六年の大火以後、煉瓦や石により不燃化されたが、オランダをはじめとする多くの都市で、一五世紀には石造や煉瓦造が一般化していた［図56］。

中世ヨーロッパにおける商業発展のルートは、東西文化の接点であったヴェネチ

*24　グラッドストーンの集合住宅、landはスコットランドでは集合住宅の意。

図56
ロンドンの大火　一二世紀のロンドンでは、相次ぐ大火のために町の法令で次のように定めている。各戸は必ず家の境に、厚さ〇・九三メートル（三フィート）、高さ四・八八メートル（一六フィート）の防火用煉瓦壁を設け、屋根は街路に面して切妻にし、直接防火壁のうえに葺きおろし、瓦葺とすること。

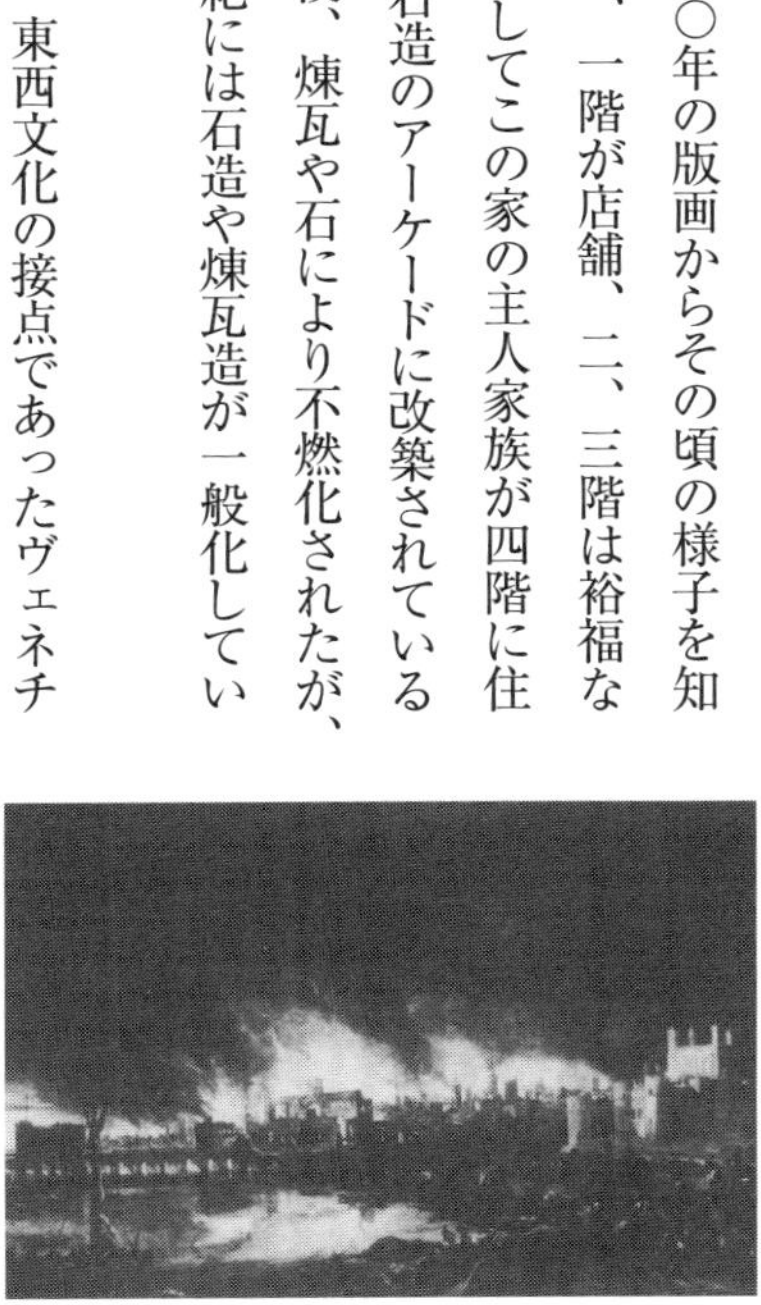

アからケルンに通じ、ここからリューベックとブールジュに至る二つのルートであった。ブールジュのジャック・クエール邸は、すでに近世ルネサンスの貴族住宅の先駆的様相が見られ、中世末期の都市住宅としてその完成度の高さから貴族の館に勝るとも劣らない［図57］。

図57　ジャック・クエール邸。ブールジュ、フランス、一四四五～一四五一年
ジャック・クエールは海上貿易で巨額の富を得た商人である。中世末期の都市住宅として、貴族の館にも劣らない完成度の高さである。

❹-4

フランスの町家

ラテンとゲルマンの両文化とかかわりがあると見られる地域の一つにフランスがある。はじめガリア人（ケルト人）に制圧されていた今日のフランスに当たる地方は、紀元前二世紀の末にはカエサルによってローマの植民地とされ、紀元一四年、アウグストゥス帝のときには皇帝管轄の属州となった。したがってこの地方にローマ文化が行き渡っていたことに異論はない。

今日、フランスにおける近世の町家は現存するものも多く、かなり知られているのに対して、中世の町家となるとただ漠然と知られているにすぎない。

ところで、古代ローマにおける集合住宅を含む複合建築インスラは、何人かの人たちの共同出資で造られて賃貸されていたものが数多く存在した。この場合にインスラの所有権は建物をタテに分割していたため、出資者たちは各自の財産を明確にするべく、やがてセグメントハウスまたはストリップハウスと呼ばれる幅の狭いインスラを生み出すが、これは後のヨーロッパのラテン系地域におけるごく一般的な町家へと発展した。

この幅の狭いインスラは、石に彫られたレリーフやフレスコ画などでも今日なお確認できるが、ここでは店の出入口とは別に、直接上階へ行くための階段の出入口が見られるなど、大きなインスラの特徴をそのまま残している〔図58〕。

ライン川以北のゲルマン系の中世の町家が、初期には間取も造りも農村住居の踏襲にすぎなかったのに対し、ラテン系の場合には、古代にすでに都市型住宅として完成していた大きなインスラが細分割されて中世町家の原形になったと見られる。

しかしヨーロッパにおいてローマ帝国滅亡の後、支配者階級のもつローマ文化が衰微しても、町家のごとく一般庶民の文化までは断絶しなかった。

ナポリ王、アラゴンのフェランテという人物が、ローマ法王シクスタス四世へ助言をしたときの次のような記述が残されている。「ローマ法王はとてもこの世の主役たりえません。と申しますのは、ポルティコへの愛着、狭い道、道に突き出して

図58
中世のフレスコ画　中央に幅の狭い二軒のセグメントハウスが描かれている。

いるバルコニーといったもののためなのです。――（中略）――バルコニーとポルティコを壊させ、道を広げるべきですと助言しました。するとローマ法王は忠告を聞き入れ、間もなくバルコニーとポルティコは壊され道は広げられました」と記されている。

狭い道に沿ってポルティコがあり、バルコニーが出ている様子から、これが一階に店舗をもつローマン・インスラであることは明らかである。

フェランテ・ナポリ王とローマ法王シクスタス四世はいずれも一五世紀の人物で、ここに道路幅拡張のためにポルティコやバルコニーを取り壊す話が交わされているということは、一五世紀まで古代ローマのインスラと同じ建物が存在していたことを意味しており、ローマン・インスラは中世にラテン文化圏で造られた庶民の住宅に影響を与えていたことが明白である。

クリュニーおよびモンパジェの家は、ヨーロッパの中世都市型住宅の好例として諸書に数多く掲載されている。一般に、前者は修道院町として名高く、また良質の石材が豊富に入手できたこと、後者は軍事上新設された都市で、整然とした道と広場からなる町として知られている［図59］。

クリュニーの町家もモンパジェの町家も、上階の趣を異にしているものの、一階店舗部分と住居部分への出入口は古代ローマン・インスラと酷似している。

クリュニーの町家の上階住居部分に見る繊細で軽快な連窓は、モンパジェの町家のそれと対照的であるが、これは富める者とそうでない者との差と見るのが妥当

①

図59

中世フランスの都市住宅　①クリュニーの町家、フランス、一二世紀。②同平面図。③モンパジェの町家、フランス、一三世紀。二つの町家を比較すると、上階の趣こそ異なるが、一階店舗部分と上階住居部分への出入口は、古代ローマのインスラのそれと酷似している。

②

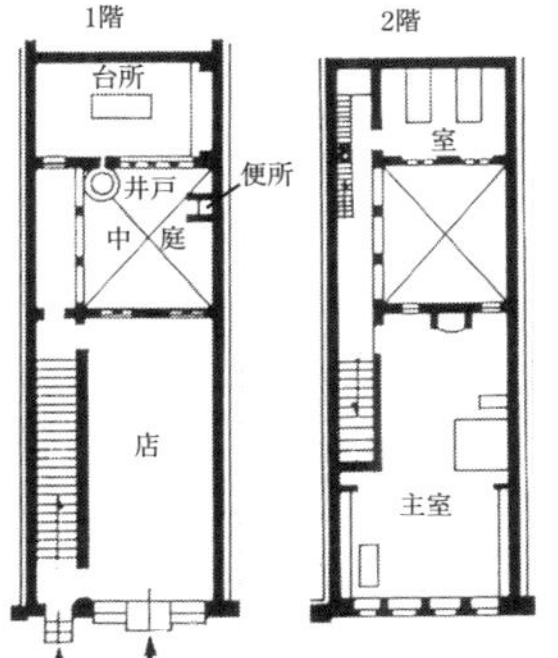

③

であろう。

クリュニーやオルレアンなどに見られる町家の構成はいずれも類似しており、店あるいは仕事場、寝室、台所、倉庫のほかに中庭がある。こうした中庭を持ち、都市型住宅の宿命である制約された間口の狭い一戸建ては、中世および近世前半のフランス町家のごとく一般的な姿であった〔図60〕。

中・近世を表すパリの地図として諸書に掲載されているものの多くは、一六世紀から一八世紀に描かれたものであるが、中でも一七三四年に作成されたものは、パリ市長ミッシェル・エティエンヌ・テュルゴの命により作られたもので、テュルゴ・プランと呼ばれるきわめて細密に描かれた見取図である。

テュルゴ・パリ市長は一七二九年から一七四〇年まで在職し、フランスの有名な政治家で経済学者テュルゴの父としても知られている。

このテュルゴ・プランの一部を拡大してみると、建物の一階部分に特殊な鉤形が描かれていることに気づく〔図61〕。

これとまったく同じ地域をこれより古いくつかの地図から拡大してみると、同様に幅の狭い縦長の家が並んではいるものの、一階部分にこの鉤形の特徴を見ることはできない。しかし双方の地図を比較検討すると、鉤形が描かれていないのは建物

図60
近世フランスの典型的な町家　パリ、一八世紀

が異なるためではなく、描写力の不足によるものと判断できる。

テュルゴ・プランにあっても、鉤形が見られるところとそうでないところがある。宮殿や建物の中庭に面した部分などには鉤形が描かれていないところを見ると、この表現は通りに面した町家の一階にある店舗の開口部の形であることがわかる。

近世も後半になると、資本の蓄積から隣地の買収などが進み、町家は集合住宅形式へと移行したと見られることからも、テュルゴ・プランに描かれている一戸建ての町家は、主として中世のものと考えられる。

例えば、今日なおパリのマレー地区にあるフランソワ・ミロン通りに残ってい

①

②

③

図61 テュルゴ・プラン。一七三四年 ①近世を表すパリの地図として最も細密に描かれている。左上にパリの大聖堂が見える。②同拡大図、一階開口部が鉤形をしているのが分かる。③鉤形

る家のような建物だったにちがいない［図62］。

これらの家の二階以上は木構造であるが、通りに面して上階ほど迫り出したゲルマン系民族の中世町家とは異なるものである。

テュルゴ・プランの中に描かれている町家と、フランソワ・ミロン通りに残るこの町家とを比較するとき、とくに一階店舗部分における鉤形の開口部の形はまさに

図62
フランソワ・ミロン通りの町家。マレー地区、パリ、フランス、一四世紀

図63
中世イタリアの細密画　ローマ時代のタベルナと同じ形である。

生き証人といえよう。また中世町家を特徴づけている売台については、中世の物語の挿絵として随所に見ることができる［図63］。

著名なヨースト・アマンによる自画自刻の木版画集（初版一五六八年、マインツ）は、全部で一一四点にも及び、諸書において中世職人図の出典となっている。この図版の特徴の一つは、職人の仕事ぶりを示すことに主眼がおかれているために、店の内側から外を見た図が多いことであり、その結果売台とその使い方がよく分かる［図64］。

もう一つ、『ティル・オイレンシュピゲール』（初版一五一五年、シュトラスブルク）は、リヒアルト・シュトラウスの音楽「ティル・オイレンシュピゲールの愉快ないたずら」で知られているが、ヨーロッパでは広く親しまれた民話である［図65］。ただしその表現の尾籠さゆえに、日本では長い間全文の紹介が阻まれてきたようだ。

内容は、主人公がヨーロッパ各地を渡り歩いていたずらの限りを尽す様が九六の小さな物語で構成されており、そのほとんどの物語に各一枚ずつの挿絵の版画が載せられている。その多くは主人公が町の毛皮屋、鍛冶屋、靴屋など色々な店に職を得て働く姿を描いており、中世町家の店舗あるいは仕事場など、一階部分の様子を知ることができる。またこれらの資料は図版の数量的豊富さにおいても貴重で

図64
一六世紀の木版画「西洋職人づくし」に見る袋物屋の店先。

図65
一六世紀の木版画「ティル・オイレンシュピゲール」に見る麝香を売る店。

ある。

しかし、これらの資料に表れる売台を含む一階の開口部の形に、鉤形のものが見られないのはなぜであろうか。一般に中世町家に関するこれらの図版は、都市名の記されていないものや、単に中世ヨーロッパと記されているものが多い。しかしこれらの図版を追究してみると、ゲルマン系の諸都市を描いた木の文化圏のものがほとんどであることがわかる。先述の二つの資料もゲルマン系の都市を舞台にして描かれているために、売台が描かれていても、この中に鉤形の開口を見出すことはできないのである。

古代ローマにおける店舗タベルナの開口部の形は、おそらく町家としての実用性から必然的に生まれた形であろう。それはこの店への出入口と、上階にある貸室ケナクルムへの出入口を明確に分けているために、売台を店の間口いっぱいに置いてしまえば当然店の出入口は塞がれてしまい、出入りが不可能になってしまう。したがって店の開口部はその一部だけに売台を設けることになり、結果として残りの開口部が鉤形になる。

一方、中世町家の一階開口部に見られる鉤形はどうであろうか。町家の主流が集合住宅形式になる近世後半までの中世町家は、いわゆる一戸建ての住宅であり、上階を他人に貸す目的で造られたものではなかった。したがって階段は店の売り場や作業場、あるいは間取の関係で奥のほうに設けられた。このことは、インスラのように店の中を通らずに直接上階の貸室へ行く階段と、そのための出入口を設ける必要がなく、開口の狭い小規模な町家にあっては、売台脇の店への出入口だけでこれを兼ねていた［図66］。

この点、先に述べた中世町家の好例として諸書に見られるクリュニーの町家（一二世紀、フランス）などは、階段が店の内部から使えるにもかかわらず。インスラと同じように店への出入口とは別に階段へ通じるもう一つの出入口をそなえている。これは過渡期の姿と見るのが妥当であろう。また中世の街並みの絵には建具を描いてあるものも散見する。

また、ローマのペルグリノ通りを描いた絵図は、ローマの聖・三位一体修道院によって、一六〇〇年に土地所有財産調査が行われたときのもので、現在でもローマの国立文書館に保存されている。この調査では、一二世紀から一六〇〇年まではほとんど変化していないことが記録されている。したがってこの絵図は一五世紀の様子を描いたものであるが、ここから一二世紀の姿を推し測ることも不可能ではない［図67］。

図66
古代と中世の店の入口　①ローマン・インスラの一階開口部。②は①から③への過渡期の開口部。③中世町家の一階開口部。

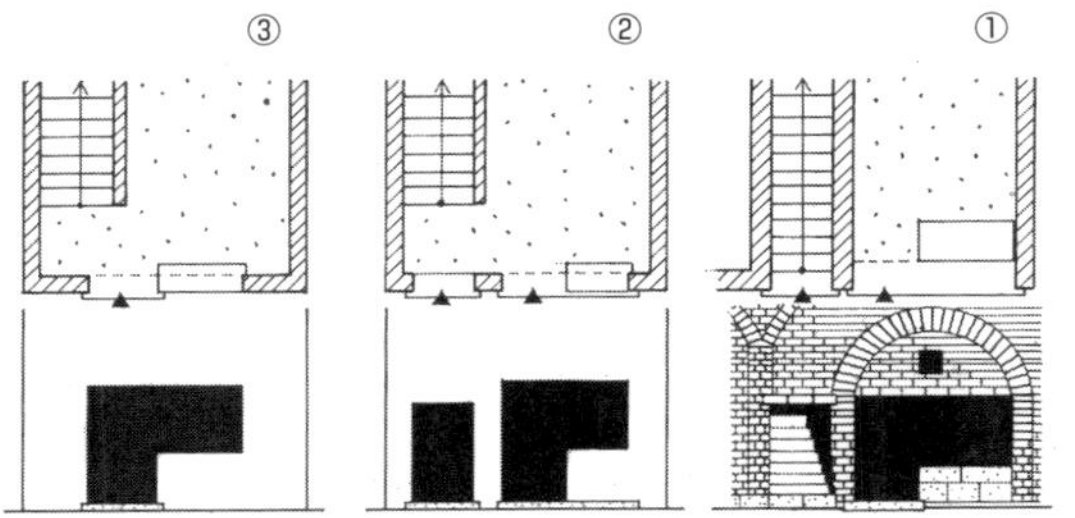

すなわち中世のペルグリノ通りの店の開口部は、パリの町家と同じく鉤形であり、場所がローマであることから見てこの鉤形開口は、古代ローマにおいてインスラの店の間口の中に売台を置くことによって、必然的に生じた形がそのまま中世へも生き続けていると見てよいであろう。二軒目の家にはバルベリエ（BARBIER）の文字が読み取れ、理髪店であることがわかる[*25]。このような売り台を必要としない職種の店においてすら設けられており、この駒形の開口部は、街路に面する店舗の形として、古代ローマから根強く踏襲されたものである[*26]。

図67　ペルグリノ通りの街並み。ローマ、一五世紀

❹-5

フッゲライ ―初期の福祉住宅―

フッゲライ（Fuggerei）は、一五一四年にフッガー家がアウグスブルグに設立し、経済的に困窮している低所得者層市民を対象とした世界的に最も早い時期の福祉住宅である。

一五世紀末から一六世紀はじめにかけてアウグスブルグの発展は著しく、とくにドイツ皇帝マクシミリアン一世即位後は、その庇護の下で南ドイツにおける商業の中心を占めるに至った。フッガー家は一四世紀後半にアウグスブルグに移住したが、遠隔地間商業により繁栄の基礎を築いて一五世紀末にはイタリアのメジチ家をしの

*25　ペルグリノ通りの店の絵における、右端から二軒目と三軒目の店にある開口部には、はっきりと建具が描かれている。

ぐ大財閥となっていた。ほかにも鉱山を支配するなど大資本家として、ローマ教皇のほか、諸侯に対して政治的、経済的に影響力をもち、それはまた芸術の庇護によりフッガー一族に威光をもたらした。

しかし商工業の繁栄は他方で都市のプロレタリアを生み、一五二〇年頃にはアウグスブルグの無産階級が二〇〇〇人、すなわち当時の都市人口一万三〇〇〇～一万七〇〇〇人の一二～一五パーセントに達していた。彼らはますます家賃が高騰する中で公的な救済もなく、劣悪な条件の下で生活を余儀なくされていた。

フッガー家のヤコプ・フッガー二世は、一五一一年にアウグスブルグの貧民を救うために低家賃住居建設基金をはじめ、一五一四～一六年に敷地の選定と買収が開始され、一五二一年にこの計画の建設趣意書が決定した。

計画に先立ちドイツには前例がなく、オランダの小規模住居施設「Beruikenn」を範としたといわれる。住居施設の計画はフッガー家の御用建築家トーマス・クレプスで、工期は一五一七年から二三年まで六年を要している。

一五六三年にローゲルによって描かれたアウグスブルグの地図にフッガライはすでに載っており、これを見ると第二次世界大戦前まで大きな変化が見られない。

フッガライは全部で五三戸、一九四四年の空襲で二四戸が完全に破壊されたが、

＊26　今日、フランスおよびラテン文化と深くかかわりをもつ近代建築の巨匠ル・コルビュジエ設計の現代建築作品（ラ・トゥーレット修道院における階段室の窓や、ロンシャンの教会北側壁面と教会の付属建築など）の中に、売り台とは関係なく、デザインとしての鉤形の開口部を見ることができるのは興味深い。

戦後すぐにアウグスブルグの建築家ライムンド・ドプルホッフによって、元どおりに修復されている［図68］*27。

フッゲライの一住戸単位は約六〇平方メートルで、建設当時としては比較的大きい。基本的に次の二タイプ。①階下（一階）の住居で、三部屋、厨房、ユーティリティ兼物置からなるもの。②上階（街路から直接入れる二階）の住居で、急勾配の屋根裏物置が付いているもの［図69］。

図68
アウグスブルグのフッゲライ全景 フッガー家によって、世界的に見てもごく初期に実施された福祉住宅（低所得者救済のための低家賃住居）である。

入居条件は創設当時よりアウグスブルグ市民で既婚者、カトリック信者、低所得者が条件で、趣意書の中には、「一年間の家賃は永久にグルデンとする」と、規定されており、現在でもこれが守られているという。冬の暖房費などのランニングコストは住民の負担になっているが、これは当時の工場労働者の平均時間給の五分の一に相当

*27 一六八二年から九三年まで、ハウスナンバー14の家には、居住者としてモーツアルトの祖父の名が見られる。なお、創設以来伝統的に、フッゲライの門は夜一〇時に閉ざされる。

する低料金である。

入居希望者の申請はフッガー家法人の長老会議の審査により、入居契約は経済状況がとくに良くならない限り生涯約束される。入居者は、前世紀まで若い世代

図69
初期の福祉住宅・フッゲライ。アウグスブルグ、ドイツ、一五一四〜二三年
①平面図。②断面図。③居間。④ダイニング・キッチン

①

一九〇〇年頃
左 一階住居タイプ
右 二階住居タイプ

一九四八年修復後
左 一階住居タイプ
右 二階住居タイプ

②
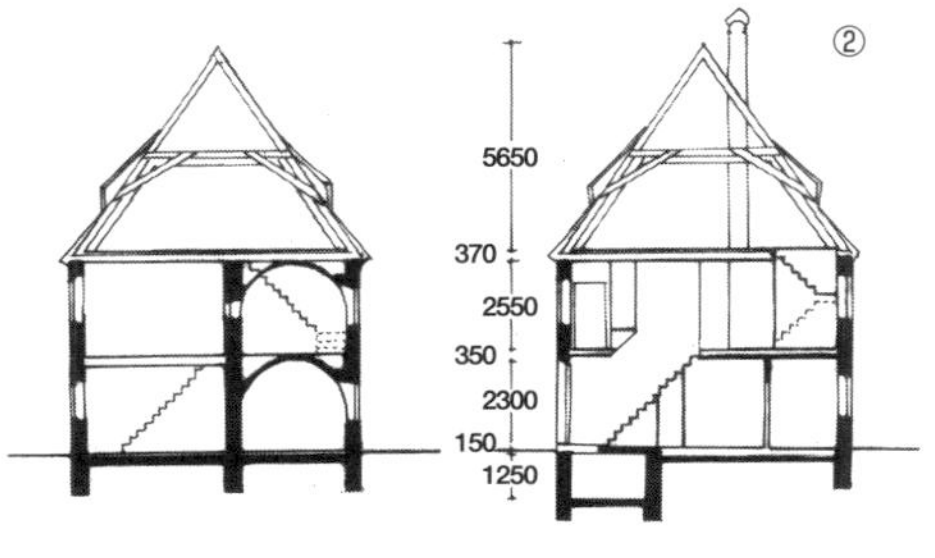

③

④

が多かったが、今日では所得の向上に伴い高齢者になっている。

ところで、マクシミリアン一世の死後、フランソワ一世と帝位を争うカール五世の皇帝選挙において、フッガー家の資金が決定的な役割を果たし、ヤコプは皇帝をつくる商人とまでいわれた。

しかし誕生したばかりの資本主義を代表する豪商・フッガー家も、ヤコプ二世の代から甥のアントンに変わる一五二九年頃、ドイツ鉱山も掘り尽して経済的に翳りが見えてくる。そして一六世紀後半になると新しい経済の発展の中で、フッガー家の時代も終焉を迎えた。

後にフッゲライ基金は一九五六年に隣地を、さらに二つの緑地を買い取り、これによって所期の目的であった「庭と緑の中の住居」を取り戻すことができた。当時は住居の壁のすべてが葡萄のつるで覆われていたという［図70］。

すでに述べたように、必ずしも評判の良くないフッガー家であるが、住居史的に考察するならばフッゲライのもつ意義は大きく、住環境や間取も優れた見識のうえに造られている。その影響はようやく一九世紀になってから鉄鋼で知られるクルップ社などの大企業によるフッゲライに似た住居施設が造られた。

図70 フッゲライ。外観 葡萄のつるで覆われた外壁

第四章　近世

―貴族住宅と近世的住宅の定型

西洋近世の貴族たちは、そのステイタスにふさわしい豪華な住宅づくりに力を入れた結果、作画的な左右対称形にこだわり過ぎ、機能的にひずみが際立っていたが、やがて社会的風潮を反映した近世的住宅の定型を完成させた。それは主人家族と来客の社交空間を洗練された美しさで飾ることが重視され、召使や使用人は目にふれぬ地下室や屋根裏に追いやられた。近世的住宅の定型の完成は、中世において家の中心で一番大きな部屋であったホールが単なる玄関ホールにとどまった。中世以来のホールは、グレイト・パーラーやフランスの新しい接客空間であるサロンと交代し、華やかな近世社交の世界が展開する。

❶ カントリーハウスの変容と回帰

❶-1 ルネサンスの影響とマナハウス

近世になると、一三世紀頃のようにホールで主人と家臣たちが一緒に食事し、一緒に戦った中世の君臣一体感は失われ、家臣は使われる者としての立場で地位を確立するようになっていった。ちょうどこの頃から、マナハウスの中心にあって最も象徴的な部屋であったホールが急速にその重要性を失い、各室も多様に変化しはじめた。

大きな権力をもつ大領主の館の間取は気ままなものであったため、住宅の一つの典型を生み出すことはなかったが、中以下の小領主たちの住まいは、高級な石造であっても経済的な制限から無駄な空間のない密度の高いもので、後の住宅建築に影響を与えることになった。

近世初頭のイギリスは、市民階級の代表である都市貴族の活躍が顕著なイタリアに比べれば後進国で、上流住宅にはまだ中世マナハウスの伝統が根強く残り、イタリアで開花したルネサンス様式の影響を受けるのは一六世紀も半ばになってからである。

近世上流階級の館は、マナハウスの基本形に見る単純な矩形（I字型）から、L字型、E字型、H字型、コの字型、さらにロの字型とさまざまな形で変化発展しながらも、上手と下手を軸線が貫く有軸平面の伝統を残している。とりわけロの字型の平面は、一見してギリシア・ローマ型の有心平面を思わせるが、その各部屋の用途を見てゆくとマナハウスと同じ法則性があることに気づく。

一六世紀末イギリスにおける地主階級の一住宅を見ると、二階建てで地下が食料庫、屋根裏部屋を使用人の寝室とする当時の上流住宅の典型的な構成である［図1］。一階正面の玄関を入り左側へ進むと、まずホールに入る。豪華な主階段の前を通ってパーラーへと導かれる。もう一度玄関にもどり今度は右側へ進む。ウインター・パーラーとバッテリーの前を通ると裏階段があり、さらに進むと粉篩《ふるい》部屋、台所、かまどがあるパン焼き部屋に至る。中央の中庭を囲むロの字型平面であるが、パーラーとパン焼き部屋の間で切断し、玄関を中心に展開すると一本の細長い平

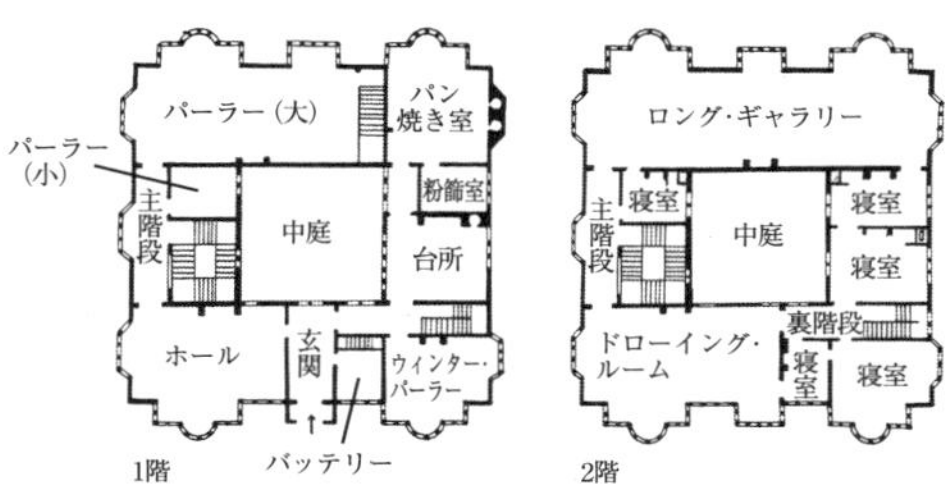

図1　**一六世紀末イギリス地主階級の典型的な住宅平面図**　ロの字型平面も、上手から下手へ順次高貴性が減じる一般的なマナハウスと同じ平面構成になっている。上手と下手の間を切断し、細長く伸ばして見ると、有軸平面であることが明確になる。

面が出来上がる。その平面はパーラー（上手）から、パン焼き部屋（下手）まで順次高貴性が下がる有軸空間であり、一見マナハウスとは何の関係もないように見えるロの字型の平面も、有軸平面をもつマナハウスと同じ構成になっていることが分かる［図2］。すなわちこの家は、平面が基本的に中世のマナハウスと同じでありながら、外観だけが近世ルネサンス様式で右対称形につくられている。

また、一六世紀末のエリザベス式住宅として名高いモンタキュート邸の外観も、ルネサンス様式で構成され厳格な左右対称形になっている。しかし平面図を見るとアルファベットのH字型をしているが、ホールを挟んで片側に応接間とメインダイニングルームからなる上手、反対側は台所や使用人の部屋など下手からなる有軸平面であり、マナハウスの伝統を色濃く残している［図3］。

H字型について片木篤は、「E字型平面を基礎にして、両立面のシンメトリーを達成するには、中央部を前方に移動してその分だけ背面にウィングを突き出すようにすればよい。そうすれば、中央部からウィング内の部屋に至るサーキュレーションも短くてすむ。こうしてE字型平面からH字型平面が生み出されたと考えられる。」[*1]としているが、バーリントン・コート[*2]などE字型平面の建物において、両ウィング先端の部屋までの距離を考えるとうなずける。

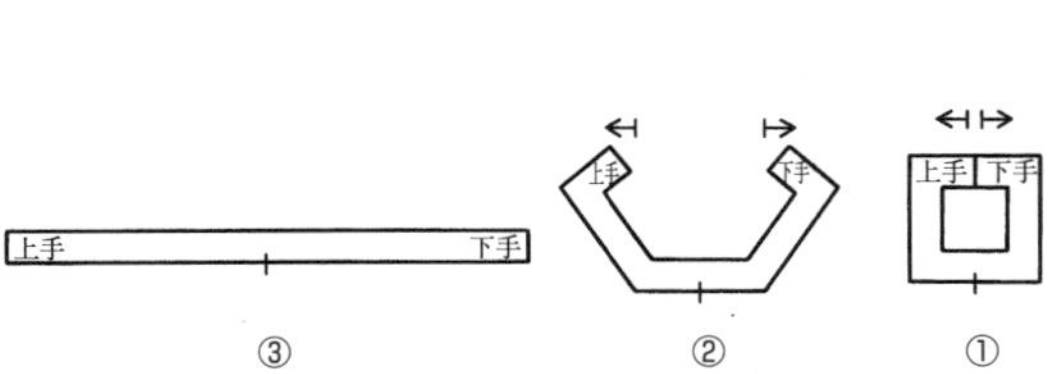

図2
ロの字型平面を展開する ロの字型の平面を展開してみると、古代ローマのドムスに見る有心的な平面とまったく異なり、上手と下手をもつ有軸平面である。

すなわち、当時のイギリス上流住宅を見ると、後側に大庭園をもち、間取は中世マナハウスと基本的にほぼ同じ有軸的な構成でありながら、外観は近世ルネサンス様式を取り入れて厳格な左右対称形にするなど、正面がモニュメンタルなファサードになっている。これは表面だけを先進的なもので装う文化的に立ち後れた地域に見られる、追いつくための姿でもある。

　モンタキュート邸には身分の低い使用人も含めると二〇〇人近くが起居しており、邸外から通いの使用人を含めると数百人に上ったといわれている。この大勢の使用人が寝るためには屋根裏部屋だけでは足りず、ホールに面した二階部分で

図3　モンタキュート邸。①平面図。②③外観。サマセット州、イギリス、一五八〇〜一六〇〇年　エリザベス式住宅の典型。H型平面であるが、中世マナハウスの平面構成を維持しながら、外観はルネサンス風の対称形に構築している。

①
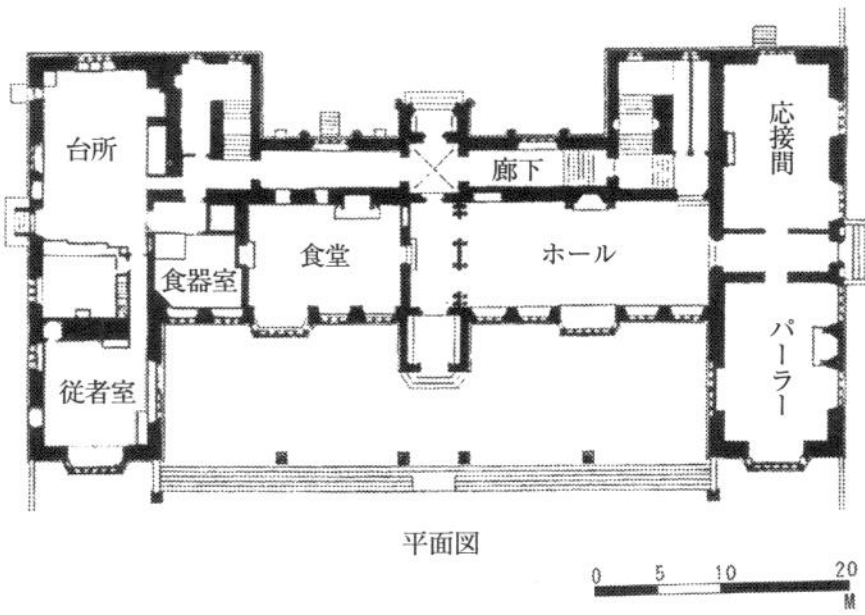

②

③

*1・片木篤『イギリスのカントリー・ハウス』、丸善、一九八八、三七頁

*2・バーリントン・コート。サマセット、イギリス、一五五二〜六四　平面を見ると前庭を囲むようなコの字型で、その中央にエントランス・ポーチが突き出してEの字型になっている。

上手と下手を結ぶ全長約六〇メートルもあるロング・ギャラリーを使用人の寝室として使用した時期もあった。

中世の不穏な時代が終わり、近世初頭の平和な時代が訪れると人を家の中に招き入れるような変化がおこり、来客を泊めるための部屋が造られた。一三世紀頃に楽人の間であった桟敷の後ろに部屋を設けて重層化した。

やがてロング・ギャラリーは両端の部屋をつなぐだけでなく、美術品、甲冑、先祖の肖像画など、先祖代々の家柄や歴史を展示する陳列室として、近世に新しく生まれたその家の自慢の空間となった。先に見た一六世紀末の地主階級の家では、ロング・ギャラリーが二階の大きな部分を占めているが、ここは陳列室としてだけではなく、舞踏会などにも使われる接客空間になっている［図4］。

❶-2

ホールの衰退と新たな接客空間の誕生

ホールの上手に位置するソーラーは、ホールの床より半階分上がったところに設けられていた。その下の部屋は礼拝室、あるいは倉庫などに用いられることが多かったが、やがてこの場所に、主人とその家族が用いる居間としてパーラーが設けられた。パーラーは快適性だけを追求して生まれた部屋で、限られた人だけがもつ

図4

モンタキュート邸ロング・ギャラリー平面図　二階の大きな部分を占めているギャラリーは近世になると陳列室としてだけではなく、舞踏会にも使われるなど接客空間として発展する。

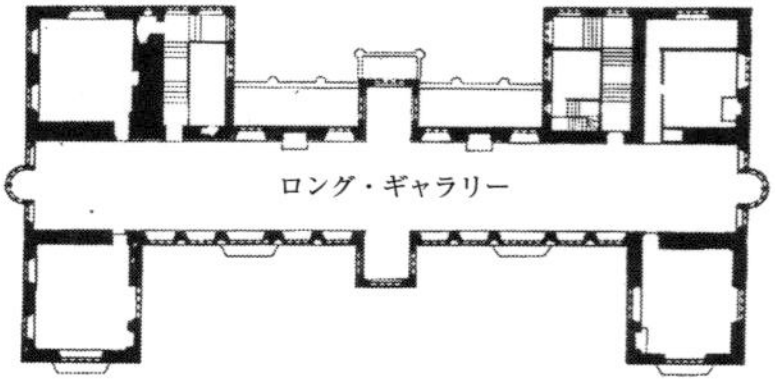

上階平面図

高貴な空間であった。

ホールが公式な部屋であるのに対してパーラーは非公式な部屋であり、貴族が互いに同じ身分の者どうし、肩のこらない普段着の付き合いの場であった。

そこは洗練され洒落たもので、主人と親しい間柄の高貴な人たちだけがその部屋に招き入れられるため、パーラーはますます憧れの空間となった。

後にアメリカで開拓時代を経て建てられた邸宅の中では、パーラーを居間としてではなく応接間として設けた。言い換えれば、新世界・アメリカに渡り、成功した暁に建てた邸宅で憧れの空間を実現したとき、日常的な居間よりも上等な応接間として設けたのであった。それゆえパーラーには居間と応接間という言葉の二重性が見られる[*3]。接客空間の拡大と、機能の多様化に伴って館の各室も複雑に使い分けられ、中世には最も重要な地位を占めていたホールの機能もまた分散した。先に述べた一六世紀末の地主階級の家においてもパーラーが設けられている。来客は、まず玄関に近いホールに通され、さらに親しい間柄の場合は居間（パーラー）へ、公式の訪問客は二階の応接間へと招き入れられる。これに舞踏会などに使用されたロング・ギャラリーも含めて、家の中で接客スペースの占める割合が異常に大きいことに気付く。主人以下家臣たちが一体化していた中世と異なり、大部分の空間

*3・パーラーは、近代化以後の日本においても、ビューティーパーラー、パーラーカーなど、応接間の意で使用された。

は主人とその家族および来客といった小人数の人びとによって占められる一方、大多数の使用人たちは、地下や屋根裏部屋などのわずかな空間に追いやられていた。この地主階級の家に限らず、一六世紀から一七世紀の同様な館の平面を見ると、かつては家の中で一番大きかったはずのホールよりも大きな接客室が設けられている。

一六世紀末、ダービー州に建てられたエリザベス様式のハードウイック・ホールを見ると、ホールは完全に玄関ホールとなってロビー的な役割を果たし、二階に複数の大きな接客室がある。また、先のモンタキュート邸と同様に大きなロング・ギャラリーが目を引く［図5］。

①

②

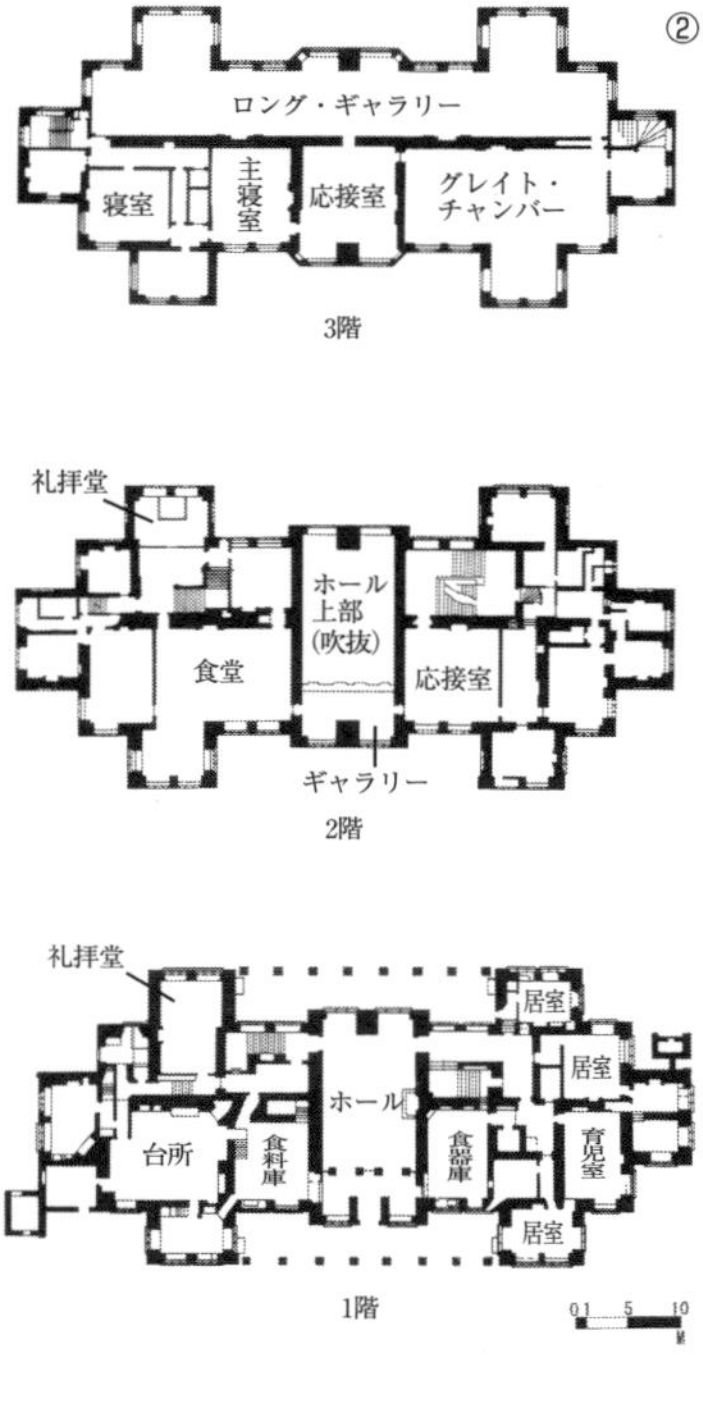

③

図5
ハードウイック・ホール。①外観。②平面図。③ロング・ギャラリー。ダービー州、イギリス、一五九〇～九七年
大きなロング・ギャラリーが設けられ、その重要性を増している。

また、一六世紀中葉、チェシャーに建てられたリトル・モルトン・ホールは、イギリスでも木材に恵まれた地方にあって、木の補強材を装飾的に用い、黒い木と白いプラスターのコントラストが美しいハーフティンバー構法の代表的なマナハウスである。森林に囲まれた地方の、決して大きいとはいえないマナハウスでありながら、三階に増築してまでギャラリーを設けている［図6］。

またロンドンの市街地に建つダービー卿邸の間取を見ても、多くの応接間が設けられている［図7］。このように近世上流住宅における特色として、ホール 以外の接客空間の充実をあげることができる［図8］。その結果中世には家の中心であり一番大きかったホールは、近世になるとその機能が分散し、他に接客室が設けられてだんだんと縮小され、単なる客溜まりとしての玄関ホールなってしまった［図9］。

そして時代は中世の「武」から近世の「文」へと変わり、一七、八世紀になるとジェントルマンは読み書きができるだ

②

③

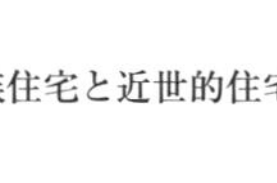

図6 リトル・モルトン・ホール。①平面図。②外観。③ロング・ギャラリー。チェシャー、イギリス、一五五九年 木の補強材を装飾的に用いたハーフティンバー構法によるマナハウス。ゲスト・ハウスの上に増築されたギャラリーの天井を見ると、室内でも木の補強材を装飾的に用いている。

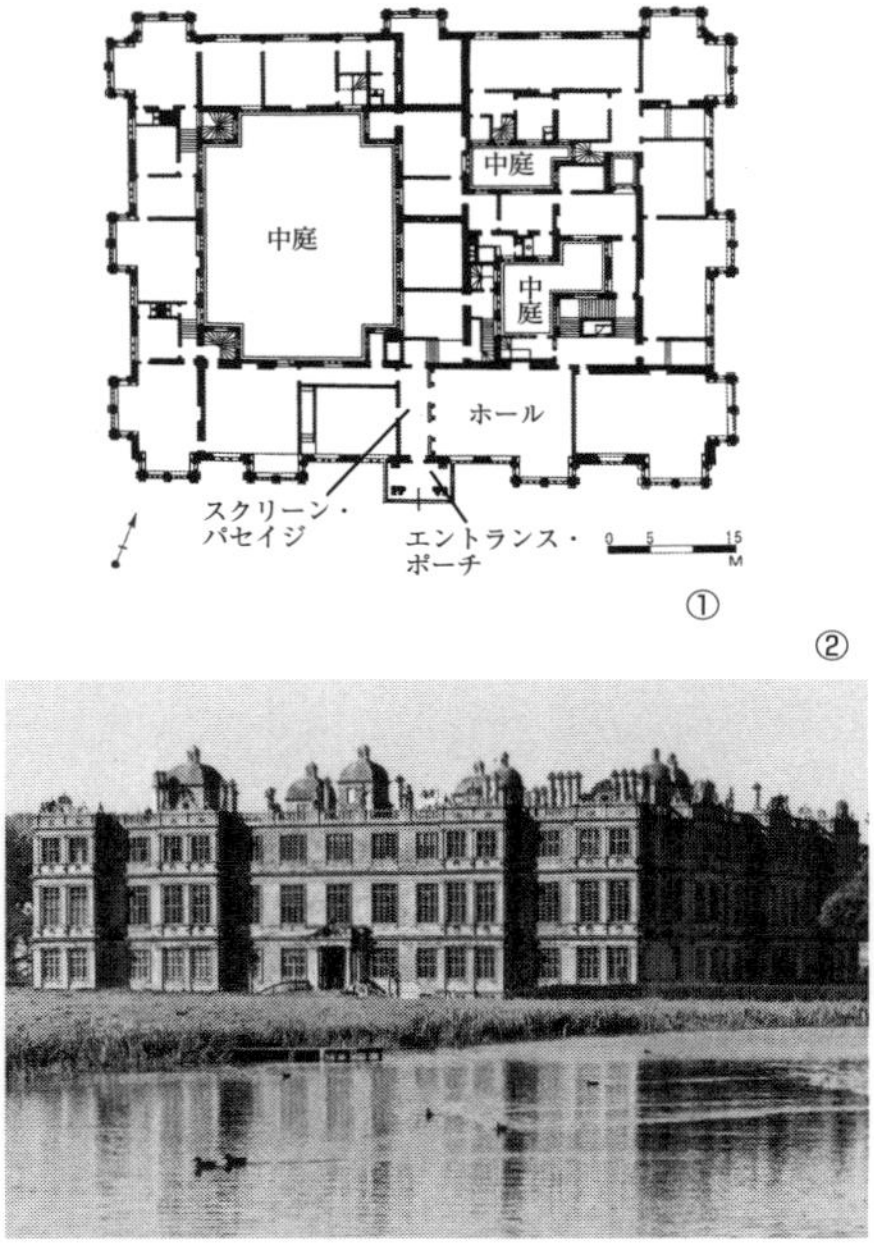

図8 ロングリート・ハウス。①平面図。②外観。ウイルト州、イギリス、一五七二年～ 中庭を囲む各室は、四面ともベイウィンドウをもつ対称形で開放的な建物。ホールのほかに大小複数のパーラーが配されている。

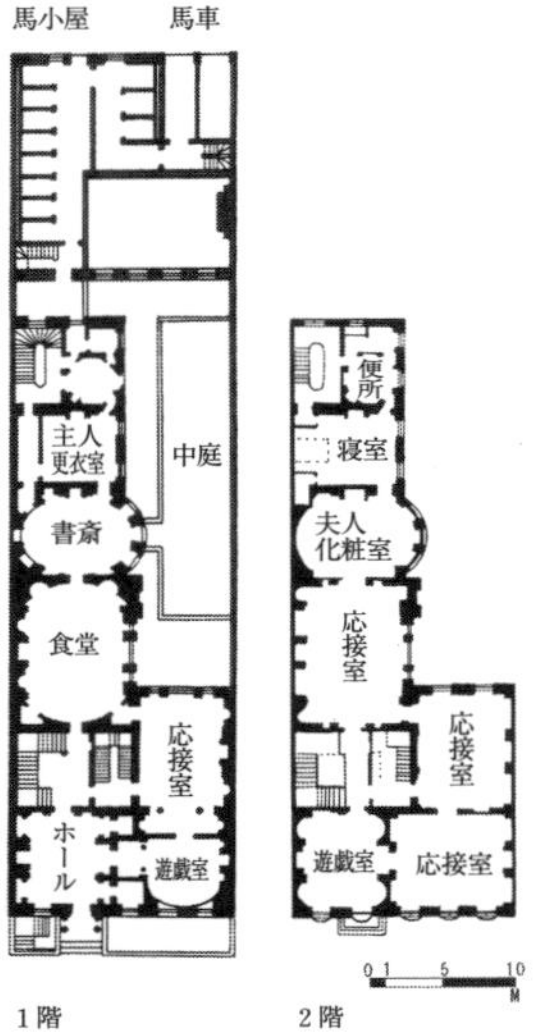

図7 ダービー卿邸平面図。ロバート・アダム設計、ロンドン、イギリス 一七七三年頃 多くの数の応接間が設けられている。

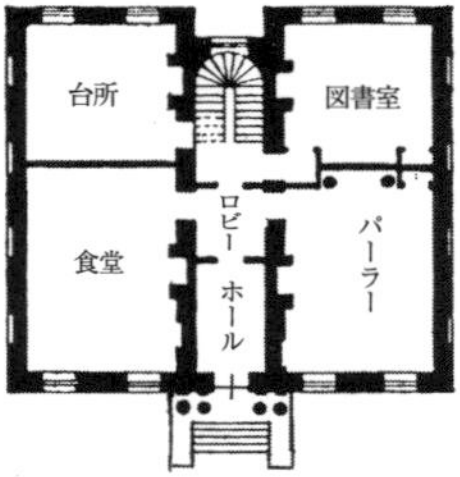

図9 近世の標準的な独立住宅平面図。チェルトナム、イギリス、一八三〇年 一九世紀に入っても続いた典型的なこの平面は、コンパクトによくまとまり無駄な空間がない。ホールは完全に玄関ホールとして定着している。

けでなく、教養のあることが必要になってきた。同時に一八世紀に入る頃から館の中に絵画や書物を置く部屋の重要度が増した。そして書物の蒐集に図書室が設けられるようになったが、そこは図書の閲覧室であると同時に家族の居間でもあり、さらに来客とトランプなどをするプレイルームでもあった［図10］。

図10
チャッツワース邸図書室。ダービー州、イギリス 一六九四〜九六年 一八世紀に入る頃から絵画や書物を置く部屋の重要性が増してきた。上流階層の人たちにとっては科学とともに豊富な知識が重要で、図書室はますます立派になり、閲覧室には来客を招き入れてのプレイルームでもあった。

ヴォー・ル・ヴィコント邸［図17参照］に限らずホールをもつ館の設計について、マーク・ジルアードは、「英国でもフランスでも、館はホールと個室のある基本的な設計で中世に始まったが、展開の途上で相違が起きた。英国では、ホールの機能の一部を個室に小ぢんまりと集め、さらにそれを公式用の広間、居間兼寝室の比較的プライベートな私室とに細分化した。このようなことはフランスでは起きなかったし、その次の段階で、私室が応接間と寝室に細分化する、ということもなかった」[*4]と、指摘している。

ラグリー・ホールの階段を挟んで対になってい

*4 マーク・ジルアード著、森静子・ヒューズ訳『英国のカントリー・ハウス』、住まいの図書館出版局、一九八九、二一四頁 カントリーハウスについてマーク・ジルアードは、「――それは富裕な人々の住むただの大きな在郷邸などではなかった。根本的には支配階級の住む権力の館だったのである。――中略――基本的には、権力を持たない人や、カントリー・ハウスを構えることで権力への道をめざす意思を示した人以外がそこに住むことはなかったのである」と、述べている。

図11　ラグリー・ホール平面図。ウォリック州、イギリス、一六八〇年　各寝室にはクロゼットと召使の部屋が付属している。

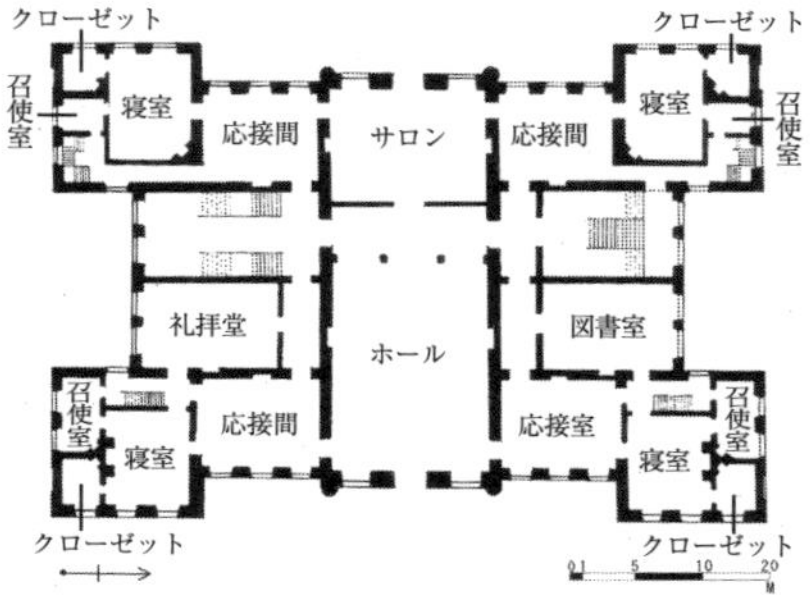

図12　ネザー・リピアット・マナー。①外観。②平面図。グロスター州、イギリス、一七〇〇〜〇五年頃　小規模な住宅でありながらも、各寝室にはクロゼットと召使の部屋が付属している点は、ラグリー・ホールの平面構成と変わらない。

①

②

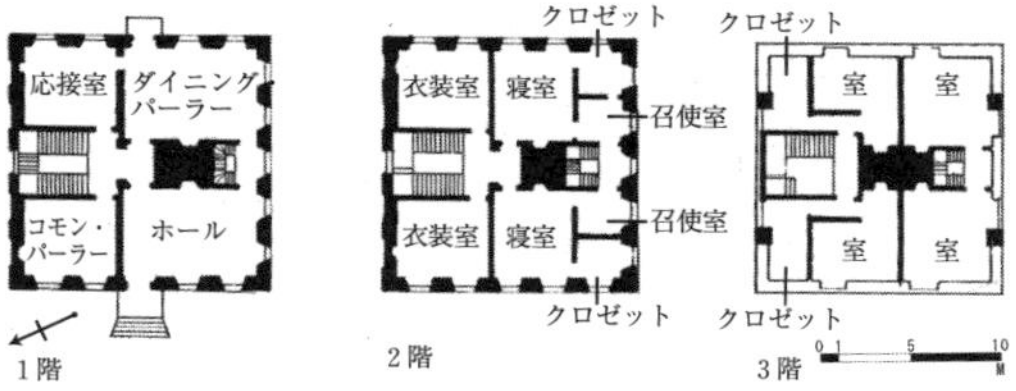

る各寝室にはクロゼットと召使室が付属し、また召使の部屋からは彼らが人目につかぬように裏階段へ通じている［図11］。またネザー・リピアット・マナーは、左右

図13　アーギル・ハウス。①平面図。②外観。ロンドン、イギリス、一七二三年　この平面には、大きなサロン、複数の応接間、裏階段といった上流階層の住宅に憧れながらも、自分たちの身分と財力に合わせた工夫が読み取れる。

①

②

対称の古典様式ながらサロンもない小規模な館であるが、ラグリー・ホールの構成をかたくなに踏襲している様子がわかる［図12］。これは中産階級の生活理想が上流階級の生活を模倣することであった証である。また、アーギル・ハウスはロンドンのキングス街にある一八世紀初頭の住宅であるが、ここでは玄関ホール右手に応接間が二つ、反対側に配膳室付きの食堂がとられている。台所や家事室は半地階にあり、二階は家族の寝室、屋根裏部屋が召使の寝室になっている。この間取をよく見ると、ダービー卿邸のように複数の応接間をもち、この二部屋を開け放ば大サロンにもなる。また、面積的に裏階段を設けるゆとりがないため、主階段の下に重ねて地階の労働空間に降りる階段を設け、召使たちの出入りが人目につきにくくするなど、自分たちの財力に合わせて縮小し工夫しながら、上の階層を模倣している様子がわかる［図13］。

❶-3

近世農村住宅

西洋の近世は、市民階級の台頭と資本主義の誕生を背景として中世から移行した。一六世紀以降、絶対主義と呼ばれる専制政治が行われ、商業経済を基盤とする都市貴族や新しく生まれた市民階級と、中世的封建貴族が対立しながらも共存していた。後進的なイギリスでは、イタリア、オランダなどほかのヨーロッパ諸国に見られるような都市貴族が成立することなく、かつての封建貴族たちによって支えられてきた。

近世の社会的風潮は依然として格式的観念が強く支配していたが、中世と異なる点は固定された身分ではなく、農奴としての仕組みが廃止され、農民も個人の能力と努力しだいで富を獲得し力を得ることが可能であった。

農奴の解放は、早かったイタリアと遅かったドイツなど地域によってかなりの時間差はあるが、イギリスでも一四世紀末頃に廃止された。

農民はいわば独立した小生産者であり、本人の努力と才覚しだいで大農化して富を得てゆく者と、失敗して土地を失い、雇われ農民となるか、土地を離脱して都市の産業労働者となっていった。この結果農民は富農と貧農に二極化し、貧しい者は中世と変わらない二間程度の粗末な家に住んでいたと見られるが、こうした家は現在まで残っていない。

一方、一六世紀後半頃からは豊かな農民や下層貴族などの新興勢力が生まれ、農業や毛織物などの経営によりしだいに力をつけていった。一七〜八世紀になると、豊かになった農民の家は玄関とホールを挟んで片側がソーラー、他方が台所で、

図14　イギリスにおける富農の住宅。①外観。②平・断面図。ケント地方、イギリス、一五世紀末　ホールは二階分の高さがあり、その片側を主人家族、反対側を台所と召使たちの部屋に当てており、ホールを挟んで上手と下手をもつ有軸性が見られる。すなわちマナハウス形式の影響をうけている。家族と使用人の生活空間は分離されているが、まだ家族間での個室分化は見られない。

①

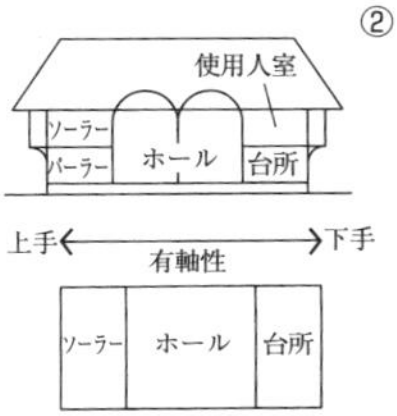

ホールとソーラーの上に主人家族の寝室、台所の上は彼らの使用人の部屋に当てた家がつくられた。そして成功をおさめた富農の住宅は、すでに農民の住宅という概念ではなく、農場や酪農経営者、あるいは地主としての住宅である［図14］［図15］。

　このようにしてどんどん上昇していったメイズ農場主の家は、小農が新しい生産機構の中で自身の経営能力により生き抜き、次第に大農化していった姿として興味深い［図16］。

　一七世紀末〜一八世紀初頭には、居間と台所に下屋が付いただけのごく普通の農民の家に過ぎなかった。そして代も変わって一世紀後、居間であったところを台所に、台所は流し場に改築され、新たに食堂と居間（リビングルーム）、牛乳・バター・チーズをしまう酪

図15　イギリスにおける中農の住宅。サセックス地方、イギリス、一六世紀初頭　平面構成は富農の住宅にほぼ同じ。階段の付いたホールへの入口は創設時のまま。窓にガラスはなく樫の棒による格子のみで、夜は内から板戸を閉めるなど随所に中世の面影が残っている。

図16
メイズ農場主の家の発展過程。リンカーン州、イギリス、一八世紀初頭〜一九世紀初頭　小農が経営能力により次第に大農化していく過程で、新たに設けられた食堂や応接間と左右対称の外観に、憧れと流行が読み取れる。

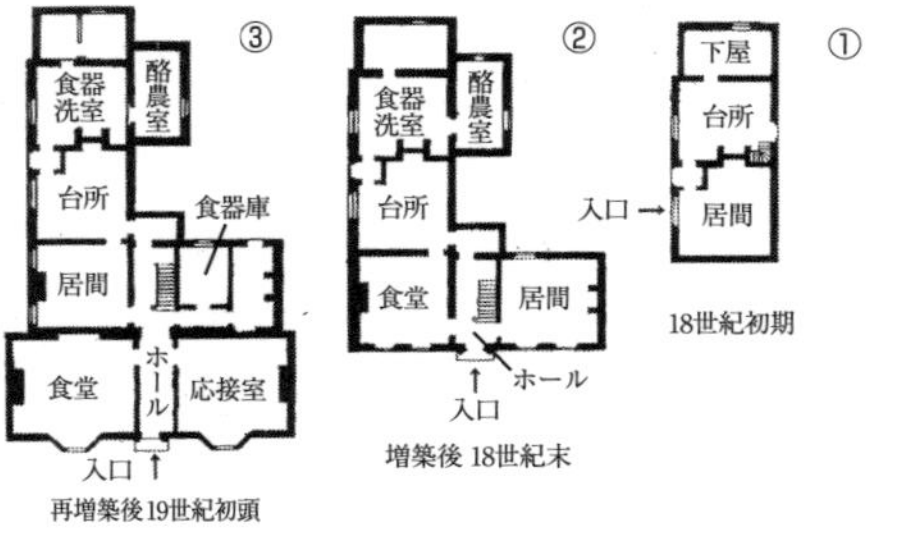

農室（デイリー）、さらにその上階に寝室を増築している。数十年後の一九世紀になると、玄関ホールを挟んで食堂と応接間が増築された。
はじめに増築された段階で、農民が必要とする部屋ではない食堂が、次には応接間が設けられている。ここにはマナハウスにさかのぼる長い間の憧れが実現できた喜びに満ちた姿が読み取れよう。増改築を重ねているため建物の後ろ側に回ればともかく、アプローチから真正面を見る限り、ルネサンスの影響を受けた左右対称の堂々たる古典様式のカントリーハウスである。

❷ 近世住宅の形成

❷-1 作画的意識の萌芽とヴェルサイユ宮殿

大領主階級は絶対主義王権のもとでの貴族として、そのステイタスにふさわしい豪華な住宅づくりに力を入れた。その結果、作画的な対称形にこだわり過ぎて、機能の面から見るとひずみが際立っていた。

一七世紀フランスに誕生したヴォー・ル・ヴィコント邸（一六五七〜六一年）は、ルイ十四世の大蔵大臣ニコラス・フーケがパリの東南四〇〜五〇キロの地に建てた古典様式の豪壮な邸館であるが、最後の装飾も完成した一六六一年八月に訪れたルイ十四世が嫉妬したと伝えられるほど壮麗なものであった。玄関を入ると対称的に左右二つの階段があり、楕円形のグラン・サロンへと導く。機能的に無駄なことも多いが形を整えることが最重要課題で、住み良さよりも見ること、見られること

②

①
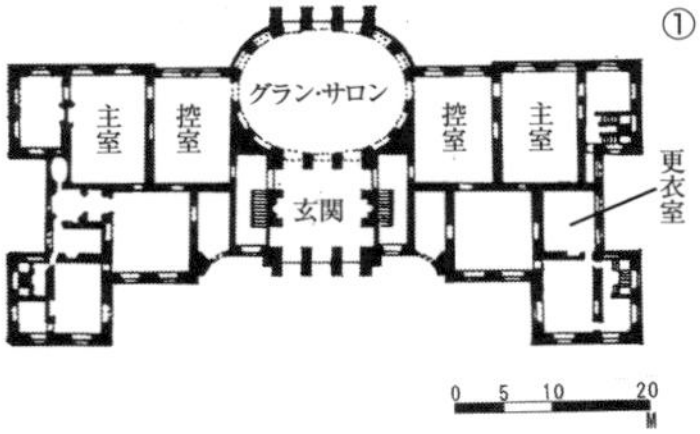

図17 ヴォー・ル・ヴィコント邸。①平面図。②外観。ルイス・ル・ヴォー設計、フランス、一六五七～六一年　徹底した左右対称により形式美を追求し、支配階級の威厳を表現することに成功する一方、伝統や住生活の面には無関心になった。

が強く意識された時代であった［図17］。

　こうした住宅では、食事をつくる台所とそれを食べる食堂が非常に離れた位置にあることも珍しくなかった。一八世紀イギリスのホーカム邸はその好例で、主屋の四方に翼を伸ばして対称形を強調するあまり、台所と食堂が実に六〇メートルも離れている［図18］。

　しかし、こうした食事を運ぶ手間は多くの使用人を抱える貴族たちにとって、まったく苦にすることではなかった。従事する召使たちも細かく分業がなされ、主人や来客に料理を出すような身近な者は厳しく礼儀作法もしつけられ、服装も綺麗なものであったのに対し、台所の中で働く人目に付かない裏方は、しつけも服

①

図18 ホーカム邸。①平面図。②外観。ウィリアム・ケント設計、ノーフォーク州、イギリス、一七三五年　四つのウィングを張り出し、台所と食堂が六〇メートル離れるなど、厳格に対称性をまもるあまり実生活には犠牲が生じている。

装も異なるものであった。これらの住宅からは演技社会ともいうべき虚飾に満ちた近世の上流階級の生活がうかがえる。

一七、八世紀になると、貴族の子弟が見聞した外国の建築を踏襲することもしばしばで、とりわけ一六世紀末の建築家、アンドレア・パラーディオによる別荘建築（ヴィラ）は、貴族の館に強い影響を与えた。

図19
ヴィラ・カプラ（ロトンダ荘）。アンドレア・パラーディオ設計、ヴィツェンツア郊外、イタリア、一五五二年　パラーディオによる古典的世界の調和への理想を完璧に形にした建築。

周囲の自然と呼応しあうかのように小高い丘の上に建つヴィラ・カプラ（ロトンダ荘）は、正方形の平面を完全に対称形に分割し、中央にドームを載せた幾何学形の建物で、ローマ建築にさかのぼるパラーディオの理想を最も完璧な形で示している［図19］。

一六八〇年頃、国力が絶頂期を迎えたフランスは、一八〇〇万人の人口をもつヨーロッパ随一の大国であった。ルイ十四世・太陽王*5は貴族をはじめすべての人び

②

*5・ルイ十四世　在位一六四三〜一七一五年。フランス絶対主義の君主で、一六六一年に親政を開始すると強大な権力をふるった。

とを屈服させ、その絶対主義の影響は、芸術の創作も王の栄光を表現することが目的とされた。宮廷であり王の住まいであるヴェルサイユ宮殿はまさにこの美学を具現化したものといえよう［図20］。
ルイ十四世は十三世の狩猟のための城を基にして、壮大な王宮の建設を命じた。

*6・ツヴィンガー宮殿　ザクセン選帝侯のためにエルベ河畔に建てた祝宴用の宮殿。ドイツ・バロック様式建築の傑作。ダニエル・ペッペルマン設計、ドレスデン、ドイツ、一七〇九～二二年。

図20
ヴェルサイユ宮殿外観（庭園側から見た宮殿）。ルイス・ル・ヴォー設計、ヴェルサイユ、パリ西南二九キロ、フランス、一六二四～一七七二年
ルイ十三世の狩猟のための城を基に第一次増築（一六六一～六五年）、後にジュール・アルドゥーアン・マンサールが引き継ぎ、三次増改築（一六七八～八八年）で両翼を拡張した。庭園はル・ノートルにより一六六七年起工。果てしなく広がる庭園は、フランス式庭園の代表。

①

②

図21
ニュンフェンブルク宮。①外観。②室内。バレリ&G・ヴィスカルディ設計、ミュンヘン郊外、ドイツ、一六六三～一七七七年　ヴェルサイユ宮殿をモデルにしたといわれるバイエルン王家の夏の別荘。

設計はル・ヴォー、後にジュール・アルドゥーアン・マンサールが引き継いで両翼を拡張している。

庭園はル・ノートルの設計による厳密な幾何学に基づくフランス式庭園で、以後一八世紀を通じてミュンヘンのニュンフェンブルク宮［図21］、ドレスデンのツヴィンガー宮*6など、スペイン、イタリア、オーストリア、ドイツをはじめとする王侯の邸宅に広く影響を与え模倣された。そしてこの大事業は、幅約一〇メートル、奥行約七三メートル、高さ約一三メートルにも及ぶ豪壮な鏡の間など、王の威信を示すにたる出来栄えであり、ヴェルサイユ宮殿が非宗教建築物として、また住宅建築として世界最大規模のものであることに異論はない［図22］。

いずれにせよルイ十四世は、政治的見地から雄大かつ壮麗な建築がもたらす効果を熟知していた。ヴェルサイユ宮殿が他を睥睨《へいげい》する権威を表現するためには、ルネサンスの古典を基調としながらも、細部装飾に加えられたバロック芸術こそ理想的な表現手法であったに違いない。

図22
ヴェルサイユ宮殿鏡の間。A・マンサール設計　幅約一〇メートル、奥行約七三メートル、高さ約一三メートルの広間の片側は庭園に面するガラス窓、一方は鏡張り、ル・ブランが弟子とともに四年の歳月を要した天井画など、宮殿建築の粋。

❷-2 近世住宅の定型としてのコールズヒル・ハウス

一般に近世になると田舎にある貴族の本邸、あるいは地主階級の邸宅をカントリーハウスと呼んでいる。貴族（nobility）[*7]とは一般に、一万エーカー以上の土地を所有している地主を指している。貴族は自分の土地に荘園を営み、マナハウスを建てて生活の本拠としていた。戦いに明け暮れていた中世の荘園におけるマナハウスも、近世の平和な時代の到来とともに館から防備の姿が消えた。こうしたカントリーハウスの中でもとくに立派なものをグレイトハウスと呼ぶこともある。

しかし近世における貴族の生活は、カントリーハウスで過ごせるのも一年の半分程度で、あとはロンドンにもう一つ住まいをもつことになる。都市に設けたほうの住宅がタウンハウスであり、自分の荘園内に在るほうの住宅がカントリーハウスと呼ばれるのは対比語的にもうなずけるが、いずれにせよイギリスの貴族がもつ二つの住宅をワンセットと考えたい。

地主階級は新しい時代の中でますます発展して上流社会の中での地位を築くと、過度な作画的手法による住宅に疑問をもち、機能的であった以前の住宅を再評価して、エリザベス朝の使いやすい間取を生み出し、時代の社会的風潮を反映した

*7・イギリスにおける階級は土地所有の大きさにより、一万エーカー以上の土地を所有する地主が貴族（nobility）、三〇〇〇エーカー以上の地主がジェントリー（gentry）、一〇〇〇エーカー以上の地主がスクワイアー(squire)、それ以下の土地を所有している自作農がヨーマンリー(yeomanry)、自分の土地を所有していない小作農がペザントリー(peasantry)に区分されていた。

近世的な住宅の定型を完成させた。一七世紀中葉、イギリスのバークシャーに建てられたジョージ・プラット卿（一六二〇〜八六年）のコールズヒル・ハウスは、近世住宅の典型的な構成といえる［図23］。

団結を重視した中世における君臣一体の生活は、主人とその家族や来客も、家臣や召使などの使用人とも互いに生活空間の中で接触していた。しかし近世になると、主人家族や来客との社交空間では洗練された美しさをモットーとするため、召使などの使用人が目に入ることは許されず、間取の構成にも明確に現れてきた。こうした近世的住宅の定型の完成は、中世に生まれた君臣一体の関係がもはや完全に終わったことを意味している。

台所などの労働の場所をはじめ、召使の空間は地下に分離し、採光を取るために半地下としてドライエリアから太陽光を可能にした。すなわち、地盤面から階段で半階分下がれば使用人の地下空間へ、同じく階段を半階分上がればこの家の最も華やかな一階の社交空間へと導かれる。正面の階段は、上がるか下がるかによってまったく別の世界が待っている近世の象徴的な存在でもあった。

また、コールズヒル・ハウスは、中央に吹抜けのホールを設け、玄関を入ると主人家族と来客が使用する一、二階だけをつなぐ、立派な主階段があるほか、これとは別にもう一つ使用人のため、地下仕事場から屋根裏の寝室までつなぐ裏階段がある。使用人が主階段を使用することは許されず、主人や来客と召使などの使用人が出会うことのないように動線が明確に分けられ、近世を特徴付ける間取が確立した。また前時代には見られなかった中廊下の採用は、部屋の中を通らずに両側の各室に入ることができる。

すでに述べたとおり、中世において家の中心的存在であったホールが玄関ホールとしての機能に留まり、一番大きな部屋はホールではなく、グレイト・パーラーになっていることがこの平面からもわかる。かつては奥まったところにあった一階のグレイト・パーラーと、その上の

図23　コールズヒル・ハウス。ロジャー・プラット卿設計、バーク州、イギリス、一六六二年　①平面図。②外観。③主階段。作画的手法による住宅に疑問をもち、エリザベス朝の使いやすい間取で構成された近世住宅の典型。（一九五二年焼失）

①

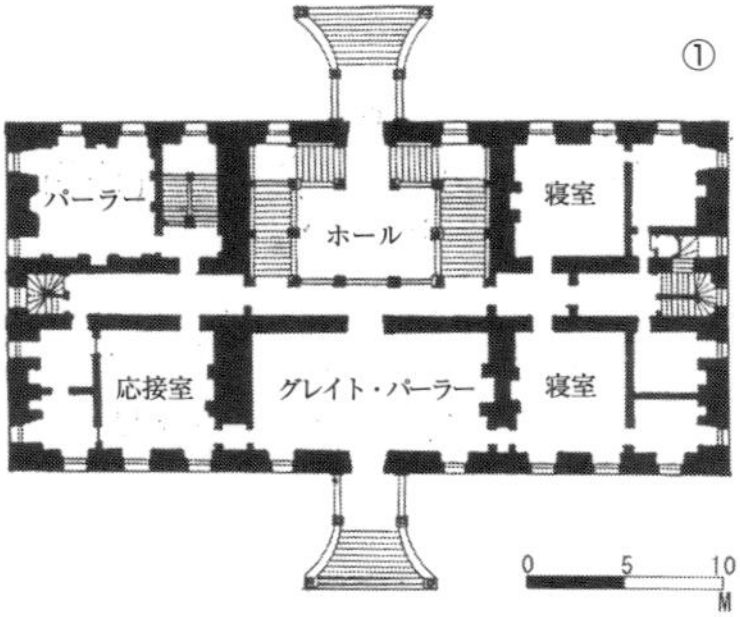

②

③

広間が、建物の中央に配されている。

チャールズ一世の妃がフランス生まれであったため、この頃フランスで新しい接客空間であったサロンがイギリスにも導入され、イギリスの上流階級の間に広まった。コールズヒル・ハウスでは、グラン・サロンではなくグレイト・パーラーと呼ばれているが、先のヴォー・ル・ヴィコント邸における玄関と主階段の大きさや位置関係に注目して見れば、その影響は明らかであり、設計者プラットがフランスで建築を勉強していたことも無関係ではあるまい。

コールズヒル・ハウスの外観は、内部に設けられた壮麗な大階段とは対照的に、隅部の石積み、軒のコーニス、玄関周りを除けば、壁面も単純で華美に走らず、完成度の高い古典様式の建物である[*8]。

*8・ロジャー・プラット卿設計のコールズヒル・ハウスには、イギリスにおいて活躍が顕著であった建築家・クリストファー・レン（一六三二～一七二三年）の影響が見られる。そのため以前は一七世紀前半にパラーディオ風古典主義を展開したイニゴ・ジョーンズ（一五七三～一六五二年）の作品と伝えられていた。しかしレンは住宅建築を手がけておらず、レンのスタイルの住宅建築を確立した建築家はロジャー・プラットとヒュー・メイ（一六二二～八四年）といわれている。

❸ 都市型住宅の形成

❸-1 テラスハウスの誕生

イギリスにおいて支配者は城館中心の生活が長く続き、領主としての性格が強かった。したがって上流階級は近世に入ってからも都市のタウンハウスに住むことを好まず、郊外のカントリーハウスでゆったりとした生活をしていた。すなわち、近世初頭のイギリスにはまだ都市貴族が誕生していないため、田園貴族だけが存在していた。

しかしイギリスは一七世紀にインドを植民地として支配下におくことに成功し、一八世紀には自動織機、蒸気エンジンなどの発明により、世界に先駆けた産業革命とその変革による資本主義の急速な発展を成し遂げていた。このため、社会の中枢機能が都市へ集中し、人口もまた都市へ集中して田園貴族であった支配者たちも、都市に居を構えて都市生活を営む必然性に迫られた。

長い間郊外の広々とした館を営む伝統をもったイギリスの貴族にとって、都市の中で狭小な住宅に住むことは、彼らの気位が許さなかった。その結果、はじめて集まって住むことのメリットが注目された。それは個別にもつことのできない贅沢な施設も、共有することによって可能になること。また数戸、十数戸、数十戸集まることにより、大きな宮殿のような建物に住めるという精神的な満足であった［図24］。こうした状況下にあって、テラスハウスと呼ばれる新しい都市型住宅が上流階層に受け入れられ、首都ロンドンにおいて誕生した。

テラスハウスは一七世紀の後半に誕生し、一八世紀から一九世紀はじめにかけて、首都ロンドンを中心に数多く建てられた。時期がジョージ王朝（一七一四～一八三〇年）であったことから、テラスハウスをジョージアン・タウンハウスあるいはジョージアン・テラスとも呼んでいる。

テラスハウスの注目されることは、これらの建物の多くが、上は貴族から下は職人に至るまでの投機家による建売り分譲住宅であったことである。投機といえども土地は国王のものとされているため、土地付きで売買するわけではない。広大な土地を所有する貴族たちは、その土地の継承が保証されている代わりに、この土地を

図24　ガンバーランド・テラス。ジョン・ナッシュ設計、ロンドン、イギリス、一八二六～二七年　五つのブロックから構成され、全長二〇〇メートルに及ぶ大規模建築。両端のブロックをアーチ門でつないで通路とし、中央のブロックに一〇本のイオニア式円柱を建てたモニュメンタルなテラスハウス。

売却することもできず、これを何らかの形で運用することを望んでいた。

サザンプトン伯爵が投機の対象として造ったブルームズベリー・スクエア（一六六一年）や、セント・オーバンズ伯爵のセント・ジェームズ・スクエア（一六六七年）などは一七世紀の代表的なテラスハウスである［図25］［図26］。

ところでこのテラスハウスの特筆すべきことは、四角い広場（スクエア）や三日月形の広場（クレセント）、あるいは円形広場（サーカス）を連続住宅が囲むもので、テラスハウスがこれらの広場と対応して一つの街区を構成する単位と見なせるところにある。広場の性格は異なるが、フランスのパリにおいてプラス・ロワイヤル（後のヴォージュ広場）が一七世紀初頭にすでに完成しており、この手法がロンドンの広場に継承されて発展した最初の例がコベント・ガーデンとされている［図27］。

ベッドフォード伯爵から設計を依頼されたジェーム

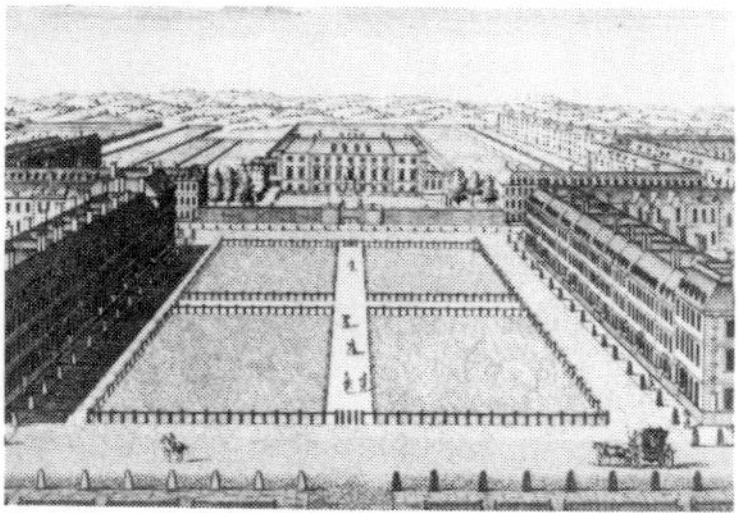

図25
ブルームズベリー・スクエア。ロンドン、イギリス、一六六一年　サザンプトン伯爵により投機の対象としてつくられたテラスハウス。画は一八世紀中頃に描かれたものである。

図26
セント・ジェームズ・スクエア。ロンドン、イギリス、一六六七年　オーバンズ伯爵による一七世紀の代表的なテラスハウス

ズ一世の宮廷建築家イニゴ・ジョーンズ（一五七三〜一六五二年）は、住宅を広場の北と東に配し、西にセントポール寺院、南にベッドフォード伯爵家の庭園が面するように計画した。自分の屋敷の庭園側に広場を設けることで、他の建物によって眺望を妨げられることを避け、さらに広場の両側にもテラスハウスを造って財源とすることが一般的であった。しかし都市化が進行すると、庭園側にもテラスハウスを設けたために広場はかこまれることになる。後にこれを範としてベッドフォード・スクエアなど、ロンドンには四角い広場の周りを連続住宅が囲むスクエアが次々と誕生した。［図28］。

この頃から首都ロンドンに次々と建てられたテラスハウスの典型を見ると、庭園は周囲の居住者たちの専用で、周りに

①

②

図27

コベント・ガーデン。①俯瞰図。②一階アーケード。イニゴ・ジョーンズ設計、ロンドン、イギリス、一六三〇年　ベッドフォード伯爵の依頼をうけた建築家イニゴ・ジョーンズは、すでに一七世紀初頭に完成していたフランスのパリにおけるプラス・ロワイヤルの手法を、ロンドンの広場に継承して発展させ、広場に面する一階にアーケードをめぐらせた。これを範としてベッドフォード・スクエアなど、ロンドンには四角い広場の周りを連続住宅が囲むスクエアが次々と誕生した。

鉄柵をめぐらせ、居住者だけが柵の扉の鍵をもっていた。

すでに述べたように、テラスハウスは投機の対象であったことから、街路に面してできるだけ多くの住戸を建設するため間口が狭く、奥行の深い敷地となっている。

一般的なテラスハウス一住戸分の間口は、フランスのモンパジェの街で中世に行った敷地割り以来伝統的に七・三二メートル（二四フィート）が適用されてい

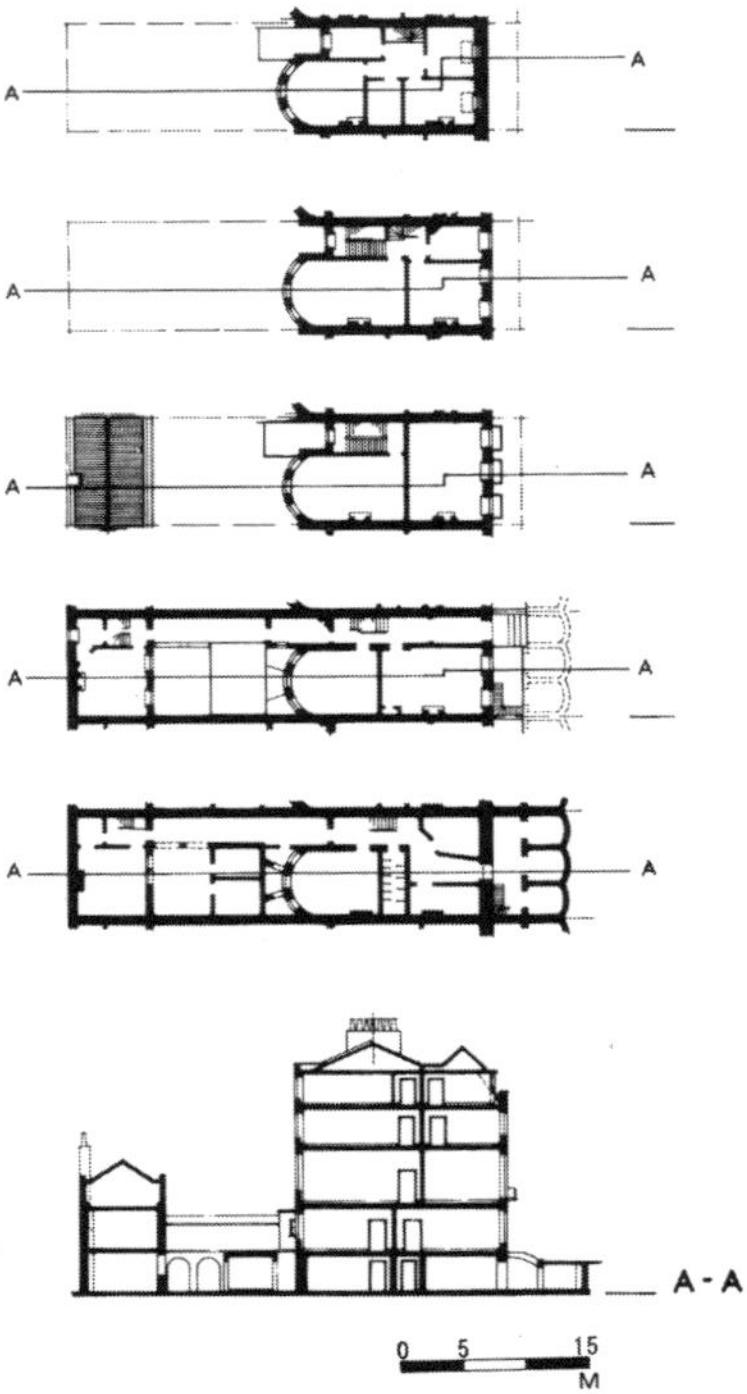

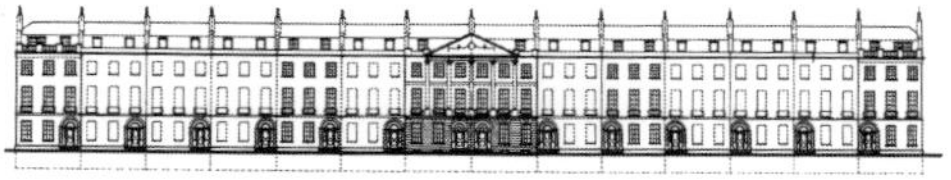

図28 ベッドフォード・スクエアのテラスハウス。イニゴ・ジョーンズ設計、ロンドン、イギリス、一七七五年

るが、ロンドンにおける狭い敷地割りには特別の意味がある。郊外の広々とした館に住み慣れた田園貴族もロンドンに居を構える必要性に迫られたとき、彼らの支配者としての理想は今まで住んでいたような一戸建ての住宅であった。しかしそれが首都ロンドンにあっては到底不可能なことであるため、新しい住宅においては、間口を節約し、幅が狭くてもよいから自分たちの独立性だけは確保しようとしたのであった。その結果、幅を狭くした分だけ上のほうに伸びて数階建ての住宅になるが、集合住宅でありながらも自分たちの頭上に他人が居住することなく、地階から屋根裏部屋までを一住戸とする新しい都市型住宅を誕生させたのである。言い換えればテラスハウスには、集合住宅にあってなおも一戸建て住宅の独立性を墨守している姿が見られる。

テラハウスの前面道路側は、地下室の採光と通風を得るためにドライエリアを設け、その上を陸橋のように数段の階段を上がるだけで一階の玄関に入れる。ドライエリアと街路の境界には装飾のある鉄柵が設けられ、その一部は扉となって地下室出入口があるドライエリアに降りられる［図29］。

また前面道路の歩道の下は、専用の倉庫としてドライエリアから使うように計画されている。これは主として一六世紀以来の燃料源であった石炭庫で、その真上に

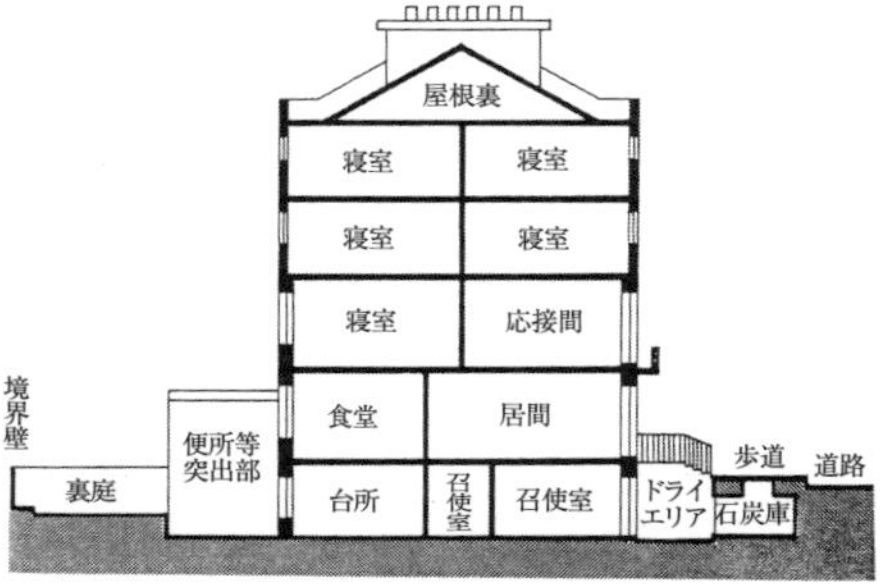

図29

テラスハウスの基本形　テラスハウスの特色はその縦断面にあり、半階上がれば一階で、半階下りれば地階となる。またテラスハウスの基本形は、地下階の床面が一般床面より一メートルほど低くなるように掘り下げ、掘った土を前面の街路とその前にある共同の庭園広場に盛り土する。この盛り土によって、前面道路側を元の地盤面より一～一・五メートルほど高くする。この結果地下階は、前面道路側から見れば二～二・五メートルの差がつく一方、裏庭側から見れば一メートルほどの差であり、地下室というより一階の感じが強い。

図30

前面道路側のドライエリア　前面道路の歩道の下は、専用の倉庫で、一六世紀以来の燃料である石炭庫としてドライエリアから使うように計画されている。

図31

テラスハウスの一住戸分　テラスハウスの一住戸分の幅は窓三つ分で、地下から最上階までが一住戸単位である。

はマンホールが設けられており、歩道から石炭を投入する仕組みになっている［図30］。

典型的なテラスハウスの平面は、主屋を敷地の前面街路側に建て、後に各個人の裏庭を設ける。大規模なものではこの裏庭の後方に、馬屋、馬車入れ、御者の住まいからなるミューズと呼ばれる建物が造られた。

テラスハウスの一住戸分の幅は窓三つ分で、地下階から最上階までが一住戸単位である。玄関を入ると、間口の三分の一の幅を玄関ホール、廊下、階段室に当て、間口の残り三分の二の部分を前後二つに分けて使っている［図31］。

各室の配置は、地下階に厨房、食品庫、ワイン貯蔵庫、配膳室、洗濯室。一階に玄関、食堂と応接室。二階が居間。三階は個人の寝室、最上階に使用人室、倉庫となっている。また、立面にギリシア・ローマの建築のオーダーや装飾を用いた古典主義を原則とすることも大きな特色であり、これには一六世紀イタリアの建築家アンドレア・パラーディオ（一五一八～八〇年）のデザイン手法によるところが大きい。イギリスにパラーディオの建築理論を最初に紹介したのは、コベント・ガーデンの設計者でもあるイニゴ・ジョーンズであったが、パラーディオの比率に基づいて注意深くデザインされ、いずれも宮殿のような外観を造り上げている。

❸-2

テラスハウスからローハウスへ

一八世紀にはいるとテラスハウスも一般化してますます発展する。ロンドンの中心部から西へ約一六〇キロメートルに位置するバースは、温泉を中心とした小さな保養地であったが、一八世紀に大規模な都市計画が行われた。

初めに、ジョン・ウッド（父）の設計により、四角い広場を囲む連続住宅クィーン・スクエアが完成した。そしてその北側に円形広場（サーカス）およびこれを囲む三三戸の連続住宅が、そしてその西側に引き続きジョン・ウッド（子）の設計になる三日月型広場（クレセント）とこれを囲む三〇戸の連続住宅ロイヤ

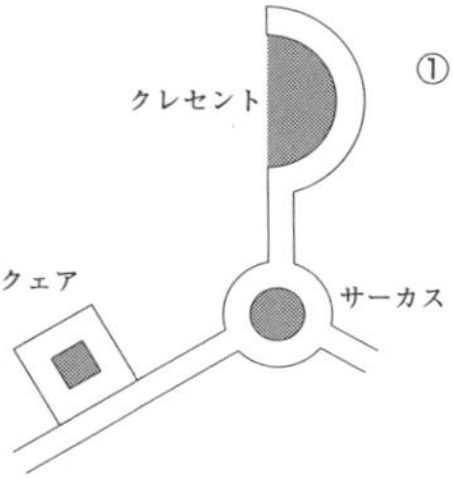

①

②

③

④

⑤

図32 ジョン・ウッド父子設計によるバースのテラスハウス。①配置図。②俯瞰。③外観。④⑤室内　イギリス南西部の街バースにおいて新しい都市景観が生まれた。まずジョン・ウッド（父）による四角い広場を連続住宅が囲むクイーン・スクエア（一七二九〜三六年）が造られ、次に円形広場・サーカスとこれを囲む三三戸の連続住宅（七五四年着工、途中で死去し、子が引継ぎ完成）が、そして三日月型広場・クレセントとこれを囲む三〇戸の連続住宅ロイヤル・クレセント（一七六五〜七五年）がジョン・ウッド（子）によって創り出された。

ル・クレセントが建設された。これらはウッド父子の代表傑作であるのみならず、テラスハウスが充実・発展した姿を見せている［図32］。そしてこれらの連続住宅は一九世紀のパーク・クレセントをはじめ、後に多くのテラスハウスの規範となっている。

『クリスマス・キャロル』などで著名なイギリスの代表的小説家、チャールズ・ディッケンズ*9の居宅「THE DICKENS HOUSE」がロンドン市内に残されている。豪華ではないが、むしろ一般的な市民が住んでいたテラスハウスの典型と見てよいであろう。玄関を入ると右一列が廊下と階段で左側に各階前後二室。一階は手前が食堂、奥がモーニングルーム。二階は手前に応接間、奥がディッケンズの書斎。三階は寝室が二つで、ドレッシングルームがついている手前の部屋をディッケンズが使用していた。その他半地下に洗濯室があるなど、石炭庫や庭の関係も典型どおりである［図33］。

*9 チャールズ・ディッケンズ、一八一二〜七〇年、イギリス生れの世界的に著名な小説家。『クリスマス・キャロル』（一八四三年）、『二都物語』（一八五九年）、『大いなる遺産』（一八六一年）など多くの作品を残した。

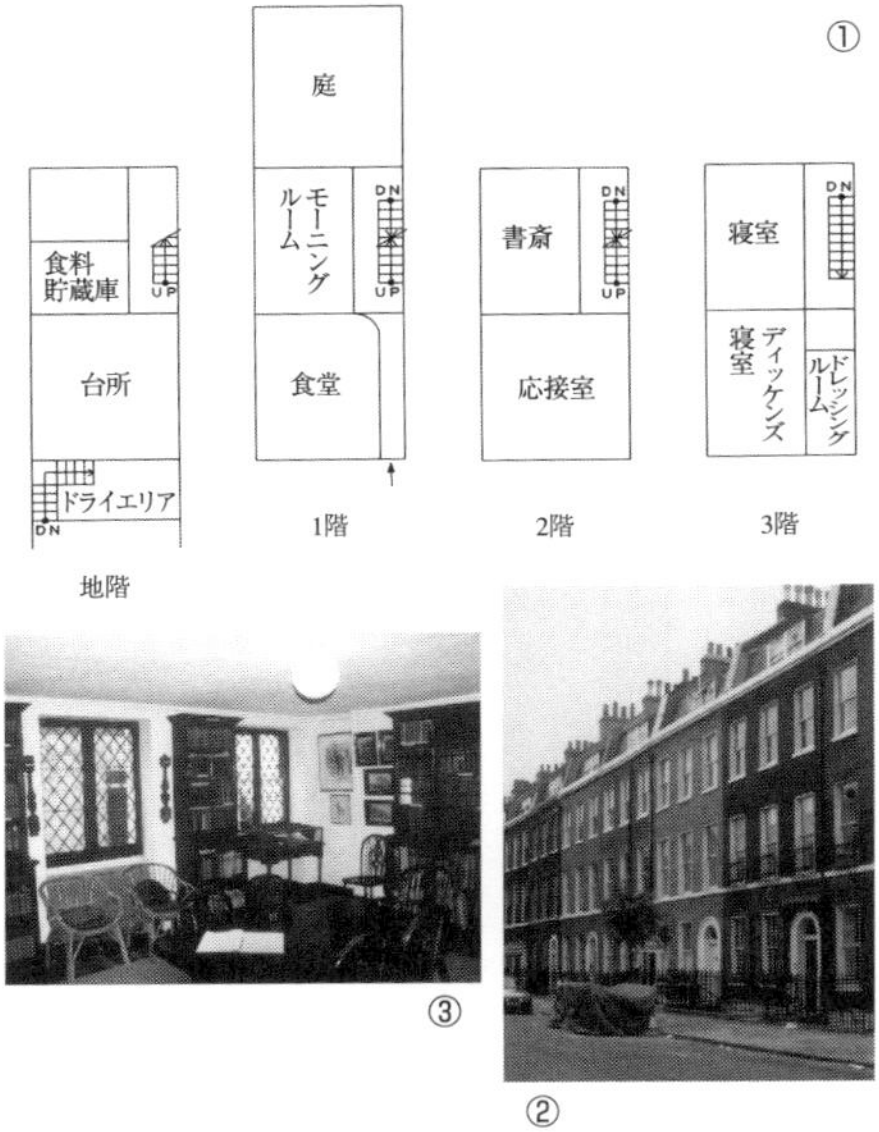

図33 ディッケンズ・ハウス。ロンドン、イギリス、一九世紀前半 ①平面図。②外観。③室内。著名な小説家チャールズ・ディッケンズの住まいは、典型的な中流テラスハウスの好例である。（右から二つ目の玄関扉より窓二つ分、淡い色の住戸）

初めは新しい都市計画の次元で考えられていたテラスハウスも、一八世紀の後半から一九世紀にかけては、都市への急激な人口集中に対して住宅の建設が間に合わなくなり、質の高い従来のテラスハウスが減少しはじめた。テラスハウスの最大の特色である縦断面に見られたシステムは、この質から量への変遷期以後、今日まで二度と造られることはなかった。

まず街路下に設けられていた石炭庫が、そしてドライエリアが失われ、次いで裏庭がだんだんと縮小化され、ついに消滅すると二棟が前後に接続し、一九世紀の工業労働者用住宅に見られる背中合せ(back to back)の建物になる。こうした亜流として劣悪化の中から生まれてきた

①

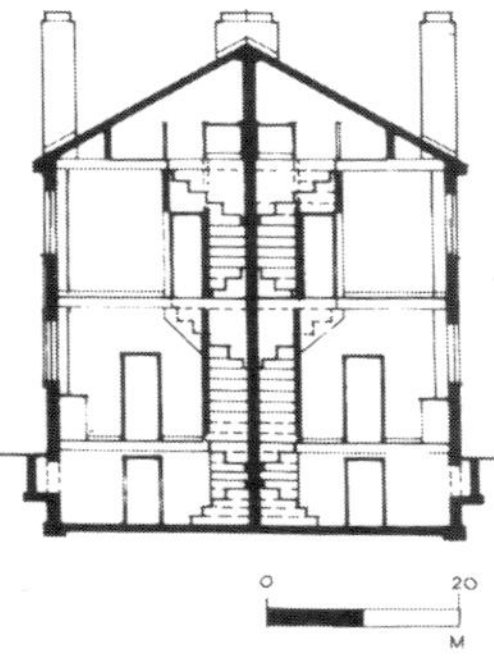

②

③

図34
一九世紀の工業労働者用住宅。①断面図(地階がない場合もある)。②外観。③全景俯瞰。リーズ、イギリス、一九世紀
テラスハウスにはじまったロウハウスの系列も多様化し、一九世紀になると急増する工業労働者用住宅として、より能率よく収容できる「バック・トゥ・バック(背中合せ)」と呼ばれる程度の低い住宅が建てられた。

ものは、もはやテラスハウスとは関係ない［図34］。このように都市域の拡大は、都市の住宅の量的な拡大にとどまらず質的低下を招いた。こうした中で、労働者のための改良住宅の試みとしてより能率よく収容できる集合住宅が開発された。この低所得者のための集合住宅はワーキングクラス・フラットと呼ばれ、後のイギリス公営住宅の基本となるものであった。

しかしこのテラスハウスの出現は、以後二〇〇年にわたりイギリス国内はもとよりアメリカにおいて、「列」のように並ぶ都市型住宅の典型である「ローハウス」を生み出すことになった。そしてこれはロンドンと同様に今日なおシカゴやニューヨークにおいても一般的な都市の街並みを構成している［図35］。

一九世紀初頭のニューヨークにおける典型的なローハウスの一住戸を見ると、台所や家事労働の空間を半地下階にとり、ドライエリアから採光しているが、この手法は近世の都市型住宅に共通して見られる。そのドライエリアの上を数段の階段で半階分上がって玄関を入ると、廊下に面してフロントパーラーとバックパーラーからなる前後二つの部屋がある。それぞれ応接室と食事室として使われるが、部屋の間仕切りは壁ではなく扉が両側に引き分けられ、一つの広間にもなる。実利的ともいえるが、上流階級の社交空間への憧れの名残りといえないこともない。二、三

図35
「列」のように並ぶ都市型住宅ローハウス。シカゴ、アメリカ、一九世紀初頭　一七世紀にロンドンに誕生したテラスハウスは、「列」のように並ぶ都市型住宅「ローハウス」として広く普及し、一九世紀ニューヨークやシカゴなどアメリカの都市でも一般的な都市住宅となった。

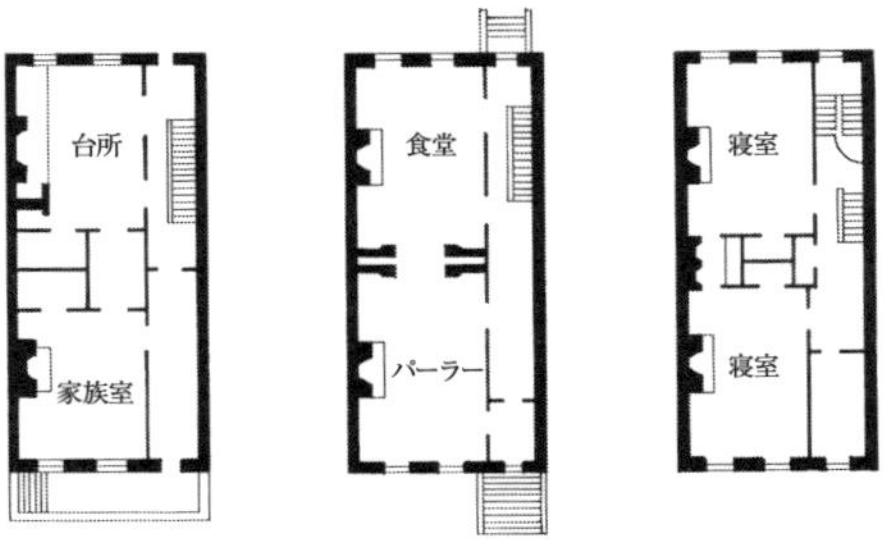

図36　ローハウス平面図。ニューヨーク、アメリカ、一九世紀初頭
前後に二つの部屋が配される平面は、基本的にロンドンのテラスハウスを祖形とする都市住宅であるが、二部屋の食堂とパーラーを一つの大きな部屋にする考え方には、先のアーギル・ハウスの平面構成が受け継がれている。

①
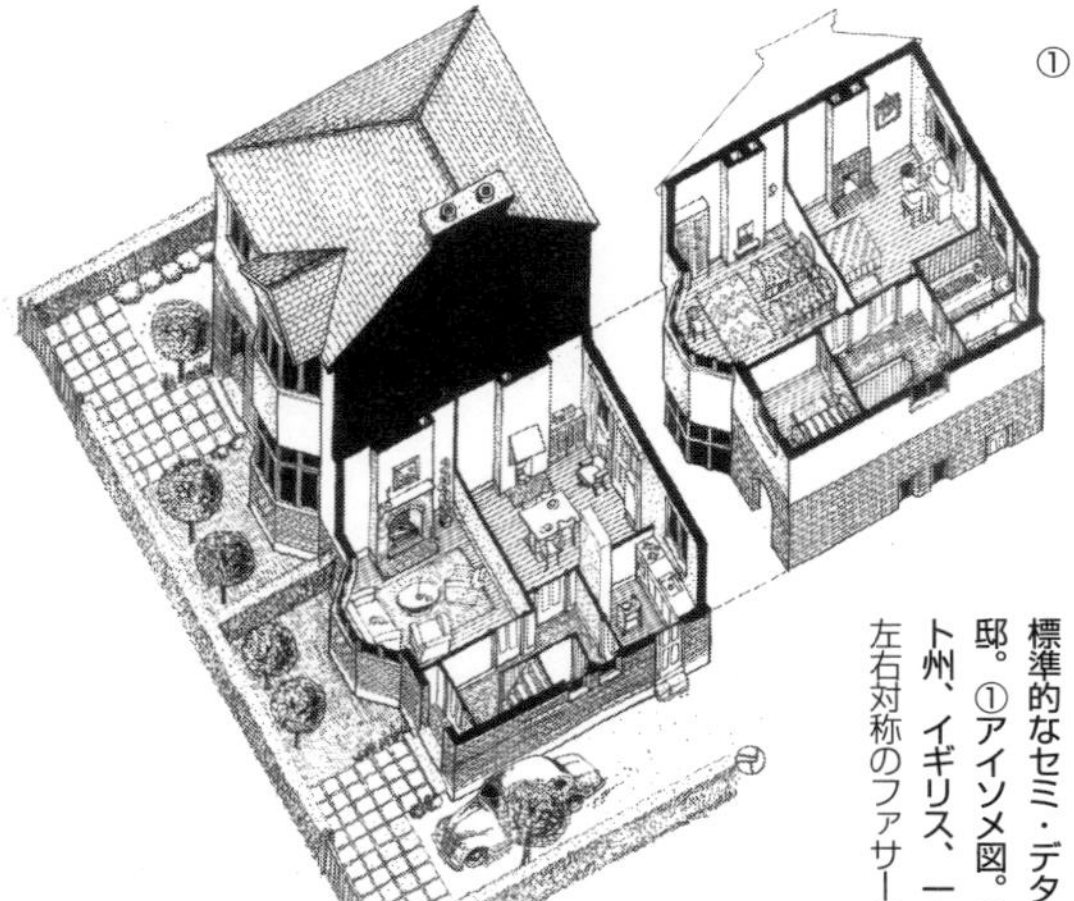

②

図37　標準的なセミ・デタッチド・ハウス、アンショウ邸。①アイソメ図。②外観。オーピントン、ケント州、イギリス、一九世紀
一戸建てにも見える左右対称のファサードになっている。

階は二つの寝室からなるが、両室の間に押入や洗面化粧室が巧みにレイアウトされている。こうしたローハウスは、ロンドンのテラスハウスを祖形とする市街地住宅の構成原理と基本的に同じである［図36］。

一方、都心から離れた郊外や田園においては戸建住宅が建てられた。中でもセミ・デタッチド・ハウスと呼ばれる二戸建て住宅はイギリスの郊外住宅を特色付けるもので、一九世紀以後、今なお一般的なイギリスの郊外住宅としても数多く建設されている。その立面は二戸建てでありながら一戸建てに見え、道路から玄関までの小さな前庭と、建物の後ろ側に専用の庭が設けられる［図37］。

❸-3

新世界アメリカの住宅 ―入植者たちの住宅―

ヨーロッパの人びとは、アメリカ大陸が発見されると次々と入植、移民して植民地（コロニアル）を築き、各国の文化や伝統を基にアメリカの風土に合わせて改良した住宅を作っていった。しかし大陸には、それよりはるかに前から先住民たちの住まいが作られていた。

紀元前三〇〇〇年頃、地面を掘って屋根を被せる竪穴住居系の家が造られていたとされている。いずれにせよ多くの民族、部族がそれぞれに材料を選び、工夫して住まいを築いてきたに違いない。そしてはじめに造られたときから何百年の間に発展はあるものの、少なからず面影をとどめたままのものも存在している。

プエブロと呼ばれる先住民の集合住宅は、一～二世紀頃から今日まで基本的に変わっていない。渓谷などの高い崖の上に集落をつくり、住宅全体が砦のように防御的で、高所から投石して闘うものであった。初期には屋上へ梯子で上がり、敵に備えて梯子を引き上げ、屋上に設けられた開口にその梯子を差し入れて家の中に降りていた。基本的に一室であるが、全体は大きく増設されたものも少なくない〔図38〕。

また大平原に住む遊牧の先住民は、丸太を組み野牛の皮を被せた円錐形のティピーを用いた。解体すれば半円形につなぎ合わせた皮に骨組の丸太を包み込みそりで曳いて移動する。また外皮には部族によってそれぞれ意味のある絵が書かれた。内部は円形の一室で中央に炉があり、新しいものは上部の煙出し穴の通風を調節することができる〔図39〕。

アメリカ大陸発見以来、植民地としての活動が本格化するのは一七世紀以降であるが、最も早い時期の定住植民地は、一五六五年にスペイン人がフロリダのセント・オーガスチンに築いた開拓地であった。また一六〇七年には一〇五人のイギリス人が東海岸に着き、川を上って定住地の建設を始めた。ジェームズ・タウンである〔図40〕。そして一六二〇年一一月にはメイフラワー号により一〇二人の清教徒が北部のニューイングランドに入植し、まず手近な材料を用いて丸太と草葺の仮小屋

図38

プエブロの集合住宅。七世紀頃〜集合住宅であるが、要塞風に防御となるように集まって住んでいる。強い日差しを遮るために窓は小さく、室内へは屋根から梯子で出入りする。また建物は屋根にたまった雨水を樋で排出して下で受ける集水装置がある。

図39
ティピー。一二世紀頃～　平原に住むアメリカ先住民の住まいで、移動住宅として、その機能性、経済性に優れている。多くの場合ティピーを建てるのは女性の仕事であった。

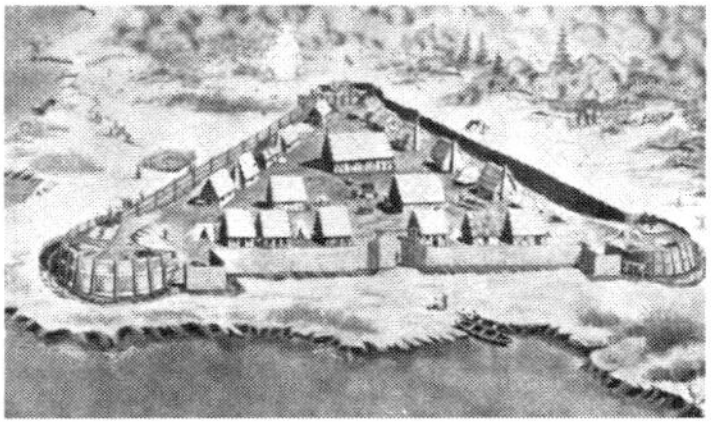

図40
ジェームズ・タウン。一六二五年　初期の移住者は、農業も住宅づくりも失敗を繰り返した。その後先住民からの防御のため、三角形に木の柵を設け、中には五〇戸の住宅のほか、教会や倉庫などが設けられた。柵の外には畑が造られて農業が営まれた。

を造ったが、とうてい寒さに耐えられるものではなかった［図41］。その後イギリス人は植民地をニューイングランドからペンシルベニア、ヴァージニア、南北カロライナなど東海岸一体に拡大していった。

またオランダ人は一六二六年、ハドソン河口のニューアムステルダム（現ニューヨーク）に植民地を築き、ハドソン川沿いに広がりを見せ、同様にドイツ人、フランス人など次々と移住してきては植民地を築いていった。

一般に、東部の植民地（コロニアル）時代は一七七六年の合衆国独立宣言をもって終了する一方、西部の植民地時代は一八五〇年頃まで続いた。これらのコロニアル時代の住宅の総称が「コロニア

図41
藁の家　移住者は上陸すると、とりあえず得やすい材料と簡単な工法で仮小屋を建てた。しかしそれでは寒さに耐え得るものではなく、多くの犠牲者を出した。

ル住宅」である。

植民地における初期の住宅の多くは一室だけの粗末なものであった。中でも厳寒のニューイングランドに入植した清教徒たちは、木造草葺きの三〇平方メートル程度の家を建てて越冬に備えたが多くの犠牲者を出し、耐寒的な家づくりの工夫が始まった［図42］。

多目的なホール一室の住宅に機能分化からもう一室加わって出来たホールとパーラーという二室を原型として、その上に二室の寝室を設けた二階建てが、イギリス系コロニアル住宅の基本形になる[*10]。さらに切妻の一方の平側を全幅でのばし、下屋を付加して居室を設けた住宅形式はソルトボックス呼ばれ、広く普及した［図43］[*11]。

一八世紀に入る頃には植民地の生活も安定し、街も出来、各地域においてそれぞれ母国の伝統を基盤としながら、アメリカにおける新しい住宅が造られた［図44］。東海岸では合衆国独立の頃まで、イギリス系コロニアル住宅であるジョージアン様式が、アメリカの広範囲に数多く普及した[*12]。ジョージアン・スタイルのコロニアル住宅も地域によるデザイン上の差異はあるが、共通して玄関扉上部に三角、円弧などのペディメントが見られる［図45］。

図42

イギリス系初期移住者の一室住居。マサチューセッツ州、アメリカ、一六二二年　初期の木造・草葺き屋根の住宅は、床も土間のままの粗末なものであった。

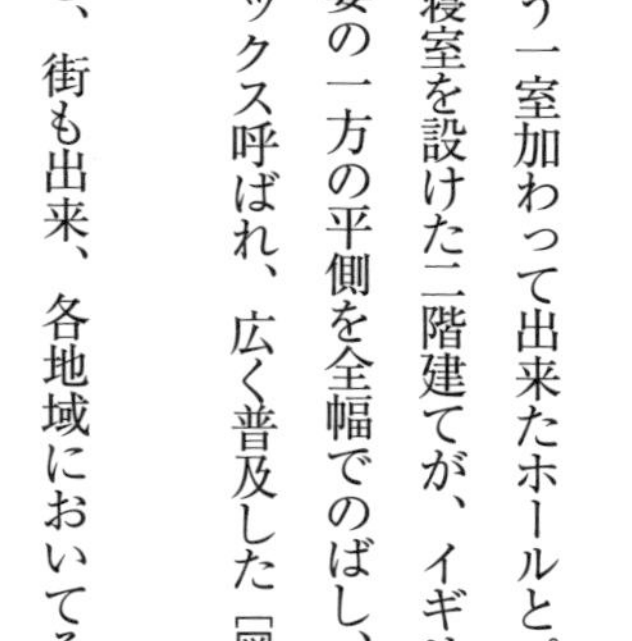

*10・八木幸二『アメリカの住宅建築I』、講談社、一九九四年、四三頁。

*11・ソルトボックスは下屋部分の外観が、中世の壁に掛ける「塩入れ箱」の形に似ているための呼称。

一八世紀後半になると合衆国の独立に伴い、今までのジョージアン・スタイルと違うものが求められ、一九世紀前半まではフェデラル・スタイルと呼ばれるギリシア・ローマ建築に規範をおき、玄関前に円柱付きポルティコのある古典的なものが好まれた［図46］。そして一九世紀は急勾配な破風と破風飾りが特徴のゴシック風な

＊12 ジョージアン様式はイギリス本国の時代区分、ジョージア期（一七〇二～一八三〇年）。一般にイギリス本国の様式がアメリカで普及し、その様式名が冠せられる場合、時間的にずれ（遅れ）が生じる。

図43 ソルトボックス・スタイルの住宅。コネチカット州、アメリカ、一六七〇年 二階建ての背後に平家を付け加えて、屋根を葺き降ろした形で、南に多く窓を取り、寒い北風は屋根を吹き上げて通り過ぎる。

図44 オランダ風コロニアル・スタイルの住宅。ニュージャージー州、アメリカ、一六七〇年 オランダに限らず、ドイツ風など、材料も構法も異なるが、いずれも母国での知識を生かし、入植地の気候風土に合わせて工夫した。

図45 ジョージアン・スタイルの住宅。ペンシルヴァニア州、アメリカ、一七六七年 イギリスのジョージア期（一七〇二～一八三〇年）にちなみジョージアン・スタイルと名づけられて発展した。機能的で普遍的なデザインであるため、アメリカ全土に見られるコロニアル住宅となったが、次第に大邸宅と結びつき装飾過多になっていった。

図46 フェデラル・スタイルの住宅。マサチューセッツ州、アメリカ、一八〇五年 ジョージアン・スタイルの対称性を維持しながら装飾が少ない古典的なものが好まれた。多くは玄関前の円柱付きポルティコが見られる。

どさまざまなリバイバルの時代であった［図47］。またゴシック様式の装飾部材が量産され、小住宅にも大工によって手軽に用いられたカーペンター・ゴシックは広範に普及した。こうした流行には、一九世紀半ばに登場したパターン・ブックによるところが大きい。パターン・ブックの出現は建て主にも大工にも便利な存在だったに違いないが、視覚的な情報を広範に伝え、その中から好みを選択するために、年代的にも建築様式史的にも乱れた状況が生じてきたことは否めない。

図47
ゴシック風スタイルの住宅　一九世紀は急勾配な破風と破風飾りが特徴のゴシック風など、さまざまなリバイバルの時代であった。

　一九世紀末から二〇世紀になると、装飾の豊かなヴィクトリアン様式がビクトリア女王の治世下のイギリスで始まり、一九世紀後半（一八四〇〜八〇年）にアメリカにはもたらされた。破風（ゲーブル）を繰り返したり壁面を突出させるなど装飾性の強い様式で、大富豪の豪邸にもてはやされた。また、派手な色彩と個性的な要素が商業性とあいまって都市住宅に導入された［図48］。

　一方開拓時代に屋根材として用いたシングル（小割板）を、屋根だけでなく壁面にも使用したシ

図48
ヴィクトリアン・スタイルの住宅。ゲイナー設計、カリフォルニア州、アメリカ、一八八四年　破風（ゲーブル）を繰り返すなど装飾性の強い様式で、大富豪にもてはやされる一方、都市型住宅にも導入され、派手な色彩と個性的な要素は商業性ともあいまって、サンフランシスコなどの街路に立ち並ぶ光景が見られる。

ングル・スタイルは、コロニアル住宅の原点を思わせる単純な美しさで、近代建築の理念につながるものがあった［図49］。またフランク・ロイド・ライトは、二〇世紀初頭からアメリカの大地における有機的な建築を模索し、プレイリー（大草原）・スタイルを経てインターナショナル・スタイルへと向かった。その一連の住宅の平面は暖炉を中心に横方向、あるいは縦横両方向に伸び、立面は深い庇や連続する窓によって水平性を強調した設計で、大地を這うような表現であった。代表作のシカゴのロビー邸は、キャンティレバーで持ち出された軒の陰影が、水平性をいかんなく発揮している［図50］。

もう一つ、近代以降の工業化への影響を考えるとき、アメリカの住宅史におけるツー・バイ・フォー構法は特筆に価する。

アメリカは東西に幅広い地形であるが、東に行くほど雨量が多く森林が繁茂し、豊富な木材ゆえに木造住宅が発達した。それに対して西へ行けば雨量は少なく、西海岸へ行くまでには砂漠地帯が

図49
シングル・スタイルの住宅・ベル邸。ミッキム・ミード&ホワイト設計、ロードアイランド州、アメリカ、一八八三年　開拓時代に屋根材として用いたシングル（小割板）を、壁面にも使用した素朴な美しさはコロニアル住宅の原点であるが、非装飾的で、近代建築の理念にもつながるものがある。

図50
プレイリー・スタイルの住宅・ロビー邸。フランク・ロイド・ライト設計、イリノイ州、アメリカ、一九〇九年　一九世紀アメリカの住宅はさまざまな様式の展開を見せるが、二〇世紀に向けてライトが提唱したプレイリー・スタイルを経て、インターナショナルなスタイルへと向かった。

存在する。

入植者にとってまだ大工などの専門職が存在していなかったため、家は自分たちで造るものであった。したがって技術を要する「ほぞ」加工をせずに釘打ちで家が造れること、すなわち非熟練工で家づくりが可能な工法のもつ意味は大きかった。

一九世紀に入ると産業革命の恩恵から、機械製材と釘の量産が軌道に乗り、時を同じくして移民の増大による住宅の需要が拡大した。それは家づくりと同時に木材の運搬能率が良い構法の開発をうながし、今日のツー・バイ・フォー構法の原型であるバルーン構法が完成する［図51］。やがてアメリカ全域の木構造は画一化され、一八四八年に始まるゴールド・ラッシュにより増大する住宅の需要にもこの新しい構法によって、応えることができた。そして簡素な木造住宅の表面に、様式建築の部材を量産して取り付け、ペンキを塗るアメリカらしい住宅が生まれた[*13]。しかし入植者によっては石や煉瓦などの伝統も受け継いだが、多くのコロニアル住宅はイギリスの伝統を踏まえてアメリカに根付いたものであった。

図51
今日のツー・バイ・フォー構法の原型「バルーン構法」
今日のツー・バイ・フォー構法を生み出したのは、アメリカ住宅の大きな特徴であるが、一九世紀初頭にその前身であるバルーン構法が考え出された。ここで初めて隅柱も梁もすべて二インチ材の組合せでつくられた。まだ間柱は通し柱であったが、後に改良されて今日のツー・バイ・フォー構法が完成する。後にアメリカ全土の木造の材が二インチに統一されていったが、構法の問題だけではなく、むしろ広いアメリカ国土内での運搬輸送の問題が大きかった。バルーンとは、従来の構法の壁に比べて、薄く、軽く、風船のように感じたからであろう。

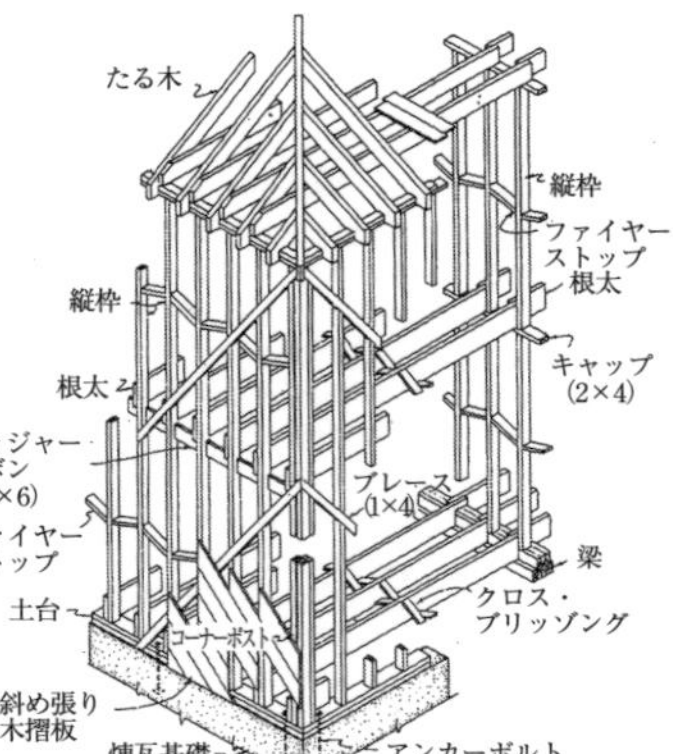

*13・八木幸二『前掲書』、四頁

❹ イタリア都市貴族の館・パラッツォ

❹-1 近世イタリア都市型住宅の萌芽とパラッツォの誕生

ヴェネツイアは商業都市として一二世紀頃から発展し、ほかのイタリア諸都市もまた、地中海貿易による商業資本主義を推し進めていた。したがって商業経済にたずさわる都市貴族と市民階級の力が増し、他国に先駆けて封建的支配を打破することができた。すなわち、イタリアは市民階級の台頭と資本主義の誕生によって、他国がまだ封建時代にある一四世紀末にはすでに絶対主義を迎え、いち早く中世から近世へと移行したのである。

近世の開幕を基盤としてルネサンスの文化が花開き、都市の街路には豪商たちの華やかな館が建てられた。豪商である都市貴族の館が「パラッツォ」すなわち「宮殿」と呼ばれたのは、いかに壮麗美なものであったかがうかがえる。パラッツォ・

palazzoの語源はラテン語のpalatiumで、ローマの七つ丘の一つ、パラティウムの丘にアウグストゥスによって宮殿が建てられたほか、皇帝の豪壮な邸宅が建ち並んでいたことにも由来する。

パラッツォに見る共通した建築的特徴は、直接街路に面して建つ三階建てでロッジアのある中庭があり、視覚的な安定感から上階ほど階高を減じたルスチカ仕上げによる外壁、古典様式で装飾され厳格な左右対称に整えられた外観。そしていずれの建物も建築家による芸術作品として評価されている。

コジモ・デ・メディチの居館と

①

②

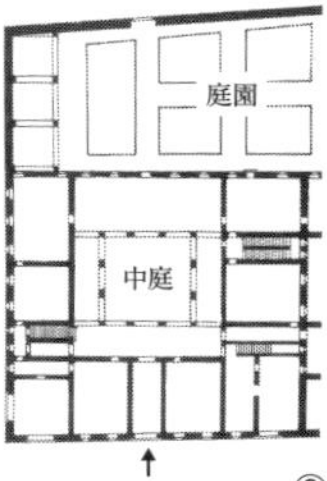

③

図52
パラッツォ・メディチ。①外観。②中庭。③平面図。ミケロッツォ設計、フィレンツェ、イタリア、一四四四〜五九年　メディチ家の住居であり、銀行の本店であると同時に寡頭政治の本山ともなった。

図53
パラッツォ・ヴェッキオ、アルノルフォ・ディ・カンビオ設計、フィレンツェ、イタリア、一二九八〜一三一四年　当初はギルドの集会場として市の政治の拠点であったが、一六世紀にメディチ家の宮殿となった。

して建てられたフィレンツェのパラッツォ・メディチは、はじめフィリッポ・ブルネレスキ（一三七七〜一四四六年）に設計を依頼したが、あまりにも華美であったため、市民からの反感を恐れてこの案をやめ、若いミケロッツオ（一三九六〜一四七二年）の地味な案を起用した［図52］*14。メディチは政敵が多く、開放的な中庭側と対照的にルスチカ仕上げの外壁は閉鎖的である。三層の積石は下ほど粗く、上層にいくにしたがって穏やかな仕上げとして大きなコーニスが付けられている。こうした強固さを表すトスカーナ地方の伝統的な外壁に、古典建築の様式を用いた邸館建築の最も初期の例である。メディチは敵が多い反面、街には粗末な服装で出るほか、街路に面する外壁には明かりや馬つなぎの金物を、また壁の下部には疲れた歩行者が誰でも休めるように造り付けのベンチを設けるなど、市民に対する気配りが行き届いていた。一六五九年にはこの建物をリッカルディ家が買い取り、一六八〇年に増改築して現在の姿になったが、一五三七年にコジモ一世が安全上の理由から、パラッツオ・ヴェッキオに移り住むまでメディチ家の邸館であった［図53］。

ところで、基本的に都市型住宅はコルテ型住宅（casa a corte）とスキエラ型住宅（casa a schiera）の二種類に分類され、これらは現在まで住宅建築の基本型と

*14 ブルネレスキは、自分の案が却下されたことに激怒し、模型を壊してしまったと伝えられている。そのためかメディチ邸原案は不明である。

して、都市の中に存続し続けている[*15]。「コルテ（corte）」とは、明かりなどを採るための中庭、あるいは建物間の小広場を意味、コルテ型住宅とは、一般的に間口一二〜一八メートル、奥行二五〜三五メートルの敷地を壁で囲み、その内側にコルテをとり、壁に接しながら建物を配置する住宅のことである[*16]。

コルテをもつ住宅建築は地中海沿岸地域に広く分布しており、一般に気候風土との関係から快適な居住性をもたらすことが知られている。しかし南北に細長いイタリアの国土に広く分布しているため、その起源は気候風土だけによるものとは言いがたい。ジャンフランコ・カニッジャは、コルテ型住宅が古代ローマ起源の都市に多く存在していることに着目し、古代ローマ時代のドムスが「中世的変容」を受けながらコルテ型住宅を形成した過程について解明している[*17]。ほかにもイスラムの影響を指摘する説もあり、さらにはスペインのパティオの形式から影響を受けた可能性も示唆される。

一方、「スキエラ（schiera）」とは、軍隊の部隊、集団、群れ、長い列などを意味する。スキエラ型住宅とは、間口が一般的に五〜六メートルと狭く、奥行の長い敷地の道路沿いに隣家と壁を共有しながら連続して並び、建物の奥が庭になっている住宅である[*18]。これは主に中世に形成された都市、あるいは古代ローマ起源の

＊15・陣内秀信『都市を読む・イタリア』、法政大学出版局、一九九七、四六〇頁

＊16・陣内秀信、『イタリア都市再生の理論』、鹿島出版会、一九七八、九四頁

＊17・ジャンフランコ・カニッジャ『都市の解読（*LETTURA DI UNA CITTA COMO di una Citta*. Como,Roma. 1963）

＊18・陣内秀信『前掲書』、鹿島出版会、一九七八、一〇七頁

都市でも中世に大きく変化した地区に分布している。都市の中で高密度な土地利用が求められるようになると、間口が狭く奥に長い地割りが出現する現象は必然的で、普遍的形式であるといえる。

パラッツォが富裕階層の都市型住宅として、そのファサードについてルネサンス的な要素から論じられることは多いが、その平面計画に関する言及は乏しい。各パラッツォの沿革を追うと、改築によって誕生したパラッツォとまったく新築によるものとがある。フィレンツェを代表するほぼ同規模のパラッツォ・ルチェライとパラッツォ・ストロッツィを比較してみる［図54］［図55］。

裕福な銀行家ジョヴァンニ・ルチェラ

図54 パラッツォ・ルチェライ。レオン・バッティスタ・アルベルティ設計、管理はロッセリーノ、フィレンツェ、イタリア、一四四六～五一年　古典の法則にならって、三種のオーダーを正面部分に用いている。

①

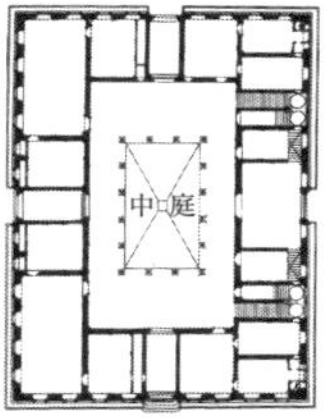

②

図55 パラッツォ・ストロッツィ。①平面図。②外観。ベネデット・ダ・マイアーノ設計、フィレンツェ、イタリア、一四八六年（彼の死後はクロナカが引継ぎ完成した、一五〇四年）フィリッポ・ストロッツィが二人の夫人と子供のために建てたといわれ、二つの階段を持った二戸分の計画になっている。パラツォ・メディチを意識した後期ルネサンスの作品。

イによるパラッツォ・ルチェライは改築されたパラッツォの好例で、複数のスキエラ型住宅を統合し、ファサードが取り付けられたものである。細長いスキエラ型住宅をいくつか統合することにより幅を広げ、内側に中庭を設けてルネサンス的なファサードを取り付け、大規模なパラッツォに改築する手法は他にも散見する。平面は併合された既存の間取に影響され、入口からの通路が中庭の回廊に突き当たって折れ曲がり、五角形の平面になるにもかかわらず、ファサードは完璧な幾何学的な対称形が要求される。この時代のパラッツォに最も求められていた重要な要素はファサードであったことを物語っている。パラッツォ・ルチェライはレオン・バッティスタ・アルベルティ（一四〇四〜七二年）が設計し、古典の法則にならって三種のオーダーを三層に重ね、市街地におけるファサードの設計原理を確立し、同時にこの建物の設計に当たり、設計と施工を分離する近代的な方法も確立した。

パラッツォ・ストロッツィは、パラッツォ・ルチェライとは対照的にナポリからフィレンツェに戻った裕福な銀行家フィリッポ・ストロッツィの新築で、既存の住宅に影響されることなく、ファサードのみならず平面においても正確に対称性が守られている。全体の平面は長方形で中央に中庭と回廊が配置されるロの字型平面で、四方すべての立面の中央に出入口がある。幾何学的な間取とルネサンス的なファサードでありながら、日常生活と商業活動の場が機能的に計画されており、住宅建築としても優れたパラッツォである。

このようにルネサンス期を代表する二つのフィレンツェのパラッツォを比較すると、一見しただけでは分からないが、そこにはおのおの建設されたときの経緯が影響している。

フィレンツェには、他にも大規模なパラッツォ・ピッティ（Palazzo Pitti）などの優れたパラッツオが建てられた［図56］。

❹-2

一六世紀以降のパラッツォの展開

初期ルネサンス発祥の地であったフィレンツェは、芸術の最大の保護者であったロレンツォ・デ・メディチの没後（一四九二年）、一五世紀後半から一六世紀前半にかけて多くの芸術家たちが離れて繁栄が終わった。そして政治的にも再び重要性を増したローマがルネサンス文化の中心地となり、教皇ユリウス二世（一五〇三年就任）はミケランジェロ、ラファエロ、ブラマンテなどの芸術家たちを保護し、盛期ルネサンスの文化を開花させた。

フィレンツェに比べてローマにおける盛期ルネサンスのパラッツォは規模が大き

図56
パラッツォ・ピッティ。バルトロメオ・アンマナーティほか設計、フィレンツェ、イタリア　一四五八～一五四九年にメディチ家にわたり拡張されているが、イタリアのパラッツォの中で最大規模。ルスティカ仕上げの外壁に、光と影がつくり出す表情は朝と夕でまったく異なる。

く、中でも傑作といわれる枢機卿アレッサンドロ・ファルネーゼのパラッツォ・ファルネーゼは、間口五五メートル×奥行七三・五メートルの大規模な邸館である。

アントニオ・ダ・サン・ガルロ（一四八三〜一五六四年）の設計（一五四六年以後ミケランジェロ）により、中庭と回廊をもつ幾何学的で、対称形のファサードと理想的なロ字型の平面で構成されている。壁は煉瓦積みの上にスタッコで仕上げ、窓上部に古典的な弓形と三角形の破風を繰り返す［図57］。また、ファルネーゼ広場の一辺を占めて独立した街区を占有しているため、広場とパラッツォが一体となった都市空間を構成している。

ところで、イタリアの諸都市では、市民階級の代表である都市貴族の活躍が顕著であったが、それは中世的封建貴族が市民階級と対立することなく商業活動、とりわけ地中海貿易によって商業資本主義を強力に推進発展させたからである。中

図57 パラッツォ・ファルネーゼ。①平面図。②外観。アントニオ・ダ・サン・ガルロ、（一五四六以後ミケランジェロ）、ローマ、イタリア、一五三〇〜四六　枢機卿アレッサンドロ・ファルネーゼの大規模な館。後期ルネサンス邸館建築の傑作。

①

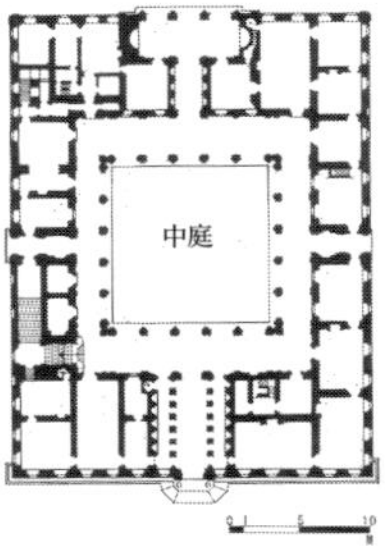

②

でもヴェネツイアは、すでに一二世紀頃に世界に先駆けて商業都市として発展していた。そしてヴェネチアにおけるルネサンスは一五世紀半ばに始まり一六世紀もなお発展し続けていた。

ヴェネチアのパラッツォは運河に面する邸館であると同時に商館でもあるため、一階には荷揚げのための玄関ホールを設け、二階中央に運河に向かって開放された奥行のある主室と、その両脇に部屋が配されるのが一般的であった。ファサードはフィレンツェやローマのパラッツォと同様に三層構成だが、運河に面しているため防御的に危険性が少なく、ファサードは連続する半円形のアーチなど華麗で開放的である。そして何世紀にもわたり平面やファサードがほとんど変化していないが、中でも大運河に面するパラッツォ・ヴェンドラミニと、カ・ドーロは、典型的な平面をもち、建築的に完成度が高くヴェネチアの代表的なパラッツォである。パラッツォ・ヴェンドラミニは二階に運河に面して開放的なホールと、その左右に部屋を配し、ファサードは二連窓や円柱形バラスターの中世的要素を残し、多くの建築様式を複合したヴェネツイア以外には見られないルネサンス様式のパラッツォといえる［図58］。

カ・ドーロの一階は、荷揚げのための玄関ホールを中心として両側に部屋が並び、

図58
パラッツォ・ヴェンドラミニ。ピエトロ・ロンバルド、マウロ・コドゥッチ設計、ヴェネチア、イタリア、一四八一～一五〇九年　大運河に面して二階に開放的な広間を設け、その左右に部屋を配している。ファサードには中世的な要素と華麗な装飾が見られ、ヴェネチア独特のルネッサンス様式のパラッツォである。

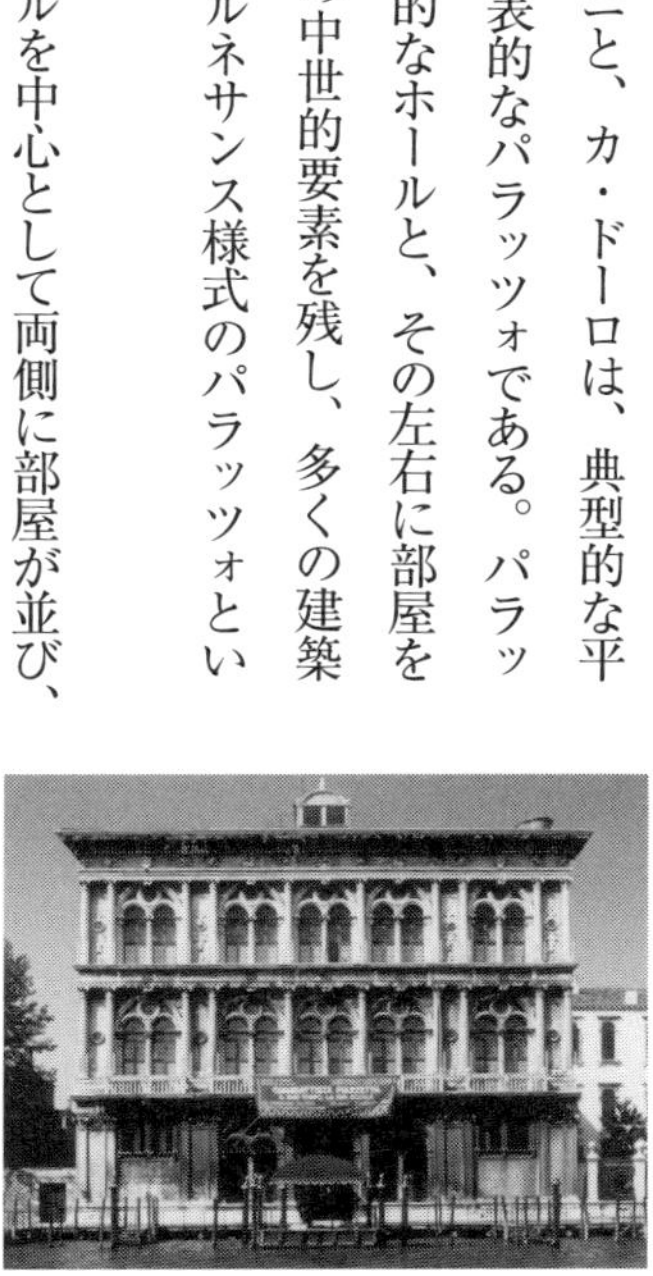

陸側に中庭を配置した伝統的なヴェネチア商館の平面で、ビザンチン・イスラムの装飾性と盛期ゴシック様式による華麗なファサードを構成している［図59］。

❹-3

住居史資料としてのドールハウス

近世住宅を知る手がかりの一つとして、当時流行したドールハウス（Doll's House）と呼ばれる玩具がある。玩具といっても前面から室内が見え、間取から家具・調度など住生活が分かる精巧に作られた家の模型といえよう。

中でも一六三九年にニュールンベルグで作られたストーマー家のドールハウスは、ゲルマン系の町屋の姿を知るうえで貴重な資料である［図60］。

このドールハウスを見ると、一階は広い玄関ホールの両側に小さな部屋が二層に各四つ、計八つの部屋からなっている。下は食品庫、貯蔵庫、馬小屋などで、その上が使用人室である。居間、寝室などの主要な部屋は二、三階に配され、さらにその上には倉庫と思われる屋根裏部屋がある。したがってストーマー家のドールハウスは、一軒の家が一階から上階まで一家族で住まわれていたゲルマン系の富裕な人びとの木造町屋の典型と考えられる。

ドールハウスの多くはストーマー家のように富裕者の住まいであったのに対し、

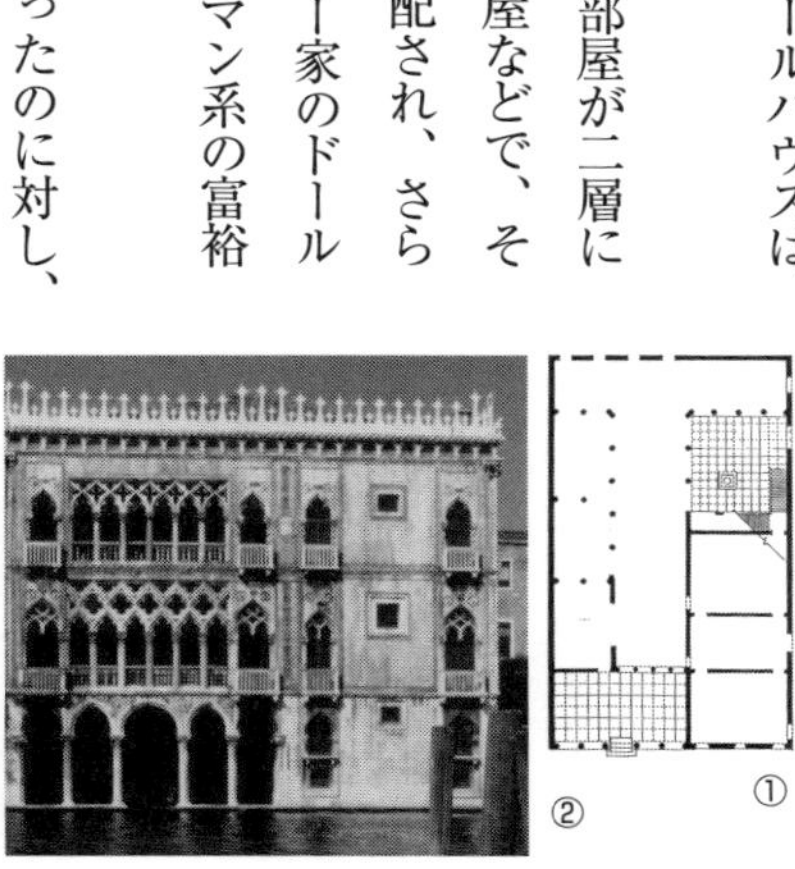

図59　カ・ドーロ。①平面図。②外観。マルコ・ダマーディオ設計、ヴェネチア、イタリア、一四二一〜四〇年　総督コンタリーニ家の邸館。カ・ドーロとは黄金邸の意で、当初は正面の一階アーケードと二、三階のギャラリーが金色に仕上げられていた。後期ゴシックの装飾とビザンチン・イスラムの装飾が結合したヴェネチア・ゴシックの建築

一六七三年にニュールンベルクで精巧に作られてはいるが玄関ホールもなく、台所を一階に、寝室を二階に配した四部屋だけの職工住宅のドールハウスがある。このドールハウスによって、ゲルマン系民族の町家では富裕とはいえないこうした質素な住宅を見ても、一階から上階まで一家族で居住していたことがかなり標準的であった様子を知ることができる。

その正反対は、生活水準の異なる多様な階層の人びとが、一つ屋根の下で建築的質を異にして住み分ける、古代ローマの複合建築・インスラにさかのぼるものである。

この様子は近世のパリなどにおいて見られるもので、一九世紀に建てられたパリ市街地の住宅には今日なおその様子を見ることができる。

一九世紀に出版された『タブロー・ド・パリ』*19の中に見られる「パリ市民の生活における五つの階層」と題する集合住宅の絵は、色々の階層の人が一つ屋根の下で生活している様子を表している。

一階には夫婦者の管理人が住んでいる。二階はパリの金持ち貴族といった上流階層が広々と優雅な生活をしている。三階では一般的な、しかし裕福な中産市民

図60
ストーマー家のドールハウス。ニュールンベルク、ドイツ、一六三九年　このドールハウスは、一階から三階まで建物全体を一家族が居住しており、ゲルマン系・木の文化圏に見られる富裕者の典型的な木造町家の姿を伝えている。

*19・『タブロー・ド・パリ』Edmond Texier, *TABLEAU DE PARIS*,1852

家族の幸せな生活ぶりが描かれ、四階は、下級官吏やあまり裕福とはいえない人びとのつつましやかな生活の様子がうかがえる。家賃か何か借金の督促を受けているようにも見える。最上階の屋根裏部屋は、貧乏画家と貧しい労働者が細々と暮らしている［図61］。

このように、建築的質を異にして住み分けている姿はパリに限られているわけではない。フィレンツェなど、イタリアの諸都市をはじめラテン系・石の文化圏においては、一九世紀以降に建設された建物にも、なおこの伝統を残すものが見られる*20。

ところで、ドールハウスは、ベビーハウス、トーイハウス、あるいはプレイハウスなどとも呼ばれ、一八世紀のドイツやオランダでは実物を作る職人の手によるものも多く、建物だけではなく、椅子やテーブル、ベッドから戸棚の中の食器に至り、いづれも精巧で実物に酷似している［図62］。

世界で最も立派なドールハウスは、ウインザー城に残るジョージ五世の妃・クイーン・メアリー（一八七七〜

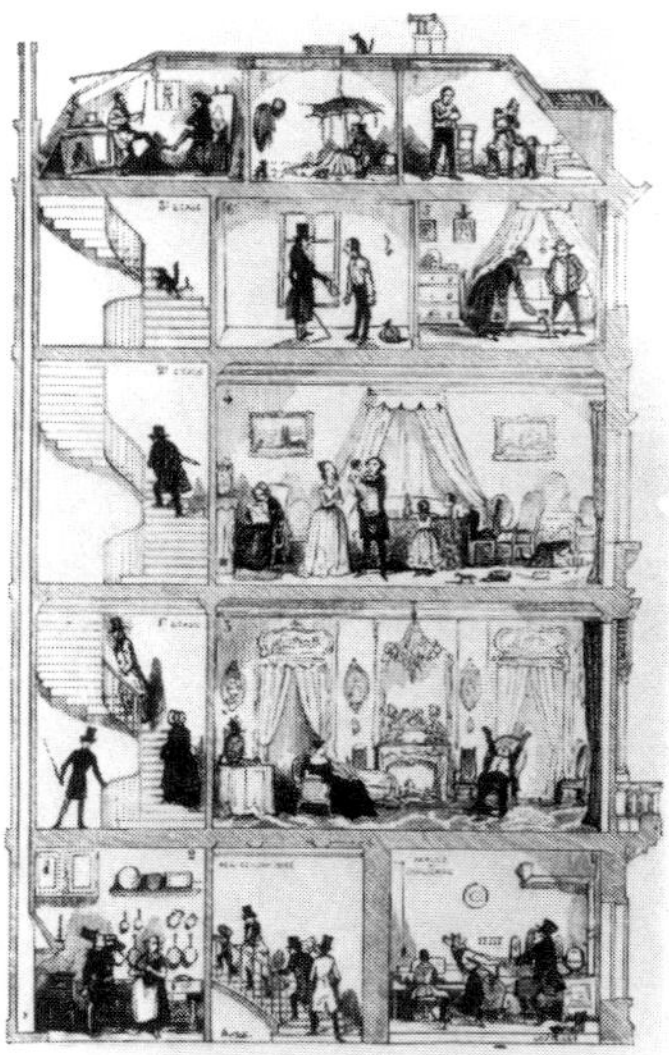

図61 **近世パリの市民生活における五つの階層** 一つ屋根の下、おのおのの階で生活水準の異なる人びとが一緒に生活している。ラテン系・石の文化圏に見られる住まい方が示されている。

一九五三年）のものといわれており、これまでドールハウスは、玩具あるいは芸術作品として位置づけられてきた。しかし、正確に作られて当時の住生活を知ることができることから、住居史研究のうえでも重要な資料であるといえる。

アンナ・コフェルライン夫人は、ドールハウスの最も古い書物といわれる小冊子の中で、「――子供たちが家庭のあり方を知ることができる」と述べている。すなわちドールハウスの中には、箪笥にタオルやナフキンがきちんとたたまれ、台所の隅には箒が掛けられているものもあり、このドールハウスのモデルになった家庭がいかに整然と片づけられ、掃除されていたかを示していることから、子女の躾《しつけ》や教育にも役立っていたと考えられる。また、ドールハウスに近いものは、古代エジプトあるいはギリシアの墳墓や遺跡から人形と一緒に発見された例はあるが、ここでは宗教的な目的をもつものに限られる。

したがって、今日知られる一番古いドールハウスはドイツのもので、ババリアの侯爵アルブレヒト五世が娘のために作らせたドッケンハウス（人形の家）と伝えられている。このドールハウスは四階建てで、六三もの窓がある。一階に馬屋、食品庫、ワイン庫、事務室、二階は台所、浴室のほか中庭がある。さらに三階に舞踏室、四階に礼拝室を備えた豪華なものであったが一六四七年に焼失し、記録だ

＊20・後藤久「複合階層からなる雑居型都市住宅について」、日本建築学会学術講演梗概集、一九七七年。ミラノのジュリアーティ通りの集合住宅は一階に町工場が入り、三階以上の各階とも二家族以上の集合住宅である。しかし二階だけは一家族で占有されており、専用の階段があるなどほかの階と質が違う。同じくロンギ街の集合住宅も、やはり三階以上の各階は複数家族からなる集合住宅であるが、二階だけにバルコニーがあり一家族で占有されている。その他にもイタリアではこうした例が散見する。

図62
ドールハウスのインテリア ドールハウスは建物だけでなく、椅子やテーブル、ベッドから戸棚の中の食器に至るまで、何れも精巧で実物に酷似している。

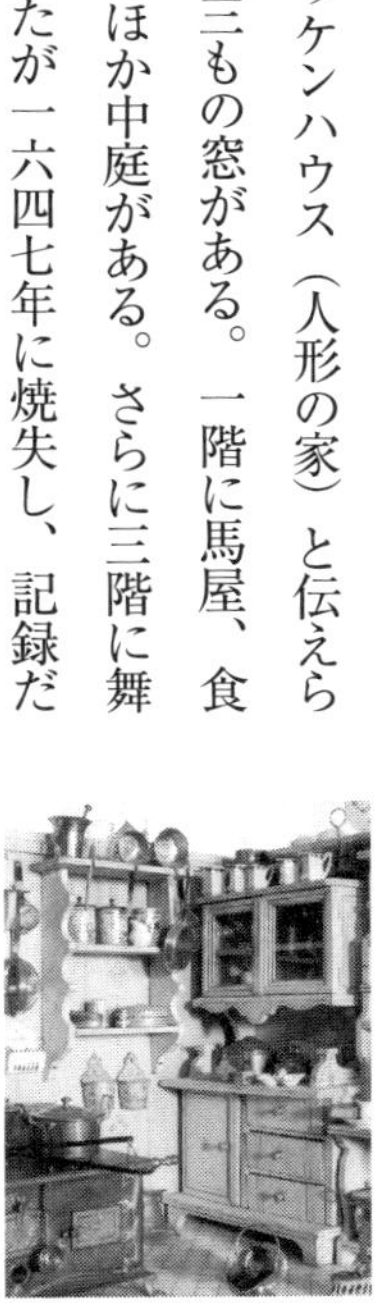

けが残されている。おそらく侯爵の自邸あるいはそれに近い間取であったと推察される。

一七世紀から一八世紀にかけてヨーロッパにおけるドールハウスの流行は最盛期を迎え、多くの国へと広がっていった。イタリアのルネサンスの影響を受けたイギリスにおいて、一七世紀からベビーハウスとして作られた。最古のものは一六九一年製で、ベビーハウスも富裕者の観賞用あるいは娘の教育目的であった。そして一九世紀になるとドール（ズ）ハウスの名で呼ばれ、多くは一二分の一の大きさで作られた。

増渕宗一は都市の家と人形の家について、都市の建築は敷地の制約から不整形になったり間口が狭く、高層化することを述べ、「この間口の狭い直列的な人間の家が、空間構造的には、人形の家に不向きであることを意味している。そしてこのことは、オランダが人形の家づくりに盛んであったことを考え合わせると、興味深い。――中略――そして人形の家が出現するのは、都市における人間の家のこのような発達と密接に関係しているのである。」*21と述べているように、ドールハウスの解釈には従来の住生活的側面と、時間の概念を含め、より都市的・建築的な視座が求められる。

*21・増渕宗一『人形と情念』、勁草書房、一九八二、一八一頁

第五章　近・現代

――近・現代住宅の光と影

近代住宅は、これまでの家族を犠牲にして虚礼と接客が優先された状況から、家族団らんの場、家事労働の軽減、プライバシーの強化、などの生活理念をもつことが重視された。二〇世紀初頭に起こった多くの近代建築運動は、生活空間としてのモダンリビングを確立し、一般住宅を建築家が取り組むべき対象として位置づけ、多くのプロトタイプを生み出した。そして二〇世紀も後半になると住宅に対する価値観はさらに多極化し、量産化や規格化、プレファブリケーションなどが住宅建築の一領域として確立される一方、建築家による実践では、独自の建築的な可能性を追求した多くの注目すべき住宅がみられる。

❶ 近代住宅の誕生

❶-1 近代住宅の理念

　近代建築は一般史にならい、多くの場合産業革命を起点として近世建築と一線を画している。部分的には一八世紀までさかのぼるが、大枠で一九世紀の産業革命によってもたらされた鉄・ガラス・セメントといった工業製品を背景に、工学技術の進歩によって、従来と異なるまったく新しく出現した建築を近代建築と定義している。近代住宅もまた同様であるが、近代住宅は近代建築である以前に、これまでの家族を犠牲にして虚礼と接客が優先された状況から、居間での家族団らんの場、台所における家事労働の軽減、寝室のプライバシー強化、などの新しい生活理念をもつことが重視される。

　こうした近代住宅は、一九世紀の末にはじめてイギリスの中産階級が上流階級

図1
ウイリアム・モリス邸「赤い家」。P・ウエッブ設計、ベクスレイ・ヒース、イギリス、一八六〇年
モリスの自邸・赤い家は、赤煉瓦のままの外観で、過去の様式を模倣することなく自由な平面計画のもとに完成した家であった。それは中産階級の住宅がはじめて建築的課題として浮上するきっかけにもなり、またこの家が一九世紀から二〇世紀の田園都市住宅に大きな影響を与えることになった。①平面図。②正面玄関側外観。③ここに描かれ、集う人びとの様子からも、この家が中流の中でも上層に属するものであったと思われる。④モリスが自ら描いた幾何学模様の玄関扉を内部から見る。⑤二階応接間。

の生活の模倣から目覚め、社会の健全な中堅階級として自分たち独自の生活理念をもったことによるものである。したがって近代は今までの上流階級ではなく、中産階級主導で展開してゆくことになる。当時の建築家は様式にこだわるあまり、快適な住居を供給することができなかった。これに対し、美術と工芸運動（アーツ・アンド・クラフツ・ムーブメント）の指導者であるウイリアム・モリスが、友人の建築家フィリップ・ウエッヴ（一八三一〜一九一五年）に依頼して建てた「赤い家」は、新婚モリスの自邸で、イギリス積み煉瓦のままの外観で、過去の様式を模倣することなく斬新で自由な平面計画の家であった［図1］。このことは、

③

①

④

②

⑤

上流階級の貴族的な住宅以外に、中産階級の住宅がはじめて建築的課題として浮上するきっかけになったものといえる。

間取を詳細に検討すると、使用人室、裏階段など、中流の上クラスのジェントルマンの住宅である。また方位は南北逆ではないかと誤解を受ける部屋配置も見られるが、日本と異なり、短めの夏を除けば南も北も日照に大差なく、夏の暑さを避けたともいわれている。いずれにせよ「赤い家」が、一九世紀から二〇世紀の田園都市住宅に大きな影響を与えたことに異論はない。

一八世紀までは住宅以外の建築といえば、主として聖堂に限られていたといっても過言ではなかった。しかし一九世紀に入って都市への人口の集中に伴い、多様な用途の建築が求められ、一九世紀末から二〇世紀初頭の社会背景には公共建築や社交施設の著しい発達が見られた。すなわち中産階級が独自の住宅を築くにあたって、個人住宅の中に接客のための大きな部屋を構える必要がなくなりつつあり、住宅の近代化にとって時代そのものが追い風であったといえる。しかし一方では、自宅の中に虚礼化した無用な大空間を維持することで、上流階級の象徴として誇りにする者もあった。

ところで、近代住宅が建築的課題として確固たる位置を占めるようになるのは、

図2
ユニテ・ダビタシオン一階のピロティ。ル・コルビュジエ設計、マルセイユ、フランス、一九五二年
コルビュジエは、1ピロティ、2屋上庭園、3自由な平面、4横長の窓、5自由なファサード、からなる「近代建築の五つの要点」を発表し、自ら設計した作品で実践している。

近代建築の三大材料といわれる鉄、セメント、ガラスが、建築材料として縦横に使いこなされ、それらのもつ建築的な可能性のうえで新しい理念のもとに、建築が自由に構想されるようになる二〇世紀を待たなければならない。

また、新しい素材のうえに築かれた近代の技術は、住宅に根本的な変化をもたらした。たとえば、エッフェル塔においてその効力が実証されたエレベーターの登場は、それまで建築が層を積み上げることの障害となっていた上下の移動を容易にし、中層から高層集合住宅へ、さらには超高層への構想を可能にしただけではなく、二階を主階として富裕者が住み、一つの建物の階によって貧富の階層が住み分けるラテン系の石の文化圏に見られた伝統的な住まい方をも、根底から覆してしまったのである。

また、ル・コルビュジエは、それまで建築によって占拠され、個人に囲い込まれていた大地を万人に開放するという建築的理念を、自身の提案したピロティという技法を用いることによって現実に引き寄せたが、これこそ石や煉瓦の組積造でつくられるものではなく、鉄筋コンクリートの技術を前提にして、はじめて実現しうるものであった［図2］。

❶-2

近代住宅の問題点

近代社会は、一九世紀末のイギリスに始まった産業革命によってもたらされた。産業革命は、それまで営々と営まれてきた農業生産という土地に依存した経済基盤を基から覆し、工業生産という新しい経済基盤を確立した根本的な変革である。したがって、人間生活のあり方を根底から組み立て直すことになったもので、いわば人類が農業生産による生活の基盤を確立して以後、はじめて経験した二度目の大きな変革であった。

産業革命によってもたらされた工場生産による大量生産という生産体系の根本的な変革は、経済的な基盤を土地に依存しない大勢の労働者階級を生み、その周辺に多くの中産階級を発生させた。そして彼らが都市に集中することにより、都市の急激な膨張をもたらした。このことを住宅建築の問題としてとらえなおしてみれば、大きく以下のような点に絞られるであろう。

それは、産業革命がもたらした社会の構造的な変化により都市の住環境の変化に伴う問題、および従前の時代とは根本的に異なる新しい技術がもたらした建築的可能性と理念の問題である。すなわち都市における新しい階層に対する住居が、近

図4
アルバート公労働者階級のモデル住宅。①平面図。②外観図。H・ロバーツ設計、ロンドン、イギリス、一八五一年　一八五一年のロンドン万国博覧会において、アルバート公が総裁を務めた「労働者階級の状態改善協会」によって建設されたモデル住宅。二階建ての四家族用で、縦横に連続可能なユニットとしての発想である。この住宅における平面構成の考え方は、後に公営中層集合住宅の中に受け継がれている。

代社会の大きな課題になったということである。

産業革命初期に炭鉱労働者を確保するために建設されたイギリスの労働者住宅は、狭隘な居住部分と共同便所という劣悪な環境を生み出したが、このような対策さえとられなかった都市部において、労働者は悲惨な住環境の中に置かれていた［図3］。

①

②

図3

一九世紀ロンドンの悲惨な住宅事情　イギリスは産業革命の成功により、一握りの成功者が富を得、一般市民は豊かな生活ができるようになった。しかしその代償として、数百万ともいわれる人たちが二〇世紀を迎えるまで劣悪な住環境で暮らさねばならなかった。①「湿気た部屋」と題するフレデリック・バーナードによるイラスト。一八八三年　②ギュスターヴ・ドレの版画に見るロンドンの貧民街のあるダッドリー通り。一八七二年

当初このような事柄の解決は、民間の手にまかせられており、劣悪な居住環境を生むなどの多くの問題を生じさせたが、およそ一〇〇年の時間が経過する中で、次第に重要な課題として認知されるようになり、社会的にも建築的にもさまざまな対策が立てられるようになった［図4］。

①

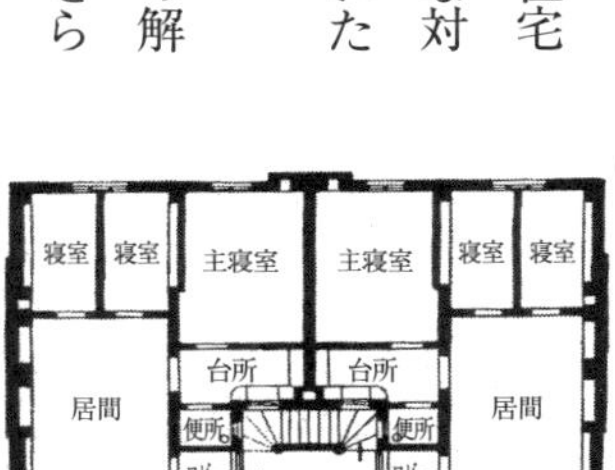

②

産業革命と時を同じくして進行したフランスの市民革命は、新しい時代の新しい体制を理想化し、さまざまな思想や試みを展開した。その中には、クロード・ニコラ・ルドゥ（一七三六〜一八〇六年）のような住環境を含む理想的な生産環境を提案した事例もあるが、一般には普及しなかった。このような視点をさらに推進したのは、一九世紀中葉に生まれた社会主義思想である。一九世紀末から二〇世紀初頭には、多くの住環境に関する提案が現れる。

イギリスにおけるエベネザー・ハワード（一八五〇〜一九二八年）の「田園都市構想」*1は、産業の再配置を経済的な基盤として、職住が両立した田園的環境の新しい都市を提案したもので、そのような理念にもとづいてレッチワースが建設された［図5］。

ガウディを後援したグエル伯爵の築いた「コロニア・グエル」*2、トニー・ガルニエの「三万五千人の工業都市計画案」*3などもこのような流れの中で生まれてきたものである。これらは今日、田園都市のイメージがいわゆるベッドタウンに近いものとなっているのに対し、生産の拠点を内包しているという点で、単なるベッドタウンとは異なっている。

これに続くル・コルビュジエの住区計画・「プラン・ボワザン ド パリ」の構

*1 田園都市（Garden City）の構想は、E・ハワードが産業革命以後、人口集中による不便と不衛生から大都市を否定し、都会のよさと田舎のよさを併せもつ新しい都市について『明日の田園都市』の中で一八九八年に提案した。

*2 グエル伯爵の築いた「コロニア・グエル」は、グエル伯爵がガウディの協力を得て、自分が経営する紡績工場で働く従業員とその家族のためにつくった居住区。ガウディによる有名な未完の地下聖堂（一九〇八〜一五）は、この中の教会である。

*3 トニー・ガルニエ（Tony Garnier、一八六九〜一九四八）の「工業都市計画案」は、ローマ留学から戻ったガルニエが構想し、発表した架空の理想的な工業都市。この中でガルニエは、都市の基幹施設、福祉厚生施設、居住施設など、一都市の全般にわたる施設を計画している。

想は、一九二二年に、パリの都心をイメージして提案した「三〇〇万人の都市計画」にはじまるが、すでにここでヴィラ型共同住宅（市場を介さない消費物資の供給システムを含む）が提案されており、一九二五年の「プラン・ボワザンドパリ」*4の原型が見える［図6］。同様に、バウハウスやエルンスト・マイの住宅あるいは集合住宅に関するコンセプトの背景には、時代の思想が色濃く反映されている。

*4 プラン・ボワザンドパリ（Plan Voisin de Paris・パリ住区計画）一九二五、歴史的建造物を保全しながら、パリの中心部を再開発しようというル・コルビュジエによる「近隣住区」の提案。

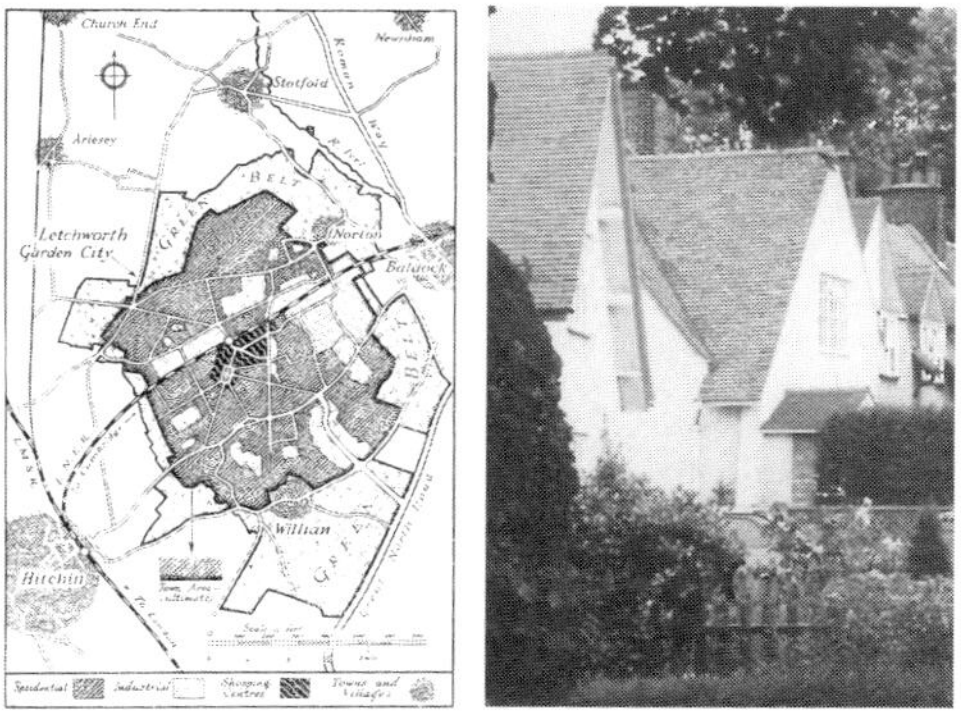

図5 レッチワース田園都市。エベネザー・ハワード、レッチワース、ハートフォード州、イギリス、一九〇三年
レッチワースはエベネザー・ハワードの理念を実践した最初の田園都市。指名コンペで選ばれたバリイ・パーカー（一八六七〜一九四七年）とレイモンド・アンウィン（一八六三〜一九四八年）の案による。既存の田園緑地を中心に家屋群、広場などを配置し、生活と労働とレクリエーションに分割し、住居地区から徒歩で仕事場に通えるなど多くの提案を行った。最初の田園都市計画として後世に与えた影響は大きい。

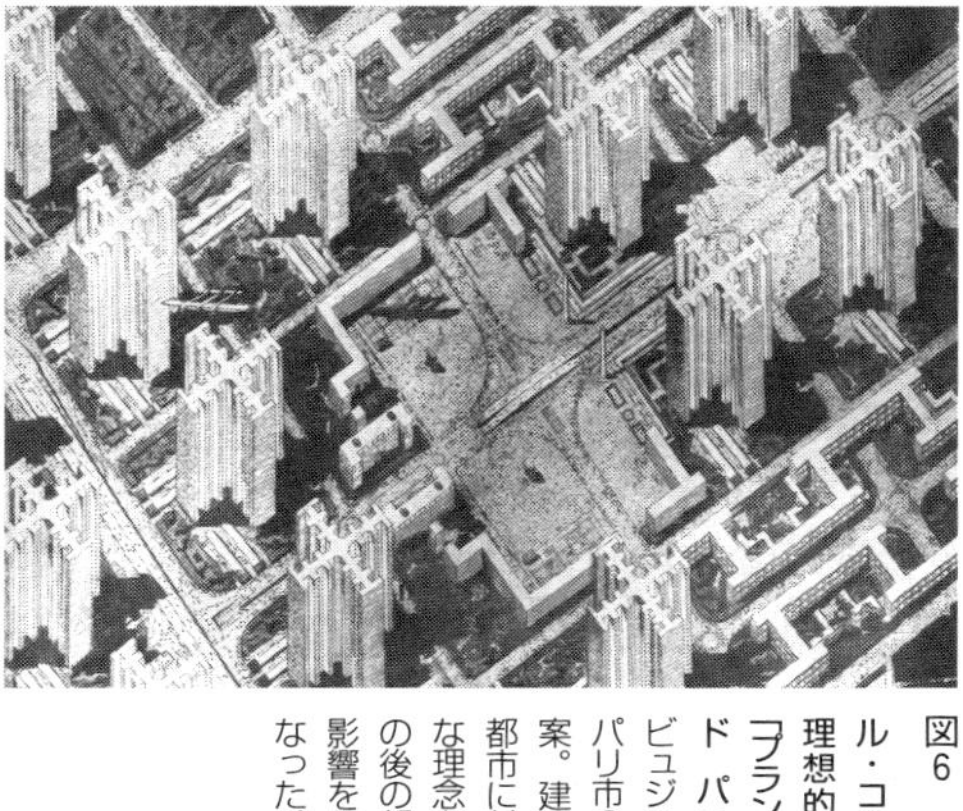

図6 ル・コルビュジエの理想的都市計画案「プラン・ボワザンドパリ」
コルビュジエが提唱したパリ市の大改造計画案。建築に留まらず都市に対する前衛的な理念と努力は、その後の都市に大きな影響を与えることになった。

また、産業革命は大量に安価な製品を供給することに成功したが、機械生産の特質を十分に生かしえなかった初期の製品は、一方では粗悪なものを大量に供給する結果となっていた。

❶-3

近代建築運動

世界で最も早く産業革命が起こったイギリスでは、近代デザイン運動の先駆けとなる「アーツ・アンド・クラフツ運動」がはじまった。アーツ・アンド・クラフツ運動とは、ウイリアム・モリス（一八三四〜九六年）らを指導者とし、一九世紀末から二〇世紀初頭にかけて起こった美術・工芸改革の動きである。この運動の基本理念は、アール・ヌーヴォーをはじめとするその後のヨーロッパ中の美術・工芸・建築の近代運動の先駆けとして大きな役割を果たし、またはじめて近代的生産の中で製品の質の問題に目を向けさせたという点では、その後の考え方に大きな影響を及ぼした。このように近代が抱えた住居に関する問題は、先述の「赤い家」でモリスが示しように、理念的な取組みをおいてはあり得ない。そしてこれらの多様な運動の成果は、一九二〇年代に至って近代建築として収束する。

とりわけアール・ヌーヴォー[*5]は一九世紀末にいち早く始まり、二〇世紀初頭の

図7 **モリス商会の壁紙** ウイリアム・モリスの壁紙は、植物のつるのような緩やかな曲線模様を特徴とし、花や草のほか小鳥、蝶など自然界にある有機的なものをモチーフにしている。

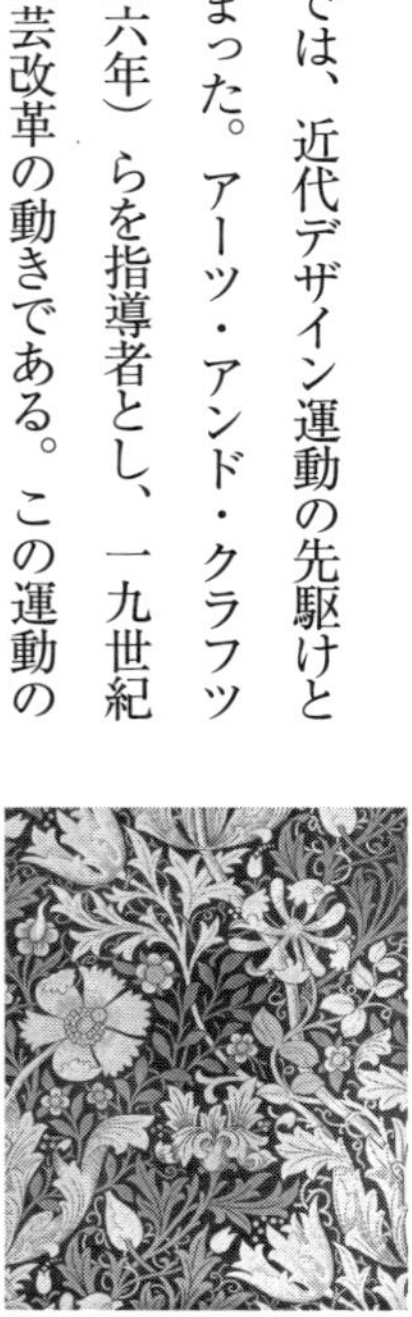

図8 **タッセル邸階段。ヴィクトル・オルタ設計、ブリュッセル、ベルギー、一八九三年** オルタの第一作で、彼の名を知らしめた作品。石造建築のもつ堅さや重さから解放されたかのように、鉄の展延性による自由な形態を追求したアール・ヌーヴォーの洗練された曲線が見られる。

大陸を席巻した。植物のつるのような緩やかな曲線模様を特徴とし、伝統的な一九世紀以前の様式に頼ることのない、まったく新しいものであった［図7］。アール・ヌーヴォーの建築は、とりわけフランスやベルギーが盛んで、ヴィクトル・オルタ（一八六一〜一九四七年）のタッセル邸やエクトル・ギマール（一八六七〜一九四二年）のカステル・ベランジェはその代表といえる［図8］［図9］。

イギリスにおけるグラスゴーの建築家チャールズ・レニー・マッキントッシュ（一八六八〜一九二八年）の代表作ヒルハウス（W・ブラッキー邸）は、スコットランドの風景に見事に調和する住宅で、その室内は各部屋の扉から椅子などの家具調度に至るまで、アール・ヌーヴォーで構成されている［図10］。

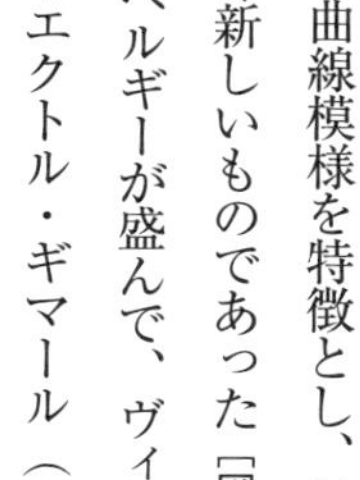

*5 アール・ヌーヴォー（Art Nouveau（仏））は一九〇〇年前後のベルギーやフランスにおける新しい芸術の運動およびその様式。ユーゲントシュティール（独）など同様の傾向は広く全体に見られる。

図9
カステル・ベランジェ正面玄関。エクトル・ギマール設計、パリ、フランス、一八九五年　ギマールがオルタによるタッセル邸の影響を受けて初期に造った大規模集合住宅。正面玄関の鉄扉をはじめ、窓枠のグリルや半地下の明り取りの周囲に美しいアール・ヌーヴォーの曲線が見られる。

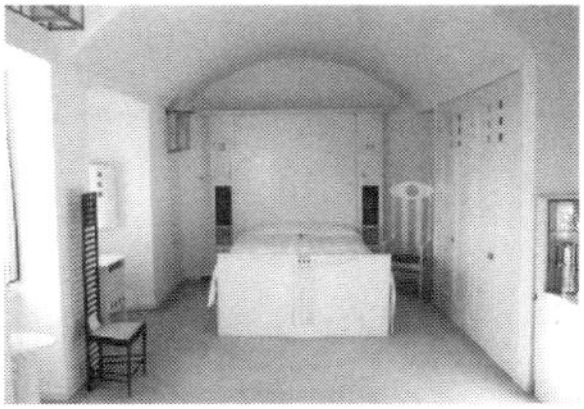

図10
ヒルハウス（W・ブラッキー邸）。チャールズ・レニー・マッキントッシュ設計、ヘレンズボロウ、イギリス、一九〇四年　マッキントッシュによる住宅の代表作。外観は伝統的なスコットランドの民家の面影をもち、室内は椅子などの家具もアール・ヌーヴォーで構成されている。

W・モリスの美術と工芸運動に続いて一九世紀末のヨーロッパ各地で起ったいわゆる世紀末の運動は、建築においても、近代主義に先駆けてさまざまな思潮を生み出したが、いずれも過去の様式と決別し、自分たちの時代の新しい様式を創造しようというものであった。

また、アメリカにおけるシカゴ派*6の実践は、建築表現に新様式をもたらし、住宅建築にも新しい表現を実現した。ウイーンのオットー・ワグナー（一八四一〜一九一八年）によるマジョリカ・ハウスやヨーゼフ・ホフマン（一八七〇〜一九五六年）によるストックレー邸、パリのフォンテーヌ通りに残るエクトル・ギマール（一八六七〜一九四二年）のアパート群などは当時を代表する住宅建築である［図11］［図12］［図13］。バルセロナにおけるアントニオ・ガウディ（一八五二〜一九二六年）による住宅もこのような流れの中で生まれた作品といえよう。

A・ガウディの作品は、アール・ヌーヴォーから限りなくガウディ独自のスタイルへと昇華させている。彼の代表作、カサ・ミラは、二階を建て主の住宅、それ

図11　マジョリカ・ハウス。オットー・ワグナー設計、ウイーン、オーストリア、一八九〇年　花が壁面の下から上に広がるタイルによって建物の前面を覆うアール・ヌーヴォーの美しい建物である。

図12　ストックレー邸。ヨーゼフ・ホフマン設計、ブリュッセル、ベルギー、一九一一年　実業家アドルフ・ストックレーの大邸宅。建築は細部に至るまで統一された総合芸術であるという理念のもとに手がけられた住宅である。

*6　シカゴ派（Chicago School）は、一九世紀アメリカのシカゴを中心に鉄骨構造の開発とともに、その明快な建築表現をもって高層建築を発達させた。W・L・B・ジェニーからL・H・サリヴァンの作品などに見られるが、折衷主義が勢力を伸ばす中で二〇世紀の初めまでに終わる。

以外を集合住宅とするもので、鉄骨を使用したり、石や煉瓦に鉄筋を入れて荷重を支えているため、構造的に外壁を自由で大胆なファサードにしている〔図14〕。またカサ・バトリョ〔図15〕は、一階を店舗、二階をバトリョ家の住宅、上階を集合住宅として間口の狭い敷地に建てられた建築で、ファサードには手書きの陶板と破砕ガラスをちりばめた淡い色彩のうねりをもたせるなど、ガウディの非凡な才能を示している。

図13

パリのフォンテーヌ通りに残るアパート群の一つ。エクトル・ギマール設計、パリ、フランス、一九一一年　一九一〇年前後、ギマールは四〇歳代がきわめて多忙な時期で、パリのこの界隈（一六区）に多数の集合住宅などをてがけた。いずれも出入口や窓まわりにアール・ヌーヴォーの曲面が見られる。

図14

カサ・ミラ。①外観。②玄関。アントニオ・ガウディ設計、バルセロナ、スペイン、一九一〇年　ガウディはアール・ヌーヴォーから独自なスタイルを完成したと見られるが、その最も完成した建物。

図15

カサ・バトリョ。アントニオ・ガウディ設計、バルセロナ、スペイン、一九〇六年　作風がアール・ヌーヴォーに変わったガウディの初期の建築。二階を建て主の自邸とし、上階が集合住居宅。

しかし、アール・ヌーヴォーは近代運動として理論に乏しく、また短い期間で終わってしまった。その間に広範な地域で受け入れられ今日なお影響力をもっているが、何よりも従来の様式建築を終わらせた意義は特筆に価する。

同様に、一九世紀までの様式建築から離脱し、新しい様式を目指したオーストリアのオットー・ワグナーは、近代建築に必要なさまざまな問題を統括したが、その結果としての構成美は、アール・ヌーヴォーとは本質的に違うものであった。このワグナーを中心とする前衛建築家たちによる運動は、ウイーンにおいてセセッション（分離派）運動へと発展した。ワグナーの建築理論は、従来の様式を組み合わせていた設計のあり方に新しく近代建築の設計指針を分かりやすく示し、若い建築家たちに影響を与えた。それは次の四つの原則からなるものであった。

・建物の用途を正しく理解して、それを十分に満足させること。
・得やすく、加工しやすく、安価な材料を使うこと。
・合理的で経済的な構造を採用すること。

①
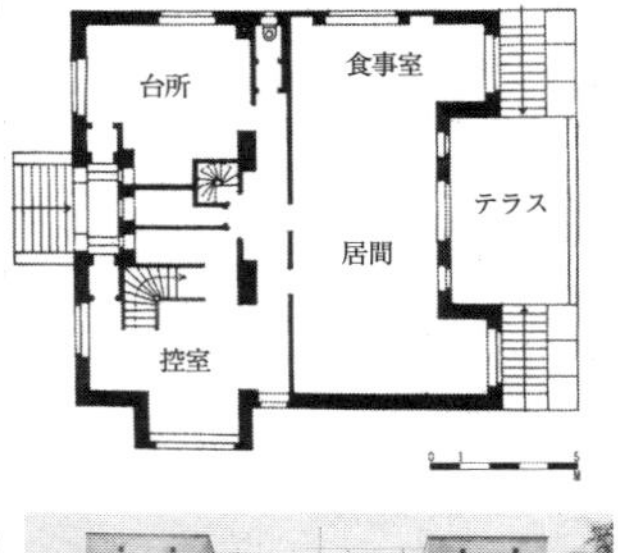

②

図16 シュタイナー邸。①平面図。②外観。アドルフ・ロース設計、ウイーン、オーストリア、一九一〇年　ロースは近代建築として装飾を否とし、シュタイナー邸においてこれを完全に排除した。

・以上のような条件を満たして、自然に成立する建築の形態を尊重すること。

この原則では、鉄筋コンクリート造でギリシア神殿の石造のような柱を造ることが誤りで、近代建築材料に適した構造があることを指摘している。従来の建物の美しさは、建物と関係なくそこに付けられた装飾によるものであったが、美と機能とは不可分だということを示唆している。

一九世紀以前の住宅設計において、建築家が腕を振ったのは貴族・上流階層の住宅に限られていた。ここでの最大の課題は、そこに住む人の社会的ステイタスをどのように表現するかであった。しかし、建物の用途を明確に把握することにより、住宅もその目的が追求されると機能に視線が向けられるようになり、近代は機能主義の時代を迎える。

これに続く近代建築の先駆者たちの作品は、より近代主義に近づいたものであり、オーギュスト・ペレ（一八七四〜一九五二年）によるフランクリン通りのアパートや、アドルフ・ロース（一八七〇〜一九三三年）によるウイーンのシュタイナー邸［図16］などをあげることができる。ペレの設計によるフランクリン通りのアパート［図17］は、初

①
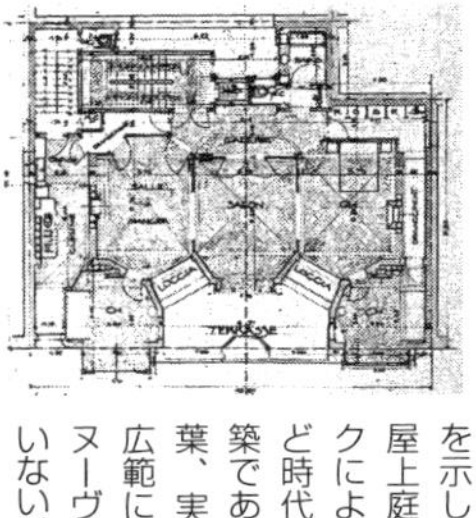

②

図17 フランクリン通りのアパート。①平面図。②外観。オーギュスト・ペレ設計、パリ、フランス、一九〇四年　初期の鉄筋コンクリートによる柱・梁構造の典型を示し、また斬新な平面、屋上庭園、ガラスブロックによる階段室の採光など時代に先行した近代建築であるが、表面に木の葉、実を象ったタイルが広範に張られ、アール・ヌーヴォーから脱却していない。

期の本格的な鉄筋コンクリートによる住宅建築である。近代建築としてすべての条件をもちながらも、壁面に陶器のタイルが張られ、アール・ヌーヴォーの面影を残している。しかし平面を見ると、街路に面する正面縦一列の窪んだ部分から後ろ側の部屋に採光を可能にしているなど、居室のすべてを外気に面するように工夫がなされ、平面計画における近代性がうかがえる[*7]。また、シカゴ派のルイス・ヘンリー・サリバン（一八六七〜一九五九年）は、「形態は機能に従う（Form follows function）」という近代的な主張を残したが、彼の流れをくんだフランク・ロイド・ライト（一八六七〜一九五九年）もプレーリー・ハウス（草原住宅）[*8]を提唱して実践したロビー邸などもまた、このような流れの中に位置づけられよう［図18］。

ライトは、独自の作風により、注目すべき多くの住宅作品を残しているが、彼の代表作のひとつである落水荘（カウフマン邸）は、片持梁という近代が獲得した技術をダイナミックに表現した近代住宅の傑作である［図19］。

一九一〇年代は、近代建築運動につながる多様な主張[*9]が展開された時代で、立体派（キュービズム）やイタリア未来派（フューチャリズム）などの運動、およびドイツにおけるワルター・グロピウス（一八八三〜一九六九年）によって組織されたバウハウス[*10]が、新しい建築像を求めてそれぞれの主張を展開した。それらは近

*7　鉄筋コンクリート造として今日なお評価の高いペレの完成した作品は、フランクリン通りのアパートから約三〇年後、晩年彼の自邸でもあったレヌワール通りのアパートを待たねばならない。

*8　プレーリー（草原）・ハウスは、軒を深く出して水平線を強調し、自然と一体となって融和するような住宅。F・L・ライトのロビー邸はその好例。

*9　そのほかドイツ表現主義（エクスプレッショニズム）、アムステルダム派、ロッテルダム派（デ・シュティール）、純粋主義（ピューリズム）、ソヴィエト構成主義（コンストラクティビズム）などの近代建築運動が挙げられる。

*10　バウハウス（Bauhaus、一九一九〜一九三三）は、一九一九年にW・グロピウスによってドイツのワイマールに美術と工芸の学校を合併して設立された総合造形芸術学校。その後一九二五年にデッサウへ、さらに三二年にはベルリンへと移り、ナチスの圧力で閉鎖に追い込まれるが、その理念はヨーロッパからアメリカまで世界に広められ、モダンデザインの基礎を築いた。

代的な材料がもたらした建築の新しい構造的な可能性を前提に、新しい建築の造形理念を提示するものであった。

①

②
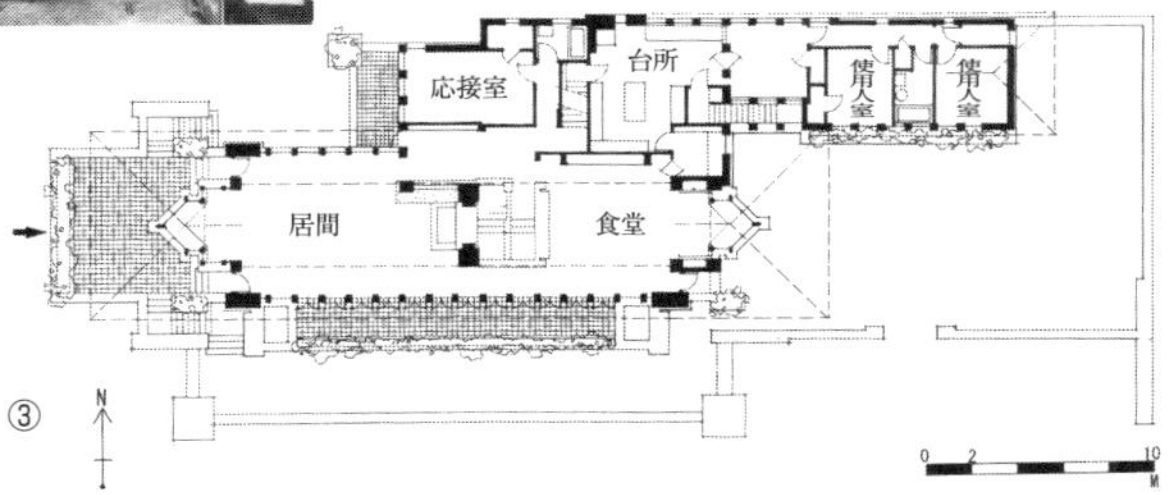

③

図18
ロビー邸。①外観。②室内。③平面図。フランク・ロイド・ライト設計、シカゴ、アメリカ、一九〇九年　ライトによる自然と融和するプレーリー・ハウスの提唱が結実した代表作。深い軒による水平線の強調と煙突の垂直の対比による構成美。

図19
落水荘（E・J・カウフマンの別荘）。フランク・ロイド・ライト設計、ペンシルバニア、アメリカ、一九三六年　滝の上の岩盤に建ち、二層の床スラブによるキャンティレバーで水上に張り出したバルコニーが自然と調和した有機的な建築。

❷ モダンリビングの誕生

❷-1 インターナショナル・スタイルの確立

近代建築運動の主張は、第一次世界大戦後のヨーロッパ復興の中で実践に移されていった。フランスのル・コルビュジエ（一八八七～一九六五年）は、従前の組積造の伝統にとらわれた表現から脱却するために、近代的な材料の特性を生かして、細い六本の柱と薄い三枚のスラブによって組み立てられた「ドミノ」という自由な空間構成を可能にするシステムを提案した。そしてさらに「近代建築の五つの要点」（ピロティ、屋上庭園、自由な平面、横長の窓、自由なファサード）を発表し、新しい建築デザインの方向に大きな影響をあたえた［図20］。

彼はこれを「近代建築の四つの型」として提示し、すべて実際に設計して示している［図21］。中でもサヴォア邸は、近代住宅のプロトタイプとして大きな影響を

図20
ドミノ・システム。ル・コルビュジエによる集合住宅の単位とシステム、一九一一～一四年　細い六本の柱と薄い三枚の床スラブと階段だけで壁がなく、自由な空間構成を可能にする単位ユニット。これは近代建築造形理論の重要な意味をもつもので、やがて各国の建築家が集い、近代建築国際会議（CIAM）の結成へとつながる。

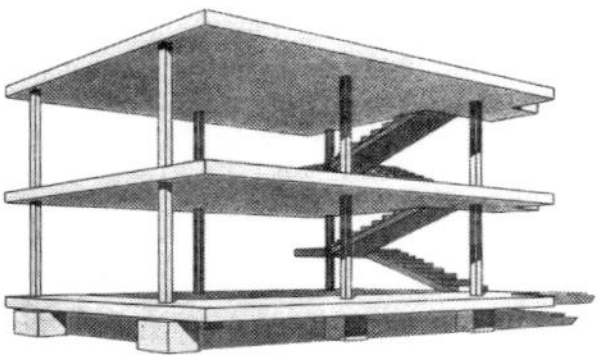

与えたものである［図22］。

またロッテルダム派の作品では、ヘリット・トーマス・リートフェルト（一八八八～一六四年）のシュレーダー邸［図23］が、デ・スティールの造形理念を示しな

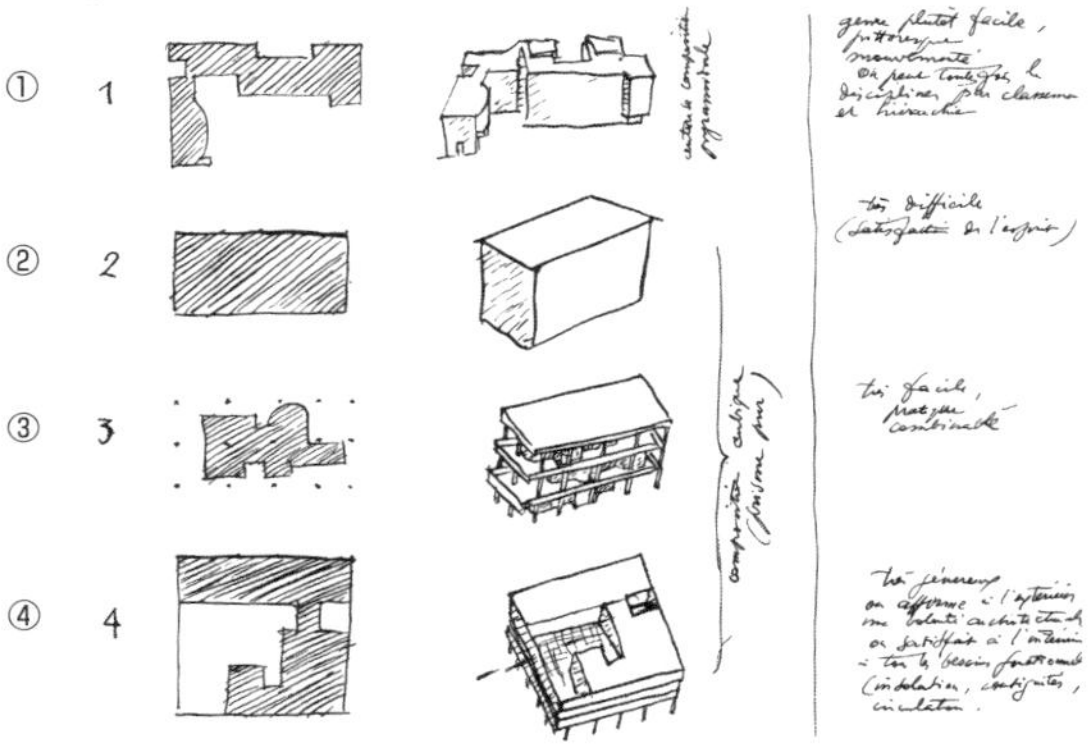

図21　「近代建築設計方法の四つの構成」、ル・コルビュジエ、一九二九年　具体的な近代建築の設計理念を提案し、そこに示した「四つの型」を、すべて住宅で実践して示している。①ラ・ロッシュ邸（一九二三年）、②ガルシェ邸（一九二七年）③シュツットガルトの連棟住宅（一九二七年）、④サヴォワ邸（一九三〇年）

図22　サヴォア邸。ル・コルビュジエ設計、ポワシー、パリの西三八キロメートル、フランス、一九二九～三一年　近代建築の五原則をすべて適用し、造形的な自由さでこれを裏付けている。また一九二九年に発表した「住宅の四つの構成」の四番目に該当している。

がら、可動間仕切りを駆使して狭い住宅の空間を縦横に変化させるという住宅計画の新しい理念を実践している。

バウハウスは、一九一九年にワイマールで、社会民主主義的政府の後援の下に創立された新しい造形芸術の研究教育機関である。政治情勢の変化により一九二四年からデッサウ市に拠点を移したが、近代的工業生産を前提にした建築を追求し、やがて、近代的な建築の理念として、地域性を超えた近代主義建築の理念である国際建築という概念を確立した。

図23 シュレーダー邸。ヘリット・トーマス・リートフェルト設計、ユトレヒト、オランダ、一九二四年 リートフェルトはオランダの近代建築運動・デ・スティール派の代表的建築家として、直線と平面による組合せから住宅計画の新しい理念を実践している。

図24 チューゲントハット邸。①外観。②室内。ミース・ファン・デル・ローエ設計、ブルーノ、チェコスロバキア、一九三〇年 傾斜地に建つため入口がある道路レベルと、傾斜した庭園側に二つの趣の違う表情をもつ。バルセロナ博覧会ドイツ館の空間が住宅建築の中で単純化して再現されている。

そして国際様式（インターナショナル・スタイル）は、国際的な普遍性を持つ新しい時代の合理的な建築として、鉄・セメント・ガラスという近代工業製品を用いている。そして従来の石や煉瓦による組積造に変わって柱梁による構造で、さらに装飾を否定するものであった。

バウハウスは、多くの実験住宅を試みているが、それらはモダンデザインの起点の一つとなったものであり、後にアメリカに亡命したドイツの建築家・ルードヴィヒ・ミース・ファン・デル・ローエ（一八八六〜一九六九年）の主張するユニヴァーサル・スペース（普遍的空間）という概念に基づくチューゲントハット邸へ、さらには、第二次世界大戦後のアメリカにおけるファンズワース邸や、彼の薫陶を受けたフィリップ・ジョンソンの自邸であるガラスの家へとつながってゆくものである［図24］。

また、アムステルダム派は、曲面を多用した柔らかい造形理念にもとづいた一連の住宅および集合住宅を建設した。彼らの造形は、職人の手仕事に依存する度合いの大きいもので、近代の大きな流れの中で消えてゆく運命をたどらざるをえなかったが、その表現性は豊かな住環境を考えるうえで、今日あらためて注目されている［図25］。

図25

アイヘン・ハールの集合住宅。ミケル・デ・クレルク設計、アムステルダム、オランダ、一九一九年

ヘンドリク・ペトルス・ベルラーへのアムステルダム南部地区計画の一環として、アムステルダム派の代表的作品。煉瓦の壁、瓦屋根、そして立面の中心に塔を配した左右対称の構成からなるアムステルダム派の代表的な建築。

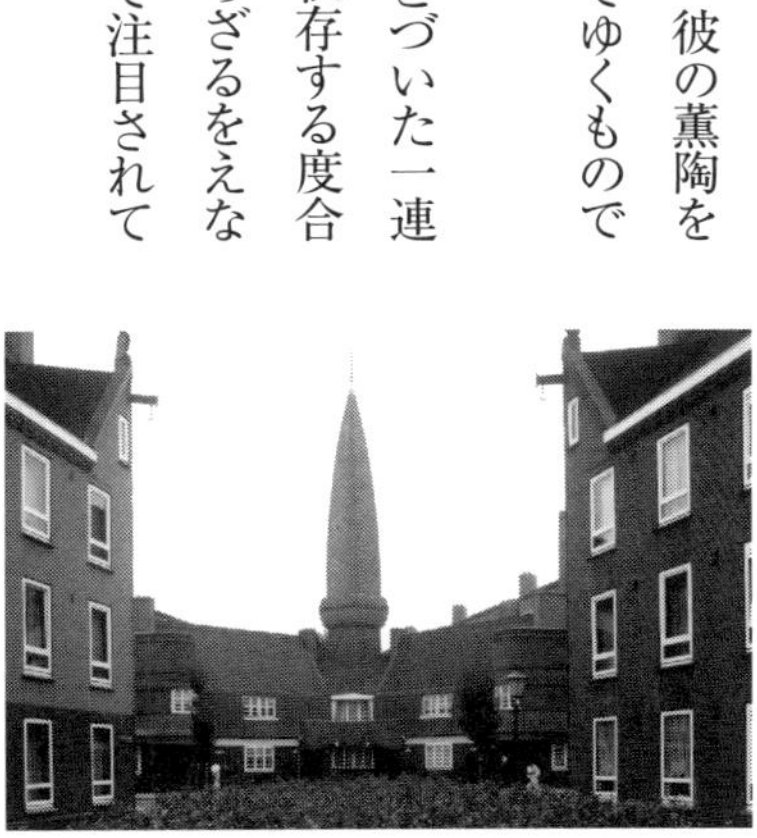

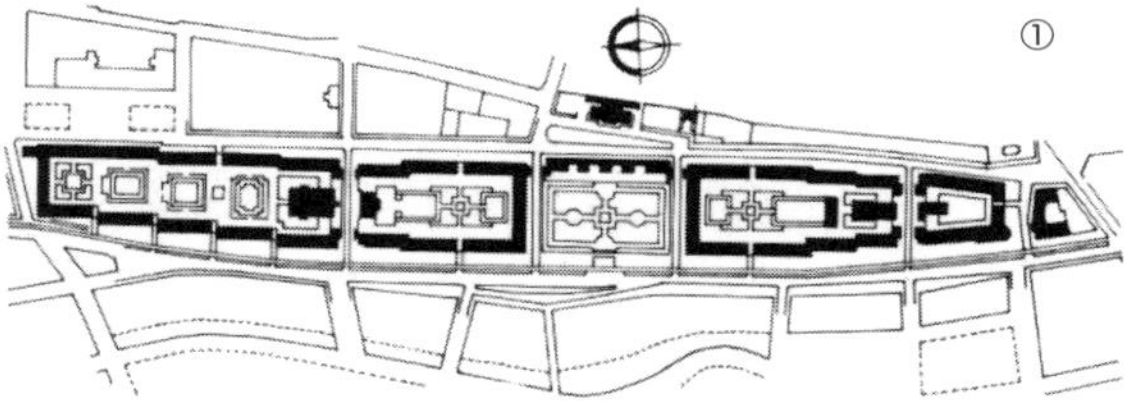

図26
カール・マルクス・ホッフ。①配置図。②外観。カール・エーン設計、ウイーン、オーストリア、一九二七年
第一次大戦後に労働者のための住宅とは何かを政治的に展開した政権主導の市営住宅。全長一キロメートル近いスーパー・ブロックの中庭に重要な意味をもたせ、多くの共同施設を設けている。建物には表現主義の影響が見られる。

第一次世界大戦は、ヨーロッパ各地に圧倒的な住宅不足をもたらしたが、比較的生産性の高いモダニズムのデザインは、そのような背景のもとに急速に普及していった。またフランクフルトに数多くの低層集合住宅を計画したエルンスト・マイの業績や、ウイーンの街区に延々と続くカール・エーン（一八八四～一九二七年）によるカール・マルクス・ホッフ［図26］などの集合住宅は、この時代の様相をよく表しているものといえよう。

また、この頃には第二次世界大戦後に、わが国に続々と建設される公団型住宅のモデルともいうべき中層

図27
健康住宅（ロヴェル邸）。リチャード・ノイトラ設計、ロス・アンジェルス、アメリカ、一九二九年
オーストリアから移住してきた建築家リチャード・ノイトラによる設計で、鉄骨フレームによる非対称な構成。ロヴェル博士の体育的生活様式による開放的な平面をもつ典型的なインターナショナル・スタイルの住宅である。

集合住宅の団地が、ヨーロッパ各地に建設された。

アメリカやイギリスは、こうした近代建築運動にかかわりをもたなかったところであるが、大陸から移住した建築家によってモダンデザインによる住宅が作られた。リチャード・ヨセフ・ノイトラ（一八九二〜一九七〇年）設計の健康住宅（ロヴェル邸）［図27］や、テクトン&ベルトリド・リューベトキン（一九〇一〜九〇年）によるロンドンの高層集合住宅ハイポイント1・ハイポイント2などが注目される［図28］。

近代建築運動は、近代的な生産システムを前提にしたデザイン理論を構築することに成功したが、その根底となった契機は、「機能」と「空間」という建築の根本原理をあらためて発見したことであった。また、住宅や集合住宅は、その理念を実現するもっとも有効な手段であったと同時に、戦火による住宅不足という当時のヨーロッパの状況にも後押しされて、多くの傑作を生み、中産階級の生活空間としてのモダンリビングが確立されていった。

図28
ハイポイント1・ハイポイント2。テクトン&ベルトリド・リューベトキン設計、ロンドン、イギリス、一九三五〜三八年　第一、二次世界大戦の間に誕生した二つの集合住宅はその美しさで評価を受けている。一階はピロティで二階から上は七層。一九五二〜五五年設計のテクトンはグループ組織名、ベルトリド・リューベトキンはロシア人で一九三二年にイギリスに移住。

生活最小限住宅

第一次世界大戦（一九一四～一八年）によって、ヨーロッパで多くの街や建築が破壊された。とりわけドイツでは被害が大きく、何にも先駆けて住宅の復興が急務であった。戦後の困難な経済状態の中にあって、ワルター・グロピウスによる建築と工芸の学校である「バウハウス」が、この住宅問題に対する一つの答として、一九二三年に「生活最小限住宅」の構想とその実験住宅を発表した。

住宅を安価に提供するための方法は、標準となるタイプを定め、これを規格化して大量生産することであり、「生活最小限住宅」はその標準タイプである。第二回近代建築国際会議は、一九二九年一〇月二三日から二六日まで、ドイツのマインツで開催され、これに合わせて生活最小限住宅の案が展示されている。このときの模様を、実際に参加した山田守の詳細な報告が、昭和六（一九三一）年の『建築雑誌』（日本建築学会）[*11]に掲載されている。

「会場外に設けた最小住宅のモデル及びフランクフルト市主催の最小住宅展を観、新興住居地建築等の見学に参加することが出来た。」、「一〇月二六日、一一時から国際展覧会を見る。会議に関連してフランクフルト市の主催にてベトーベンザール

*11　山田守、論説「生活最小限の住居（昭和五年七月五日の講演）」、『建築雑誌』四五巻、五四四号、日本建築学会、昭和六年四月号、一～四二頁、この展示には一六カ国から参加があったが、日本は未だ会員ではなかったこと、当時コルビュジエのアトリエにあった前川國男が同所から出席していたので詳細は同氏が知っているなど、記されている。

に於いて開かれた。最小限生活の住居に対する単位規格平面を各国の会員より募集し同一の図法にて統一し陳列した。」などのことが述べられている［図29］。

生活に必要な最小限の内、人間の身長などの標準寸法から考えられるハードの部分は容易に定められるであろう。しかし、個々の人たちが精神面で満足する生活理想には幅があり、ソフトの面は主観的で標準を定め難いところである。

この時「生活最小限住宅」は、一九世紀末にすでに形成されていた虚礼廃止、家族団らんの重視、家事労働の軽減、プライバシーの強化など、中産階級の生活理念を基に、標準家族がその階級の文化的生活を維持できる必要最小限の限界を追究したものであった。

例えば、標準家族が必要とする食器の種類をあげ、その数量を算出してそれを収納する食器戸棚を設計し、そのヴォリュームを把握する。そして人間の基本動作姿勢と人体標準寸法、動線から他の設備機器や家具相互間の寸法を定めて台所の広さを決める。同様に各室を定めることにより家全体の大きさが定まる。こうしてはじめて住宅を合理的に設計する試みがなされた。

すなわち、ここでいう生活最小限の空間とは、人間が生きていける最小限ではなく、中産階級が文化的生活を維持するためにこれだけは譲れないという最小限であ

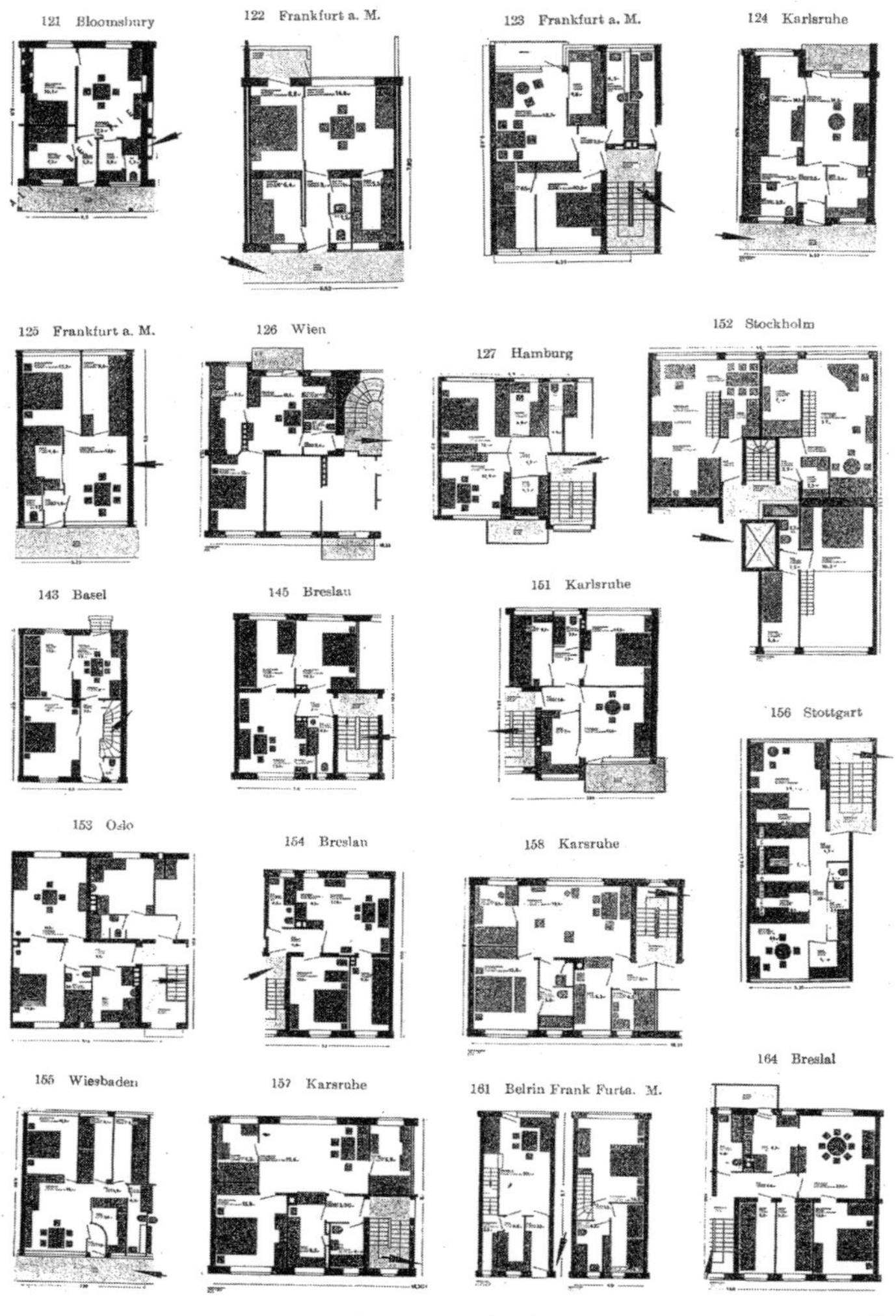

図29
第二回近代建築国際会議（CIAM）国際展覧会に出品された「生活最小限住宅」より。
生活最小限住宅の案は、にドイツで開かれた第二回国際新建築会議（一九二九年一〇月二三～二六日）のおり、同時開催された国際展覧会に一六カ国より出品された。

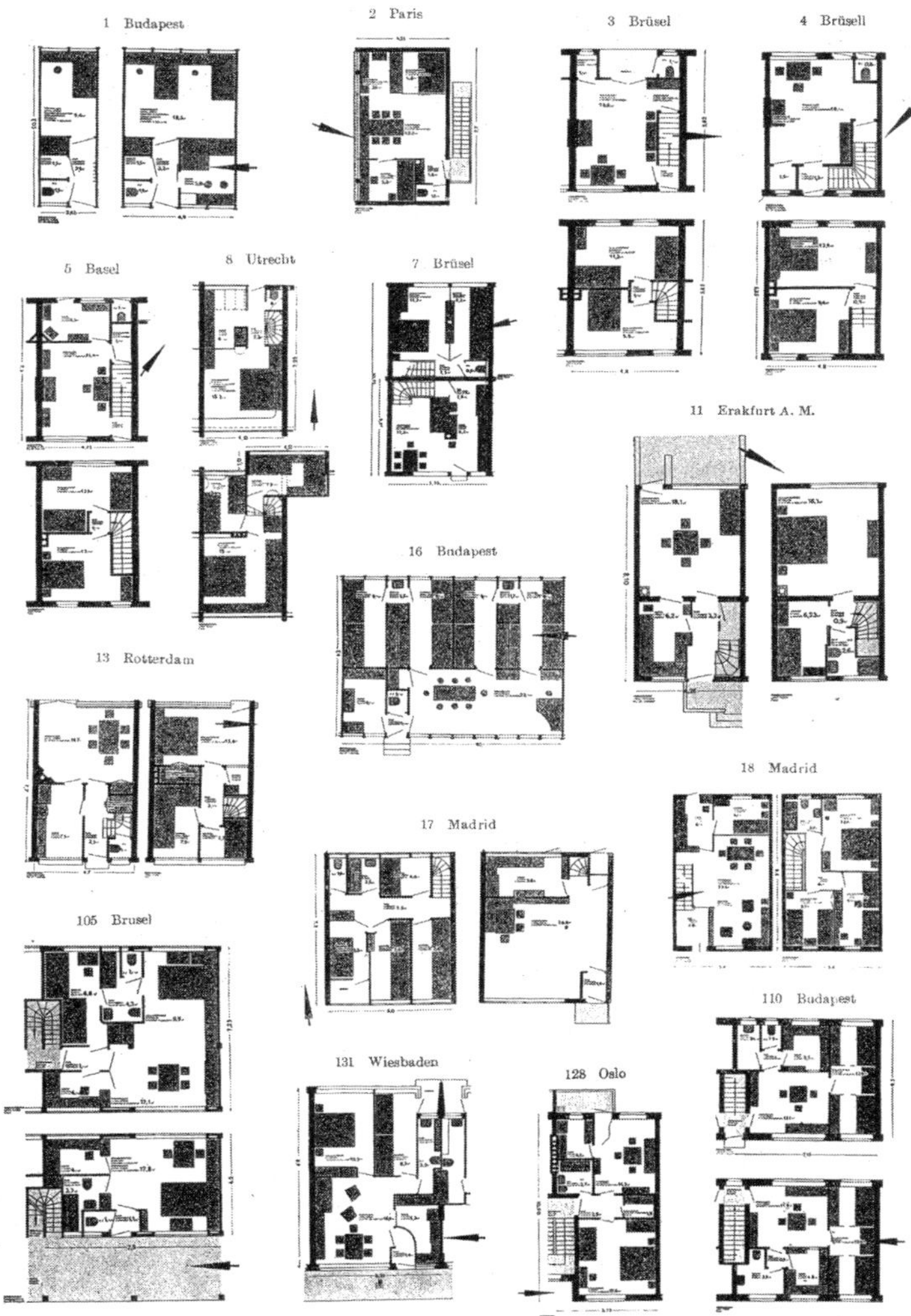
1 Budapest
2 Paris
3 Brüsel
4 Brüsell
5 Basel
8 Utrecht
7 Brüsel
11 Erakfurt A. M.
16 Budapest
13 Rotterdam
18 Madrid
17 Madrid
105 Brusel
110 Budapest
131 Wiesbaden
128 Oslo

り、その意味は後のちの住文化を考えるうえで大きい。

その考え方の一例として、アドルフ・マイヤー（一八八一～一九二九年）などによる生活最小限住宅であるバウハウスの実験住宅を見てみよう。工期は一九二三年の四月から一〇月までの六カ月間。完成した家を見ると、これが第一次世界大戦後の厳しい経済状況の中で考えられた住宅かと驚かされずにはいられない［図30］。

平面は一二・七メートルの正方形で、各室の合理的な関係が成立するように構成されている。中央に大きな居間を置き、高い天井の高窓から採光を得ている。個室などは周囲に配し、すべての部屋が直

図30
バウハウスが提案した実験住宅。①北西外観。②平面図。③台所。④食堂、ゲオルク・ムッフェ、アドルフ・マイヤーほか設計、ワイマール、ドイツ、一九二三年　バウハウスは自主開催の展覧会に向けて、時代にふさわしい個人住宅の原型を提案して建設した。

①

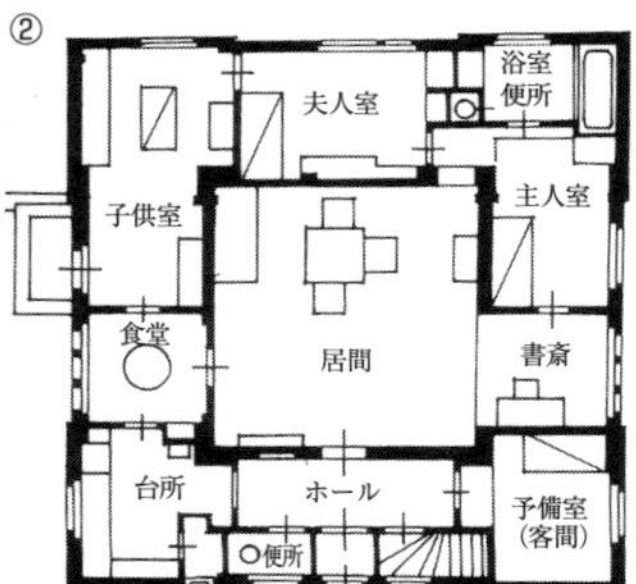

②

③

④

接外気に面して採光できるようにしている。この間取を玄関から順に時計まわりに見ていこう。

玄関を入るとまず廊下に出る。その正面は居間への入口。すぐ右手の階段を降りると、この一階の台所の下から玄関、予備室（客間）の下を通って、書斎、夫の寝室、浴室の下までL字型の大きな地下室がある。ここはドライエリアから採光が得られ、貯蔵室、洗濯場、倉庫およびセントラル・ヒーティングのボイラー室として、今日見ても質の高い空間である。

廊下の突き当たりは予備室。その隣は書斎で、居間との間に扉がなく自由に出入りできる。書斎に面して出入口がある夫の部屋と妻の部屋の間には、浴室などの水まわりがまとまっており、いずれの部屋からも一度居間へ出ることなく使用できる。居間との境には小さなアルコーブがあってプライバシーが守られている。

隣の大きな部屋は子供部屋。母親の部屋との間には出入口があり、子供が小さい頃には目が行き届く一方、成長すれば施錠して壁にすることもできる。子供部屋が広いのは将来的に複数の子供に対応して仕切ることが考えられている。

次は食堂、その隣は台所で、廊下に近い一画には食料貯蔵室が設けられている。一巡して玄関前の廊下に出ると、直ぐ脇に便所がある。

このほかに注目された案として、ベッドが壁面に格納されると夜の寝室が昼の居間へと空間が変化する案などが提案された［図31］。

ここでル・コルビュジエは、「住宅は住むための機械である」という言葉を述べて人びとを驚かせもし、誤解もされた。この言葉の真意は、住宅は機械のように無味乾燥なものでよいといっているのではなく、住宅を装飾的な見た目の美しさなどで設計し、家事労働の能率などをまったく考えなかった過去の設計を否定しているのである。そしてル・コルビュジエは、最小限住宅において規格化、標準化を行うことにより同じ型になってしまい、人びとが自由に選択できなくなることを恐れて床と柱だけを規格化して大量生産し、その中に住む人の意思で自由に間仕切りできるような提案をしている。

最小限住宅は標準型を定めて大量生産しコストダウンにつなげることを目標としていたが、結果的には実験住宅の段階で終わってしまった。しかし後の近代建築家による住宅の設計に大きな手がかりを残している。

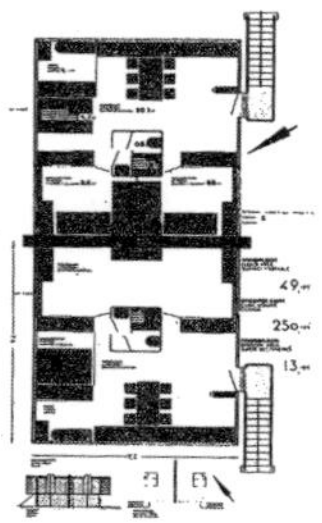

図31 国際展覧会に出品された「生活最小限住宅」の一例　壁面にベッドが格納されると夜の寝室が昼の居間に空間を変化させる。ル・コルビュジエ案。

❸ 戦後の発展と現代住宅の光と影

❸-1 戦後の復興とモダニズムの再開

　第二次世界大戦は、第一次世界大戦の戦禍が癒えぬままに、再びヨーロッパ各地に多くの住宅不足をもたらしたが、戦争の終了とともに住宅の供給が始まり、中断していた居住環境への提案も相次ぐことになった。

　一九二八年の結成以来モダニズム建築を推進してきたＣＩＡＭ*12は、戦後再開された第六回総会(一九四七年)において「ヨーロッパの復興」をテーマとして取り上げたが、これはとりもなおさず住宅をテーマとしたものである。ＣＩＡＭが戦後に主として取り上げたテーマは住宅問題で、一九四九年第七回大会のテーマは「住宅の連帯性」であり、事実上ＣＩＡＭ最後の大会となった第九回大会のテーマは「住宅憲章」であった。

*12　ＣＩＡＭは、一九二八年にル・コルビュジエやジークフリート・ギーディオンなど各国の建築家が集まって結成された近代建築国際会議。第二回会議の「生活最小限住宅」や、一九三三年・第四回会議の宣言である「アテネ憲章」(都市を住居、リクリエーション、労働、交通の四因子と歴史性などで解く)など近代建築を理論的に先導し、後に影響を与えた。しかし次第に多様化する価値観などから、一九五三年・第九回会議(フランスのエクサン・プロヴァンスで開催)が事実上の最終回で、その後一九五六年・第一〇回会議(ユーゴスラビアで開催)で決定的となり、五九年に解散する。その後第一〇回を組織したスミッソン等の若手建築家・チームＸ(テン)による動きはあったが、すでに崩壊していた。

モダニズムの確立期である一九二〇年代に築きあげられたさまざまな構想が、生産的な背景をえて現実のものとなったのも戦後間もない時期である。ル・コルビュジエのマルセイユをはじめとするユニテ・ダビタシオンは、一つの建物を一つの居住ブロックとして日常生活に必要な施設を統合し、あたかも街区が立体化されているものとして構想された住居単位の提案であり、その原点は、彼のプラン・ボワザン・ド・パリ[13]にある［図32］。

図32
ユニテ・ダビタシオン。ル・コルビュジエ設計、マルセイユ、フランス、一九四六〜五二年　約三五〇戸、約一五〇〇人を収容するほか、一住戸のパターンは一六種類で標準は約一〇〇平方メートル。商店街、幼稚園、屋上にプールなどを含み、ル・コルビュジエの住居に対する構想が集約されている。

また、建築美を生み出す寸法体系としてル・コルビュジェは、「モデュロール」を提案したが、マルセイユのユニテ・ダビタシオンは、これを各部の設計寸法に用いてつくられたものである［図33］。

ミースがシカゴに建設したレークショア・ドライブ・アパートメントは、戦火の祖国を離れてアメリカに渡った彼が、一九二〇年代に構想し

*13　プラン・ボワザン・ド・パリについては本書二一五頁の図6、*4参照

図33
人体を規範とした比例理論「モデュロール」　人体各部の寸法を規範とするダ・ヴィンチの理論は早くから知られている。ル・コルビュジエは、人体寸法を身長一八三センチの人を規範としてフィナボッチ数列から導かれる二組の尺度の体系を提示した。

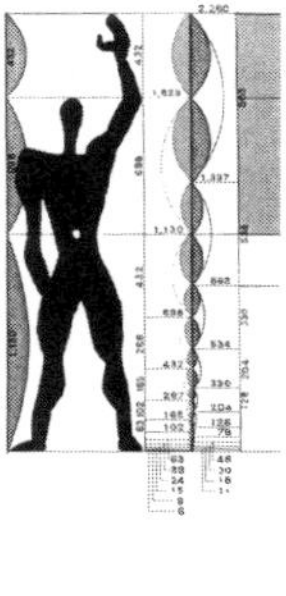

たガラスの摩天楼をアメリカの経済力と技術を背景に実現したものであり、またファンズワース邸は、同様にユニヴァーサル・スペースという理念を完成させたものであった［図34］［図35］［図36］。

①
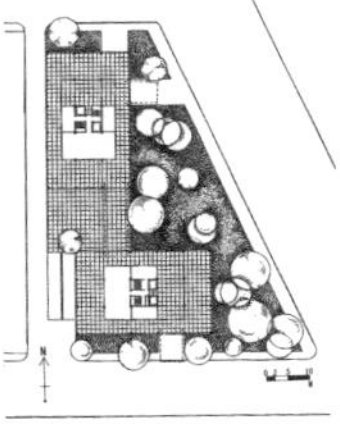

②

③

④

図34
レークショア・ドライブ・アパートメント。①配置図。②外観。③アプローチ。④ロビー。ミース・ファン・デル・ローエ設計、シカゴ、アメリカ、一九五一年　鉄とガラスだけで構成された印象を与えるミースの高層建築の型を示した。二棟とも二六階建てで、同じように美しいファサードだが、最初の塔の窓は、建物幅を窓数で割った単純計算による割り付けだが、二棟目はサッシ幅を計算しガラス窓部分が同幅になるように苦労して割り付けられている。

①

②

図35
ガラスの摩天楼（計画案）。①配置図。②外観図。ミース・ファン・デル・ローエ設計、アメリカ、一九二一年　近代建築が生み出した鉄骨構造による高層建築の構造体をガラスの皮膜で覆った明確な提案は、第二次世界大戦後のレイクショア・ドライブ・アパートメントで最初に実現した。

図36
ファンズワース邸。ミース・ファン・デル・ローエ設計、イリノイ州、アメリカ、一九五〇年　屋根と床は八本のH形鋼によって支持され、ガラスに覆われた内部では柱がなく、自由な空間が実現されて、自然の中に一体化している。

また、フィリップ・ジョンソン（一九〇六〜二〇〇五年）による「ガラスの家」は、ミースの理念を極限まで突き詰めたものである［図37］。

戦火による住宅不足という状況の類似を前提にしながら、第二次世界大戦後が第一次世界大戦後の状況と異なる点は、その建設規模の巨大さにあるといってよいであろう。圧倒的な住宅不足に対処するためにプレファブリケーションによる住宅の量産も試みられた。フランスや当時のソヴィエトにおけるプレファブによる中層集合住宅は、巨大なコンクリート・パネルを、ヘリコプターを使って組み立てるなど大がかりな試みであったが、こうした試みも、建築の工業化を視野に入れていたモダニズムの流れの中にあるものといえよう［図38］。

図37

ガラスの家夜景。フィリップ・ジョンソン設計、ニューキャナン、アメリカ、一九四九年　鉄とガラスでつくられている点はミースによるファンズワース邸と共通しているが、地面に密着し、四隅の柱とガラスによって囲われている内部など前者とは異なる建築である。

図38

巨大なユニットをヘリコプターで組み立てる旧ソヴィエトのプレファブリケーション。　旧ソヴィエトなどでは量産的なプレファブリケーションが行われ、一つの住戸単位までを一つのキュービクルとして工場生産するに至っていた。

現代住宅の多様な展開

一九五六年、CIAMの解散（第一〇回大会）はモダニズムにも転機が訪れていることを示すものであった。過去の様式と決別し「住宅は住むための機械」という理念の下に、禁欲的に機能的である表現に徹してきたモダニズム住宅に対し、過去の記憶や人間の習慣、情緒、風土など、モダニズムが切り捨ててきた心情的側面を重要視する新しい傾向が生まれてきたことである。

ロバート・ヴェンチューリ（一九二五年〜）の「母の家」は、家の伝統的なイメージである勾配屋根を復活させ、住宅のもつ多様な側面をデザインにのせよう

①

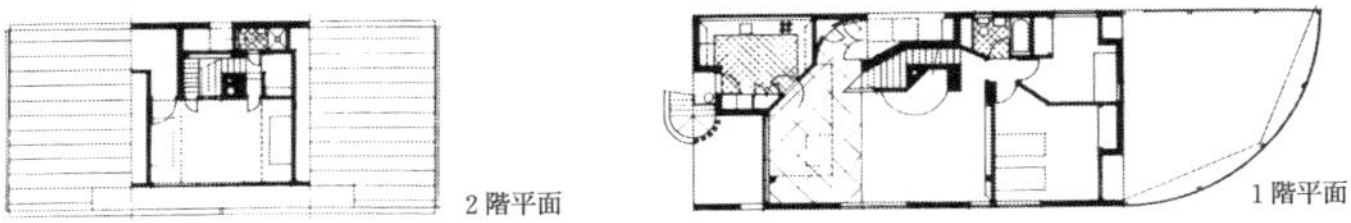

②

図39
母の家。①平面図。②外観。ロバート・ヴェンチューリ設計、チェストナッツヒル、フィラデルフィア、アメリカ、一九六四年　ヴェンチューリは近代建築を批判し、その理念の基に住宅「母の家」を設計した。コンクリート造にもかかわらず切妻屋根を用いるほか、遊び心のあるファサードをデザインし、後の住宅建築に影響を与えた。

図40
コンドミニアム・シーランチ。チャールズ・ムーア（MLTW）設計、カリフォルニア州、アメリカ、一九六六年　アメリカ西海岸の海に面する地に、景観との調和や気候も考慮し、有機的に中庭を囲む片流れ屋根の構成は、後の住宅建築に片流れ屋根を再評価させた。

と試みた提案である。この提案は「複合と対立」というヴェンチューリの建築観を反映したもので、チャールズ・ムーア（一九二五年〜）設計のコンドミニアム・シーランチも、そのような思想を根底にしたものである［図39］［図40］。同様にこの時期の住宅として、リチャード・マイヤー（一九三四年〜）の作品は、コルビュジエの作風を基調としながらも、造形的な遊び心に満ちた豊かな空間を生み出しており、このことは、すっかり確立されたかに見えたモダニズム建築にも、ようやくかげりが見えはじめ、一九六〇年代の後半には、反省期に入ったことを意味している。

ラルフ・アースキン（一九一四年〜）が手がけたイギリスのバイカーの再開発＊14は、一九世紀の後半に労働者向けに建てられた二層のテラスハウス群を含んだ広大な地域を再開発しようとする大規模事業であった。

ここでは、既存のコミュニティを再定着させること、親しみやすいものにすることなどが優先され、ともすれば整然と統一され、画一性の中に塗り込めてしまうモダニズムの手法を否定して、一見したところ、雑然とした風景をつくり上げている。

これと同じ時期に行われたミラノ郊外のガラテーゼ地区の大規模な集合住宅地の開発でも同様なことが見られる［図41］。

＊14　バイカーの再開発、一九六八〜八二年

図41 ガララテーゼ地区の大規模集合住宅地の開発。アルド・ロッシ設計、ミラノ、イタリア、一九七三年　住棟は一八二メートルにもおよぶ長さで延び、中央の四本の太い円柱以外は壁柱が端から端まで続き、幾何学的で美しい。壁柱の上に三階建てで住宅四五戸と二店舗からなる。

この地区の一画に、市の職員住宅となっている部分を手がけたのは、カルロ・アイモニーノ（一九二六年〜）とアルド・ロッシ（一九三一〜九七年）である。アイモニーノ棟は、さまざまな形式をもつ住戸を巧みに構成することにより、巨大な建築に有機的な表情を持たせようと試みたものであり、モダニズムのボキャブラリーを踏襲しながら、新しい表現を創出することに成功している。

また、個別に建てられた集合住宅の例では、スペインのタリエール・デ・アルキテクトラ*15の手がけたラ・マンサネラやエル・カステール（一九六七年〜）が注目される。これらの集合住宅におけるモダニズムの理念は真っ向から否定され、

*15　タリエール・デ・アルキテクトラ（Taller de Arquitectura）はR・ボフィールらによる建築工房

図42
ロミオとジュリエット。ハンス・シャロウン設計、シュツットガルト、ドイツ、一九五四～五九年　ロミオは戦後ドイツではじめての一九階建て、一方のジュリエットは一一階から弧を描いて五階まで低くなっている。一見対照的な二つの建物も、共通した要素をもって調和している。

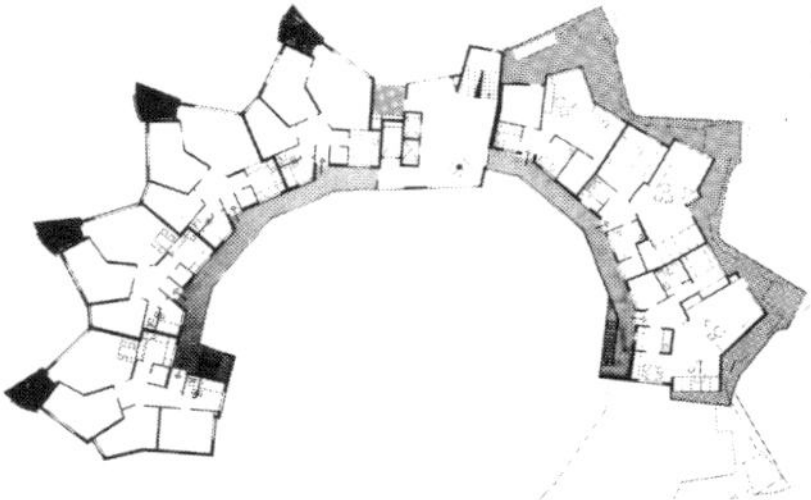

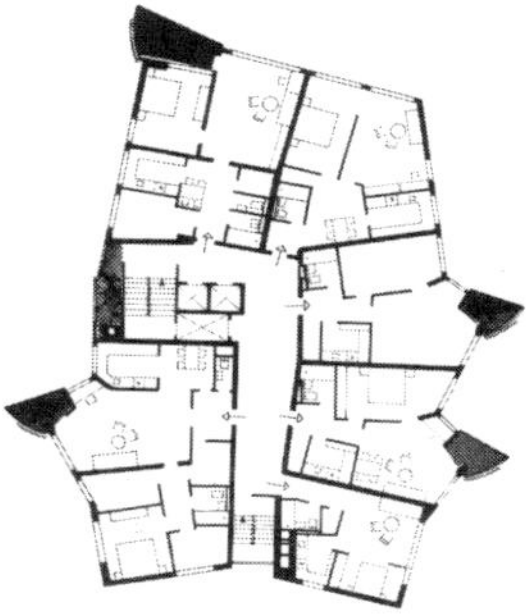

風土、社会、経済、技術などの輻輳する状況こそ建築を生む背景であり、人間の内面こそが考慮されるべきものであるという主張に基づいて設計されている。同様

図43
マリナ・シティ。ゴールドバーグ・アソッセス設計、シカゴ、アメリカ、一九五九年　上部の居住部分と立体駐車場を垂直に結合させ、車社会のアメリカ大都市の集合住宅における生活機能の集約的方向を示している。その外観からコーン・タワーと呼ばれて親しまれている。

にハンス・シャロウン（一八九三〜一九七二年）設計の集合住宅・ロミオとジュリエットは、ドイツにおける戦後初の高層集合住居であるが、地形に対して素直で有機的ともいえる形態に、安価な建築材料で魅力的な住環境を創り出している［図42］。また車社会であるアメリカにおいて自家用自動車は市民の足である。地階あるいは一階を駐車場にする一般的な集合住宅の発想を飛躍させると、高層住宅にランプで上がって車を駐車し、エレベーターに乗り換えて住戸に行く。車が生活の一部になっているアメリカ都市に誕生した集合住居の特質であろう［図43］。

チャールズ・ジェンクス（一九三九年〜）は、一九七二年七月一五日を「モダニズム建築の命日」としているが、その日は、ミノル・ヤマサキの設計によるモダニズムの集合住宅プルー・イット・アイゴーが、建設後わずか二〇年足らずで爆破、取壊しの運命にあった日である［図44］。取り壊された理由は、機能主義的な理念による設計が、現実の人間の行動とかみ合わなかったところにある。このことは、住居が単純に機能的な理念によってのみ成り立つものではないことが、現実に証明されたともいえよう。

フィリップ・ジョンソンによってデザインされたニューヨークのＡＴ＆Ｔビルをきっかけとしたポストモダニズムの思想は、建築に過去の表現を復権させ、住宅の

図44
モダニズム建築の命日。プルー・イット・アイゴー、ミノル・ヤマサキ設計、セントルイス、アメリカ、一九五二〜五五年　機能主義に基づいた集合住宅が、建設後わずか二〇年で爆破取り壊しされた。これは住居が単純に機能的理念によるものではないことの証となった。

図45
アブラクサス。リカルド・ボフィール&タジェール・デ・アルキテクトゥラ設計、マルヌ・ラ・ヴァレ・フランス、一九七三〜八三年　パリから一〇キロメートルの新都市に、ボフィールは「労働者の宮殿」を提唱してアブラクサスなどをデザインした。五八四の住戸を内包した古典表現主義ともいうべき集合住宅。

図46
ピカソ・アリーナ。M・ニュネズ・ヤノフスキー設計、フランス、一九八四年　ヤノフスキーは、集合住宅としては意表をついた形態に、ポストモダニズムの理念を実践している。

図47
アンティゴネー。R・ボフィール&タリエール・デ・アルキテクトゥラ設計、モンペリエ、フランス、一九七九〜八三年　モンペリエの再開発による新しい都市センター計画。軍用地跡など二〇ヘクタールに及ぶ広大な地域に、教育、厚生、文化施設などと居住空間、オープンスペースをもつ街区である。ここでは公共集合住宅と民間の集合住宅が適当な割合で配分され、一般的な街区をなしている。

表現にも変化をもたらした[*16]。

二〇世紀も終盤の一九八〇年代に、フランスではパリのグラン・プロジェがはじまった。二〇世紀が後世に残す文化遺産を建築として建設しようというものである。その一環として、一連の低所得者層のための集合住宅が計画されたが、その計画においてリカルド・ボフィール（一九三九年〜）は、「労働者の宮殿」を提唱したアブラクサスやアンティゴネーなどをデザインし、またピカソ・アリーナを設計したニュネズ・ヤノフスキー（一九四二年〜）は、集合住宅としては意表をついた形態に、ゴシックのフライング・バットレスを思わせる構造を組み合わせてみせるなど、ポストモダニズムの理念を実践している［図45］［図46］［図47］。

パリ地域はフランス全土の五〇分の一強にすぎず、ここに全人口の五分の一近い人口が集中している。人口だけでなく、資本も産業も文化もすべてが集中しているのであるから、行政としても分散策を推進するのは当然であろう。地価が安い郊外に新都市を造り鉄道や高速道路で結ぶ計画が立てられ、すでに着手した一九六〇年代後半は世界的に見て、経済的にも人口的にも拡張が急務であった。パリ周辺大規模再開発の一つ、デファンス地区も同様であるが、八一五ヘクタールの土地を対象に業務地区、住宅地区とも、高層建築が建ち並び、建物群の形、とりわけ

*16　AT&T本社ビルは、建物全体が大時計の形のような、そしてペディメントを想わせる古典主義とアール・デコの建物で、鉄とガラスのニューヨークの街並みにあって見上げる人に安堵感を与える。P・ジョンソン設計、ニューヨーク、アメリカ、一九八四年。

個々の建物の形と色彩が多様である［図48］。

一方独立住宅は、建築の一領域としての位置を確立し、建築理念を実践する場として多くの作品を生み出しているが、プロトタイプを提示する時代から、住宅独自の建築的な可能性を追求する方向へと進んでいる。したがって、多くの注目すべき作品に恵まれながらも、時代を代表する独立住宅を特定することは困難である。

一九八〇年代におけるポストモダニズムの様式復興の動きは短命に終わったが、それに続く一九九〇年代のデコンストラクティヴィズム（脱構築）の思想は、難解な哲学的認識を背景に、解釈学的な建築を展開する。ピーター・アイゼンマン（一九三二年〜）の一連の理念的な住宅などがそれに当たるが、そのほか、フランク・O・ゲーリー（一九二〇年〜）の奔放なデザインの自邸は、少なからず近年の住宅設計にも影響を与えている［図49］＊17。

ところで、近代建築の理念とは無関係に、人間が現代の理想の住居として目指

図48　パリ周辺大規模再開発・デファンス地区。①外観。②玄関ホール。キャメロットほか設計、デファンス、フランス、一九七七年　建物群および個々の建物の形と色彩はきわめて多様である。

＊17　集合住宅としては、わが国の「ネクサス・ワールド」に実現されている。福岡県福岡市の団地「ネクサス・ワールド」、一九九〇〜九一年。コーディネイト：磯崎新、設計者：スティーブン・ホール、レム・コールハース、マーク・マック、石山修武、クリスチャン・ド・ポルザンパルク、オスカー・トゥスケ。

すもう一つのカタチがある。高級住宅地として知られるハリウッドにほど近いビバリー・ヒルズの住宅などが好例である。ここではポストモダンもあればモダンもあるが、基本的にそのような問題ではない。近・現代にあっても住居が人間の憧れである証を見ることができる［図50］。

図49
フランク・O・ゲーリー自邸。フランク・O・ゲーリー設計、一九七八年　この自由奔放な設計は、少なからず近年の住宅設計にも影響を与えている。

①

③

②

図50
ビバリー・ヒルズの高級住宅　豊かな時代のアメリカ映画に見るような憧れの世界を象徴する高級住宅地。①平屋が原則で建物は緑に隠され、多くの家は門からは玄関へのアプローチしか見えない。②居間と食堂のL字部分に設けられたプールサイド。③大勢の来客やパーティーに対応できる広い台所。

❸-3

住宅におけるソフト面の充実

住宅における近年の理念として、リノベーション、エコロジー、サスティナブル、リサイクル、バリアフリー等のキーワードが、世界的な傾向として、建築界全体に提唱されている。

このことは、産業革命以後二〇〇年余を経過する中で、「もの」による豊かさを求め続けてきた近代社会に大きなひずみが生じ、修正を余儀なくされた結果であり、産業構造が再び大きく変換し、ものの生産から知の生産へと変貌してきていることを反映している。

リノベーションあるいは再開発では、アムステルダムやかつて海からの流通拠点であった倉庫群が、居住区として再開発されたロンドンのドックランドの事例などがある。ドックランドは、テムズ川畔のドックの再開発プロジェクトで、多数の集合住宅の他、オフィスやポストモダンの商業施設、さらには空港をも含む大規模なウオーター・フロント開発である［図51］。同様にロンドンの中心から東へ一三キロメートル離れたテムズ川下流にある未開発の荒廃地に着目して、人口六万人、一万七〇〇〇戸の新都市を建設した。テムズミードと呼ばれるこの計画は、低湿地帯を宅地造成するためには盛土を必要とするが、外部から土を搬入する代わりに三つの人造湖を掘り、その土で土地を改良することからはじめた。ここでは湖や河川の配置を骨子とし、ヨットハーバーやボート乗り場などのレジャー施設を組み入れることにより、今まで見向きもされなかった敷地の悪条件を逆手にとってレジャー活動の充実と環境整備に転化させた。

テムズミードがもつ意義の一つは、自分たちの日常生活圏でレジャーやスポーツを楽しめるということで、ニュータウンに新しい指針を与えたものである［図52］。

図51
ドックランド。ロンドン・ドックランド開発会社、ドックランド、イギリス、一九八七年～　かつては船交通の要衝であったテムズ川河畔のドックの大規模なウオーター・フロント開発。集合住宅、オフィス、商業施設などからなる。

図52
テムズミード。G・L・C、アベイ・ウッド、イギリス、一九六六年～　ロンドンから一三キロメートルの新都市。敷地の条件の悪さを逆手にとって、人造湖を計画の中心として環境整備に転化させた。

これとは対照的にバービカンは、場所がロンドン市内であることから土地を最大限に利用することが求められた。高密度居住地で、しかもオープンスペースを確保し、学校、教会、劇場、図書館などの教育や芸術のための施設をはじめ店舗やレストランを含み、夕食後に下の階へコンサートを聴きに行くことも可能である。また歩道と自動車道とをレベルによって完全に分離するシステムの採用など、住みやすい近隣環境づくりに主眼をおいている〔図53〕。

ところで、本書は、古代ローマにさかのぼるラテン系の人びとの間に生まれた「石の文化」と原始ゲルマンに源をもつ、ゲルマン系の人たちの中に育まれて来た「木の文化」という異なる二つの文化に視座をおき、各時代の西洋住居について述べてきた。この文化の異なる性格が最も顕著に現れたのは、中世の町家においてであり、その継続は一九世紀まで見ることができた。

しかしラテン系文化の継承者であるフランスにおいて、今日なおパリ市街に残る一九世紀の集合住宅の中に見られたような、一つ屋根の下で「階」を異にして住み分ける階層別の住まい方、すなわち富める者も貧しい者も階層の異なる人びとが、同じ建物の中に起居する生活の仕方は、今日残された一九世紀からの建物のストックの中にそれに近い形がかろうじて残されているだけである。

図53 バービカン再開発地区。G・L・C、チャンバリン、パウエル&ボン設計、バービカン、イギリス、一九八二年　高層棟から低層まで、さまざまな種類の住戸が二〇〇〇、小さな町ともいえる六〇〇〇人以上の人口を擁している。ここでは公共とプライベート部分を融合させ、ギャラリーやコンサートホールと住宅との境界がない。また歩道と車道を完全に分離するなど、住みやすい近隣環境造りに主眼をおき、全体としてグレードが高く文化的な集合住宅である。

新しく計画された集合住宅の中に、必ずしもこうした文化を保存する動きはなく、例えば先にあげたアブラクサスにせよピカソ・アリーナにせよ、パリ郊外に建設された集合住宅を見ても、結果としてそれぞれ生活程度が近い人たちが居住している。ここには富める階層と貧しい階層が、同じ建物の「階」によって住み分けていた姿をすでに見ることはできない。

二〇世紀末のヨーロッパは新しい意欲に燃えていたが、集合住宅の計画においても新しい動きが生まれてきていた。これらは、集合住宅の計画という面からばかりではなく建築全般の表現にかかわる試みとして注目されるものである。MVRDVによる「老人のための一〇〇戸の集合住宅」は、キャンティレバー（片持梁）によって一戸の住戸を丸ごと張り出すという意表をついた計画で、建築界全体に大きな衝撃を与えた［図54］。

図54 老人のための一〇〇戸の集合住宅。MVRDV設計、オスドルプ、オランダ、一九九四年
アムステルダムの田園都市において、この建物は、高齢者施設群の最後の部分にランドマークとしてつくられた。

近年ではこうした住まい方とは別に、人間が自分たちの将来を真剣に見据えて、ライフスタイルそのものを問う動きが見られる。

その一つとして、画一的な今までの住宅に対する批判から、一九七〇年代以降、高福祉民主主義国であるスエーデンや、デンマークあるいはオランダは、他国に先駆けて「コレクテティブハウジング」の取組みを行ってきた。

コレクテティブハウジングは、女性を家事から解放し、新しい育児理論による共同保育、セントラルキッチン、家事サービス付の集合住宅である。これはまた、「個人や家族の自由でプライバシーのある生活を基本に、生活の合理化や質の向上を目的として、日常生活の一部を共同化し、そのための生活空間を共用化、そのような住コミュニティを居住者自身が造り育てていく」[*18]というものである。

なかでも日常の夕食の共同運営は、回数の差はあれ、コレクテティブハウジングにおける生活の中心である。また、住棟あるいは一住宅団地内に独立完備した複数の住戸の他に、豊かな共用室や設備が組み込まれている。これらの共用室は、多くは各住戸の面積を基準から一〜一・五割減じて生み出している。すなわち共用室が付加価値として存在するのではなく、個々の住戸の延長という概念である［図55］［図56］。

*18 真鍋弘編、小谷部育子ほか『共に住むかたち』、建築資料研究社、一九九七

①

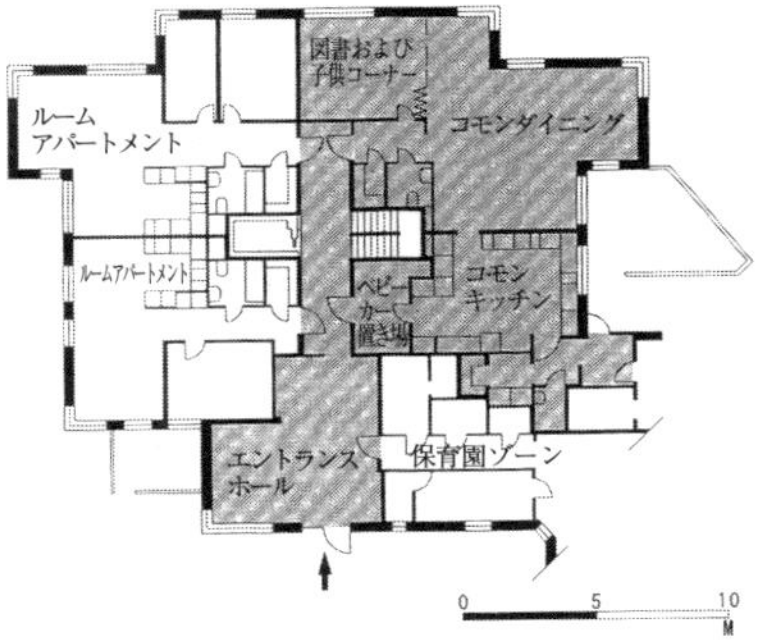

②

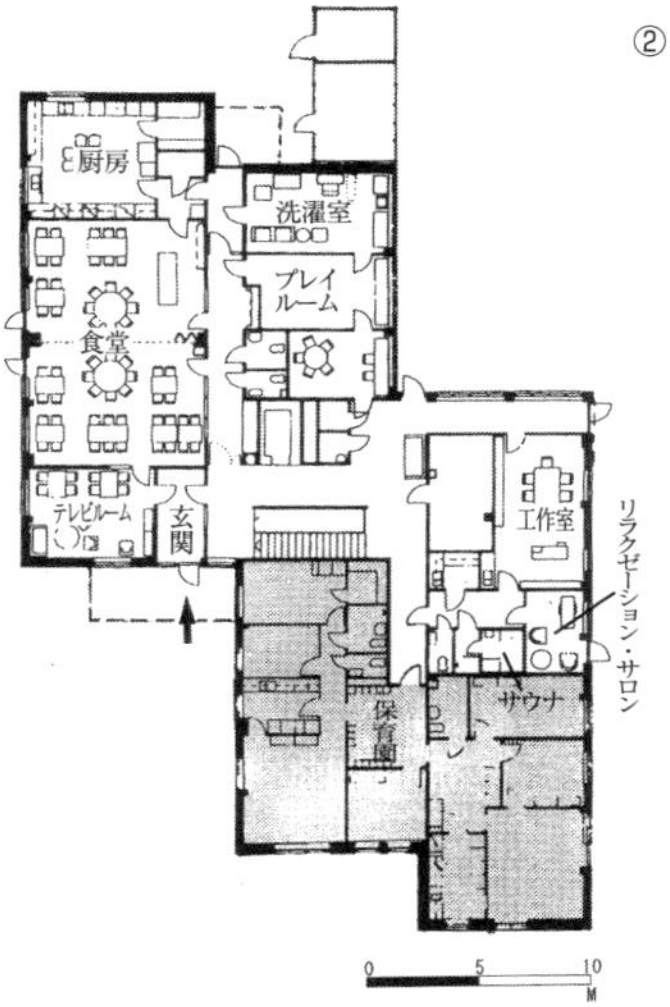

図55

①コレクティブハウジング・例1。プレストゴーズハーゲン。ストックホルム、スウェーデン、一九八四年 スウェーデンで最初の新築公共コレクティブハウス。現在は少子化の影響により、この建物内の保育園は廃園となり、その部分も住居となっている。**②コレクティブハウジング・例2。フレスタバッケ。ストックホルム郊外、スウェーデン、一九八八年** 市の公共住宅であるが、運営は住人主体で行われている。スウェーデンでは一〇代で親元を離れる人も多く、このハウスでは一五歳以上から個人の入居希望者としてリストに載せることができる。

①

②

図56

コレクティブハウジングの生活。フェルドクネッペン。ストックホルム、スウェーデン、一九九三年 ①調理担当が順番にまわり、担当者がコモンキッチンにて居住者全員の食事をつくる。ともに調理し食事をすることによって育まれる相互扶助が、コミュニティの絆をより強いものにする ②週末の金曜になると、食後はコモンダイニングに居住者たちが集まり、持ち寄ったワインを片手に楽しいひと時を過ごす。

コレクテティブハウジングは、居住者にとって個人や小家族では実現することのできない多様な可能性と、何よりも隣人たちを知っている安心感と楽しみが得られること、そして個人の自立が可能になることが特徴である。

また戸建て住宅にあっても多くの可能性が模索されてきた。ＯＭＡ*19の「ボルドーの家」は、ハンディキャップをもつ施主の状況を巧みに空間化することにより住宅のもつ建築的な可能性を示したものである［図57］。

❸-4

住居と環境共生

近代以降、科学への絶大なる信仰と利便性の飽くなき追求は、人工環境への依存におよぶに至り、住生活における環境の危機を招いている。近年では地球温暖化などが指摘されているが、この現象が進めば乾燥化が進み、世界的な食料危機を招くともいわれている。こうした環境の危機は、先

図57
ボルドーの家。ＯＭＡ設計、ボルドー、フランス、一九九八年　車椅子を必要とするこの家の主人は、三×三・五メートルのエレベーターで、三層からなる家の中を自由に移動できる。障害者の住宅として、シンプルなものがよいとする通常概念を否定した住宅建築。

*19　ＯＭＡ＝Office for Metropolitan Architectureの略

進諸国のさまざまな開発に主たる原因があり、地球温暖化の原因の一つは大気中への炭素の排出で、日常生活における冷暖房もその一因となっている。

住宅における省エネは、石油やガスの使用を減らし、太陽熱、地熱あるいは風力を利用する一方、建物の断熱性能の向上によるエネルギーの節約により、環境を汚染するものの排出を抑える工夫が望まれる。その意味でジョン・S・テイラーの著になる『COMMONSENSE ARCHITECTURE』*20には多くのヒントがある。この書名を日本語に訳すと「普通の家」あるいは「常識の家」となる。今日、われわれが当然のように「普通の建築」だと思っているものは、本当は普通ではなく、現代社会の中で「普通の建築」ではないと思っていたものが、良く考えてみれば、実は普通であり常識なのだということに気付かなければならない。すなわち、冷房されている普通の部屋も本当は普通ではない。動物本来の姿を考えれば、人工的に冷房することなく、風通しの良い部屋こそ普通の部屋なのである。

近代的集合住宅においても、造形的な遊び心に満ちた豊かな空間を生み出しているアトリエ5*21設計によるハーレンの集合住宅は、スイスの山の斜面に自然と融合した低層住宅を提案し、環境との共生を打ち出している［図58］。

また、住宅建築の中でもとりわけ民家は、人間が一所懸命生きてゆくための生活

*20 JohnS Taylor.*COMMONSENSE ARCHITECTURE*.W.W.Norton& Co.,Inc.,1983（後藤久訳『絵典世界の建築に学ぶ知恵と工夫』、彰国社、一九八九）

*21 アトリエ5＝スイスのベルンにおいて一九五五年に、E・フリッツ、S・ゲルバー、R・ヘスターベルク、H・ホステットラー、A・ピーニという若い五人の建築家が結成、発足し、その後メンバーは増加している。

の知恵に基づいている。こうした先人の考えたことの中には、今日なお学ぶべきことが少なくない。ますますハイテク先端技術が導入される一方で、通風や換気など先人の知恵にもう一度目を向けることも必要であろう。

涼しく住まうための工夫として、いつの時代も換気と通風が基本であることに変わりはない。古代ギリシアにおけるヴェリア村は、街路に面する町並みの軒の高さを変えている。向き合う軒と軒の距離は高さが同じ場合に比べ、高さが変われば斜めになり、

図58

ハーレンの集合住宅。アトリエ5設計、ベルン近郊、スイス、一九六〇年　一九五五年にスイスのベルンで結成された五人の若手建築家による作品。森に囲まれた斜面に建てられた低層集合住宅で、当初は芸術家や教師、医師などのコミュニティであった。南と北の住棟があり、各住戸は、二階に入口と居間、一、三階に寝室からなる構成。低層集合住宅の新しい方向を示した。

軒と軒の間隔は広くなり、風の通りがよくなる。街路を吹き抜けるより低い温度の空気によって、夏の暑い空気が上に押しやられて吹き抜けてゆく。街路を涼しくすることにより、結果として街路に面する家が涼しくなる［図59］。

また、住宅の屋根の上に「風受け」を設け、家の中に風を入れて涼しくする知恵は、古くは古代エジプト中王国時代の墓の壁画にも現れるが、今なお見られるパキスタンの風受け（バッド・ギア）はよく知られている。形は違うが、何世紀も前からベルギーやアフガニスタンにも同様な考えに基づくものがあった［図60］。

涼しく過すために、上記の換気・通風と異なる視点で、太陽による日照を避け

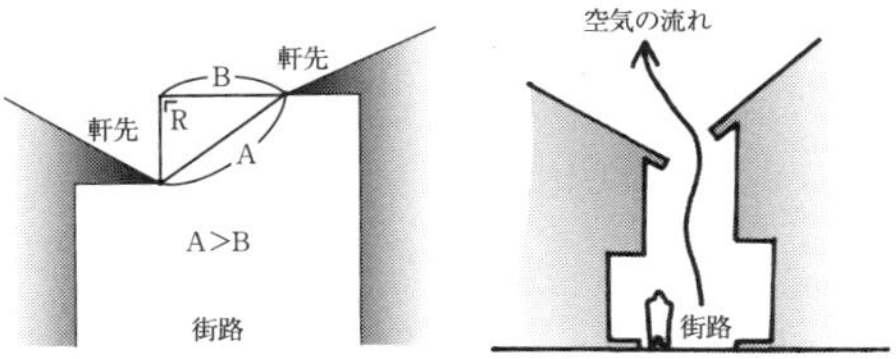

図59 **古代ギリシアのヴェリア村の街並み** 道を挟んだ両側の家の軒高を変えることにより、同じ高さの場合よりも、軒先と軒先の距離が長くなる（直角三角形の斜辺は他の二辺よりも長い）。その結果風の通りが良くなり、街路の温度が下がるので、街路に面した家々も涼しくなる。

①

②

図60 **パキスタンの風受け「バッド・ギア」** ①パキスタンのシンド州では屋根の上に風受けを設け、五〇〇年も前からこの方法で風を取り入れている。②同じ方向から風が吹いてくるため、風受けはどの家も同じ方角を向いている。

ることも重要である。チャドやカメルーンの農家に見られる泥で出来たドーム状の家は、その表面全体に模様が付いている。描かれたものではなく立体的な凹凸状の模様である。その結果この家は、何も日陰にするものがない砂漠の中で太陽が真上にあってもなお自ら日陰をつくり出している。すなわち凸部に日が当たれば必ずその下に陰ができることから、建物の表面全体に凹凸を付けることによって、常に建物に陰をつくっている〔図61〕。もちろんエアコンのある現代において、その使用を否定するものではないが、そのコストや排出される熱量を減らす可能性を探りたい。

近・現代を述べる第五章までたどってきた本書において、今奇しくも第一章で述べた原始あるいは古代の住居に戻ってきた。このことが未来の住居に対し、権威ある予言をなしうるような英知を育むためには「住居史」、すなわち住居に視座をおいた人間の生活の変遷を学ぶことの重要性を意味しているといってよいであろう。

図61
チャドやカメルーンの泥で出来たドーム状の小屋　チャドやカメルーンの農家では、泥でつくったドーム状の小屋の表面に凹凸を付けることにより、単なる装飾ではなく日陰ができるように工夫されている。

索引

【あ〜お】

アーギル・ハウス……169
アーツ・アンド・クラフツ運動……226
アール・ヌーヴォー……226
アイタム・モート……112
アイヒビュール……38
赤い家……219
アトリウム……75
アメンヘテプ三世……53
アル・カフン……67
アングロ・サクソン人……90
インスラ……78
インターナショナル・スタイル……237
ウィトルウィウス建築書……75
ヴィラ・カプラ……175
ウインター・パーラー……121・159
ヴエッティーの家……73
ヴェルサイユ宮殿……176
ヴォー・ル・ヴィコント邸……167
ウォーター・フロント……260
ウッド、ジョン……190
ウル……49
エトルリア人……72
エリザベス朝……178
オーフォード城……96
オスティア……80
オッピドウム……34
オリュントス……71

【か〜こ】

カーペンター・ゴシック……200
ガウディ、アントニオ……228
カエサル……80
鏡の間……177
カサ・ミラ……228
カルカッソンヌ……134
乾泥構法……63
カントリーハウス……178
キープ……96
騎士……126
ギャラリー……107
近代建築国際会議……247
ギルド……139
クノッソス……68
グラン・サロン……173
クリュニー……144
グレイト・パーラー……180
グレイト・チャンバー……116
クレセント……184
グロピウス、ワルター……232
ケナクルム……85
ケルト……33
杭上住居……40
コールズヒル・ハウス……179
湖村……36
コルテ……206

コレクティブハウジング……264
コロニアル住宅……197
混構造……131

【さ～そ】

サーカス……184
サヴォア邸……234
左右対称形……160
サロン……169
産業革命……223
CIAM……247
ジェームズ・タウン……196
シェルター……24
ジャック・クエール邸……142
シュタイナー邸……231
ジョーンズ、イニゴ……189
シングル・スタイル……200
スカラ・ブラエ……32
スキエラ……206
スクエア……184
ストーマー家のドールハウス……212
生活最小限住宅……240
セグメントハウス……82
セセッション……230
セミ・デタッチド・ハウス……195
セント・ジェームズ・スクエア……184
ソーラー……105
ソルトボックス……198

【た～と】

ダービー卿邸……165
ダイアナの家……86
ダイス……110
タベルナ……85
チグリス川……45
チャタル・フユク……29
ツー・バイ・フォー構法……201
ティピー……27
ティリンスの城塞……69
テーベ……54
デファンス……257
テュルゴ・プラン……146
テラスハウス……183
テル・アスマル……48
テル・エル・アマルナ……58
デル・エル・メディナ……64
デロス島……70
田園都市構想……224
テントの家……27
洞窟……23
ドールハウス……212
ドッグランド……260
ドミノ……234
ドムス……74
ドライエリア……187
トリクリニウム……86

【な～の】

中庭形式……48
ナツメヤシ……62
ニュンフェンブルク宮……177
ねぐら……23
練土……44

農奴 126
ノルマンコンクェスト 91
ノルマン人 90
ノルマンディー 91

【は〜ほ】

パーク・クレセント 191
バース 190
バービカン 262
ハーフティンバー 138
パーラー 162
ハイ・テーブル 121
バイユー・タペストリー 92
バウハウス 236
ハッスーナ 46
バッテリー 109
バッド・ギア 269
パラッツォ 203
パラッツォ・ストロッツィ 207
パラッツォ・ファルネーゼ 210
パラッツォ・メディチ 205
パラッツォ・ルチェライ 207
パラーディオ、アンドレア 189
バルーン構法 202
ハルシュタット文化 33
ハレム 54
ハワード、エベネーザー 224
パンサの家 73
パントリー 109
ビスクーピン 40
日干煉瓦 29
氷河時代 22
ヒルフォート 34
ピロティ 221
ファンズワース邸 237
ブースビー・パグネル 105
フェーデル湖 30
プエブロ 195
複合階層 18
複合有心平面 51
複合建築 83
複合有心空間 51
フッガー家 152
フッゲライ 152
ブラン・ボワザン ド パリ 224
フランクリン通りのアパート 231
フランソワ・ミロン通りの家 147
プリエネ 70
ブルームズベリー・スクエア 184
ブルク 133
プレイリー・スタイル 201
ベイリー 91
平炉 121
ベッドフォード・スクエア 185
ヘディンガム城 96
ペリステュリウム 76
ヘルクラネウム 74
ホーカム邸 174
ボーデン湖 38
ホール 100
ポストモダニズム 258
ボフィール、リカルド 257
ホルサバード 51

ポンペイ……73

【ま～も】
マーブルプラン……81
マイヤー、アドルフ……244
マナハウス……104
マルカタ王宮……54
ミース・ファン・デル・ローエ、ルードヴィヒ……237
ミュケナイの宮殿……68
メイズ農場主の家……171
メガロン……37
メソポタミア……44
モット……91
モリス、ウイリアム……219
モンタキュート邸……161
モンパジェ……144

【や～よ】
有軸空間……111
有軸平面……111
有心空間……50
有心平面……50
ユーフラテス川……44
ユダヤ人の家……140
ユニヴァーサル・スペース……237
ユニテ・ダビタシオン……248

【ら～ろ】
ラ・テーヌ文化……33
ライト、フランク・ロイド……232
ラテン碑文集……84
リトル・モルトン・ホール……165
ル・ノートル……177
ル・コルビュジエ……234
ルイ十四世……175
レークショア・ドライブ・アパートメント……248
ロイヤル・クレセント……190
ローテンブルク……135
ローハウス……193
ローマン・ヴィラ……118
ロビー邸……232
ロング・ギャラリー……162

【わ】
ワーキングクラス・フラット……193
ワグナー、オットー……228

図版出典・撮影者・提供者リスト

＊（　）内の図番号は本書の図番号を示す。

第一章　原始

Hans Ebeling/Wolfgang Birkenfeld,*DIE REISE IN DIE VERGANGENHEIT BAND* 1,Georg Westermann Verlag,Braunschweig,1970　（図1）、（図4）

『世界文化史大系　第一巻　生活技術の発生』角川書店、一九六〇、二〇二頁、二一四頁二一五頁、二三六～二三七頁　（図5）、（図6）、（図25②）、（図26）

Alceander Funkenberg, *HAUS UND HOF IM NORDISCHEN RAUM 1.BAND*, Hans Reinerth, 1937, p.7,p.76, p.75, p.77,p.54,p.55,, p.9, p.73,p.81,p.9,p.82　（図12）、（図13①）、（図13③）、（図13②）、（図14①）、（図14②）、（図19②）、（図20②）、（図21）、（図22③）、（図23①）

HISTORICAL ATLAS OF BRITAIN — Revised Edition,Grisewood and Dempsey Limited,1987　（図15①）

Dennis Harding, *ELSEVIER PHAIDON*, Prehistoric Europe, 1987　（図15②）

ケルト文化,Time Inc.,1977　（図16）、（図18）

柳宗玄・遠藤紀勝『幻のケルト人・ヨーロッパ先住民族の神秘と謎』社会思想社、一九九四、四四頁　（図17）

G. D. Clark , *PREHISTORIC EUROPE*, Methun, London, 1952, p.147 ,p.148,p.21　（図22①、②）、（図23②）、（図24）

第二章　古代

Jean Bottero,*BABYLONE ET LA BIBLE*, Belles Lettres,Paris,1994（図1）

渡邊保忠『マルカタ王宮の研究・マルカタ王宮址発掘調査一九八五－一九八八』、中央公論美術出版、一九九三、九九頁、一六八頁　（図13）、（図18）

渡邊保忠『西洋住宅史』（建築学大系編集委員会編・新訂・建築学大系28・独立住宅）、彰国社、一九七〇、六一八頁（図19）、（図20）

Adolf Erman, *LIFE IN ANCIENT EGYPT*, Dover Publications, New York, 1971, p.174　（図21）

渡邊保忠・鈴木洵・稲葉和也『マルカタ南所見の乾泥構法住居について』日本建築学会大会学術講演梗概集、一九八六　（図23）

J. G. D. Clark , *PREHISTORIC EUROPE*, Methun, London, 1952, p.139（図29①）

Frank E.Brown, *ROMAN ARCHITECTURE*, Studio Vista, London, 1968, p.97　（図34①）、（図41）

Alexander G.　Mckay, *HOUSES, VILLAS, AND PLACES IN THE ROMAN WORLD*, The Johns Hopkins University Press, Baltimore and London, 1998　（図34②）、（図48③）

George Sampson,　*POMPEII AS IT WAS AND IT IS TO-DAY (J.A.Hammerton,WONDERS OF THE PAST,Part4)*, G.P.Putnam's Sons, New York, p.217　（図38）

後藤久『都市型住宅の文化史』〈ＮＨＫブックス〉、日本放送出版協会、一九八六、七二頁、八三頁　（図39②）、（図44①）

Axel Boethius, *THE GOLDEN HOUSE OF NERO*, The University Of Michigan Press, Tronto, 1960, p144 (図42②)

『ラテン碑文集・第4巻』 (図45②)

Bernard Rudofsky,*NOW I LAY ME DOWN TO EAT*, Bernard Rudofsky,New York,1980 (図48④)

第三章 中世

Althea / Hilary Abrahams illust, *LIFE IN A CASTLE* , Cambridge University Press, London, 1982, p.2, p.6 (図1①)、(図6)

R.R.Sellman/ Kenneth Ody illust, *NORMAN ENGLAND*, Methuen & Co Ltd., London, p.29 (図1②)

David J.Bernstein, *THE MYSTERY OF THE BAYEUX TAPESTRY*, Weidenfeld and Nicolson,London,p.230 (図2①)

Mogens Rud, *THE BAYEUX TAPESTRY AND THE BATTLE OF HASTINGS. 1066*, Christian Eilers Copenhagen, 1988, p.72 (図2②)

WARWICK CASTLE, Warwick Castle Ltd., 1987, p.40~43 & p.45~46 (図3①②③④⑤⑥)

John Burke,*THE CASTLE IN MEDIEVAL ENGLAND*,B.T.Batsford Ltd,London,1978 (図4)

John Burke, *LIFE IN THE CASTLE IN MEDIEVAL*, B.T.Batsford, London,p.82,p.24,p.38 (図4)、(図8)、(図24①)

Marjorie & C. H. B. Quennell, *A HISTORY EVERYDAY THINGS IN ENGLAND vo.1*, B.T.Batsford Ltd., London, 1969, p.31, p.35, p.124, p.62, p.124, p.216 (図9①、②)、(図20)、(図23)、(図34)、(図39)

STOKESAY CASTLE, English Life Publications Ltd., P.16 (図14①)

Duke of Rutland, *BELVOIR CASTLE*, English Life Publications, 1981, p.13 (図14②)

Brian Bailey, *ENGLISH MANOR HOUSES*, Robert Hale, London, 1983, p46, p4 (図17)、(図19①)

PACKWOOD HOUSE, The National Trust, 1981, p.13 (図19②)

渡邊保忠『住居史』、日本女子大学通信教育事務部教材課、一九九八、六五頁 (図22)

Mike Graham-Cameron / Helen Herbert illust, *HOUSHOLDS THROUGH THE AGE*, Cambridge University Press, London, 1979 (図24②)

James Fowler & Carole Kenwright, *THE DEVELOPMENT OF IGHTHAM MOTE*, The National Trust, 1988 + *WHO BUILT IGHTHAM MOTE?* , The National Trust, 1988 (図26)

IGHTHAM MOTE, The National Trust, 1988, p.14 ,p.18 (図27①、②)

Susan Raven, *ROME IN AFRICA*, Evans Brothers Ltd., London, 1969,p.129, p.128 (図31①、②)

Brian Bailey, *ENGLISH MANOR HOUSES*, Robert Hale, London, 1983, p26 (図33)

L.M.Boston,*THE STONES OF GREEN KNOWE*,The Bodley Head Ltd.,1976 (図36)

H. Avray Tipping, *ENGLISH HOMES Periods I.and II-vol.II 1066-1558*, The offices of country life, London, 1936, p.167 (図37)

A HISTORY EVERYDAY THINGS IN ENGLAND vo.1, B.T.Batsford Ltd., London, 1969,p.216 (図39)

16世紀初頭Flemish calendar による, THE BRITHISH LIBRARY絵はがき 一九七六・一九七七 (図40)、(図41)

Marjorie Rowling, *EVERYDAY LIFE IN MEDIEVAL TIMES*, B.T.Batsford Ltd., London, 1972, p.85 (図43)

Horst Butter & Gunter Meissner, *TOWN HOUSES OF EUROPE*, Antique Collectors' Club, 1983, p.57,p.60 (図44)、(図53)

Rob Neillands, *JOURNEY THROUGH ENGLAND*, Gallery Book, New York, 1986, p.69 (図54)

GLADSTONE'S LAND, The National Trust For Scotland, Edinburgh,

1983 （図55①）
Peter Bushell, *LONDON'S SECRET HISTORY*, Sherban Cantacuzino, Constable Publishers, 1987 （図56）
EUROPEAN DOMESTIC ARCHITECTURE, Studio vista, London, 1969, p.106 （図57）
中世のフレスコ画（イタリア・ペルージャのコンペ資料、一九七一） （図58）
Steen Eiler Rasmussen, *TOWNS AND BUILDINGS, Described in drawings and words*, Harvard University Press, Cambridge , p18 （図59①）
Michel Gallet, *PARIS DOMESTIC ARCHITECTURE OF THE 18TH CENTURY*, Michel Gallet, 1972 （図60）
Howard Saalman, *HAUSSMANN:PARIS TRANSFORMED*, George Braziller, New York, 1971, p.60 （図61①、②）
Axel Boethius, *THE GOLDEN HOUSE OF NERO*, The University of Michigan Press, 1960, p.151 （図63）
ヨースト・アマン著、小野忠重訳『西洋職人づくし』、岩崎美術社、一九七五 （図64）
藤代幸一訳『ティル・オイレンシュピーゲルの愉快ないたずら』、法政大学出版局、一九八一、九七頁 （図65）
Richard Krutheimer, *ROME PROFILE OF A CITY*, Princeton University, Princeton, 1960 （図67）

第四章　近世

Mark Girouard, *LIFE IN THE ENGLISH COUNTRY HOUSE*, Yale University Press, Connecticut, 1978, p.116,p.101,p.150, p.127,p124,p.125,p.197 （図5①、③）、（図12①）、（図17②）、（図23②、③）、（図26）
The Duke and Duchess of Devonshire, *CHATSWORTH*, Derbyshire Countryside Ltd., 1988, p.23 （図10）
Nathaniel Lloyd, *HISTORY OF THE ENGLISH HOUSE*, The Architectural Press, London, 1975, p.246,p.197.p.205, （図13②）、（図14①）、（図15）
Michael I.Wilson, *THE ENGLISH COUNTRY HOUSE AND ITS FURNISHINGS*, B.T.Batsford Ltd, London, 1977, p.67 （図18②）
Oliver Cook, photo.Edwin Smith, *THE ENGLISH HOUSE THROUGH SEVEN CENTURIES*, The Overlook Press, New York, 1968 （図24）
Donald J. Olsen, *TOWN PLANNIG IN LONDON・THE EIGHTEENTH & NINETEENTH CENTURIES*, Yale University Press, Connecticut, 1982, p.43, p.40 （図25）、（図27②）
E. A. Gutkind, *URBAN DEVELOPMENT IN WESTER IN EUROPE: THE NETHERLANDS AND GREAT BRITAIN*, The Free Press, New York, 1971, p.255 （図27①）
Stefan Muthesius, *THE ART OF GEORGIAN BUILDING*, The Archi tectural Press, London, 1975, p2, p119, p124 （図28①）、（図34①）、（図34③）
Dan Cruickshank and Peter Wuld *LONDON:THE ART OF GEORGIAN BUILDING*, The Architectural press, London, 1982 （図29②）
Stefan Muthesius, *THE ENGLISH TERRACED HOUSE*, Yale University Press, London, 1982, p.118,p.119,p.124 （図34①）、（図34②）、（図34③）
『図説　世界文化史大系　第一一巻　アメリカ大陸』、角川書店、一九五九、一一五頁、一七一頁、一七〇頁 （図39）、（図40）、（図41）
Henry J. Kauffman, *THE AMERICAN FARMHOUSE*, Hawthron Books, New York, 1975, p.7 （図42）
Russell F. Whitehead & Frank Chouteau Brown, *EARLY HOMES OF NEW ENGLAND*, Arno Press, New York, 1977, p.10,p.72 （図43）、

(図44)
Arnold Nicholson, *AMERICAN HOUSES IN HISTORY*, A Studio Book . The Viking Press, New York, 1965, p.114,p.39 (図45)、(図46)
INDIANA HOUSES OF THE NINETEENTH CENTURY, Indiana Historical Society, Indianapolis, 1962, p.78 (図47)
Spiro Kostof, *AMERICA BY DESIGN*, Oxford University Press, Oxford, 1987, p.38 (図49)
杉山英男編『木質構造』、共立出版、二〇〇一 (図51)
Horst Buttner & Gunter Meissner, *BURGERHAUSER IN EUROPA*, Kohlhammer, 1981, p.147 (図54)
Giorgio Torselli,*PALAZZI DI ROMA*,Casa Editrice Ceschina, Milano,1965 (図57②)
Flora Gill Jacobs,*A WORLD OF DOLL HOUSES*,Gramercy Publoshing Company, (図60)
Howarad Saalman, *HAUSSMANN: PARIS TRANSFORMED*, George Braziller, New York, 1971, p.109 (図61)
Sabine Reinelt, *PUPPENKUCHE UND PUPPENHERD IN DREI JAHRHUNDERTEN*, Weingarten, 1985, p.80 (図62)

第五章 近・現代

Marjorie & C. H. B. Quennell, *A HISTORY OF EVERYDAY THINGS IN ENGLAND IV. 1851 -1941*, B.T.Batsford, London, 1976, p.77 (図1-③)
Anthony S. Wohl, *THE ETERNAL SLUM Housing and social policy in Victorian London*, Mcgill Queen's University Press, Montreal, 1977, p.202 (図3①)
Leonardo Benevolo,*STORIA DELLA CITTA*,Editori Laterza,1975 (図3②)
J.N.Tarn, WORKING CLASS HOUSING IN 19TH CENTURY BRITAIN, Lund Humphies, London, 1971, p.59 (図4②)
Ian Colquhoun/Peter G.Fauset,*HOUSING DESIGN IN PRACTICE*, Longman Group UK Limited,1991 (図5)
LE CORBUSIER 1910 - 1929,Les Editions Girsberer, Zurich,1956 (図6)(図20)(図21)
Gerald H. Crow, *WILLIAM MORRIS DESIGNER*, The Special Winler Number Of The Studio, London, 1934, p.91 (図7)
Jean Delhaye edit/ Franco Borsi & Paolo Portoghese photo , *VICTOR HORTA*, Marc Vokaer Editeur,Bruxelles、Roma , 1970 (図8)
撮影：岩間恭子 (図11)
Dennis Sharp, *A VISUAL HISTORY OF TWENTIETH-CENTURY ARCHITECTURE*, Heinemann Ltd/ Secker & Warburg Ltd, 1972, p.44 ,p.45 ,p.173 (図12)、(図16②)、(図37)、(図42①、③)
E. Borsi & E. Godoli, *PARIS 1900 ARCHITECTURE AND DESIGN*, Pizzoli, 1976 (図13)
Karla Britton, *AUGUSTE PERRET*, Paidon, 2001 (図17①)
Richard Guy Wilson & Sidney K. Robinson edit, *MODERN ARCITECTURE IN AMERICA Visions and Revisions*, Iowa State University Press, Iowa, 1991, p.133, p.132 (図18②)、(図18③)
Vincent Scully Jr, *MODERN ARCHITECTURE The Great Ages of World Architecture*, Studio vista, London, 1968, p.81, p.83 (図19)、(図24①)
Norbert Lynton, *THE MODERN WORLD Landmarks of The World's Art*, Paul Hamlyn, London, 1965, p.138 (図24②)
Leonardo Benevolo, *HISTORY OF MODERN ARCHIECTURE* vo.2, The M. I. Press, 1977(図26①)
Dennis Sharp, *TWENTIETH CENTURY ARCHITECTURE A VISUAL HISTORY*, Images Publishing, 2002 (図26②)

W. Boesiger, RICHAD NEUTRA 1923-50 Building and Project, Frederik A. Prager, New York, 1966, p.25　(図27)
Renzo Salvadori,*ARCHITECT'S GUIDE TO LONDON*,Butterworth-Heinemann Ltd,London,1990 (図28)
山田守「生活の最小限住居」(『建築雑誌四五巻、五四四号』日本建築学会、一九八六　(図29) (図31)
Hans M.Wingle, *DAS BAUHAUS*, Verlag Gebr. Rasch & Co.und M.DuMont Schauberg, 1962, p.371　(図30①)
Adolf Meyer,*EIN VERSUCHSHAUS DES BAUHAUSES IN WEIMAR*, Bauhausbucher,1925 (図30③)、(図30④)
Deuxieme edit, *LE CORBUSIER ŒUVRE COMPLETE 1946-1952*, W. Boesiger Aux Girsberger, Zurich, 1955　(図33)
Terence Riley & Barry Bergdoll, *MIES IN BERLIN*, The Museum of Modern Art, New York, 2001, p.187　(図35②)
Norbert Lynton, *THE MODERN WORLD Landmarks Of The World's Art*, Paul Hamlyn, London, 1965, p.165　(図36)
宮内嘉久構成『美術手帖　現代の建築入門』、美術出版社、一九六一、八頁(図38)
Frederic Schwartz,*MOTHER'S HOUSE　The Evolution of Vanna Venturi's House in Chestnut* Hill,Rizzoli International Publications, 1992　(図39②)
Spiro kostof, *A HISTORY OF ARCHITECTURE SETTING AND RITUALS*, Oxford University Press, 1985, p.734　(図40)
Alberto Ferlenga edit, *ALDO ROSSI The life and works of an Aarchitect*, Konemann, 2001　(図41)
Peter Blundell Jones, *HAUS SCHAROUN*, Phaidon,1995　(図42②、④)
Lisa Taylor edit, *HOUSING SYMBOL, STRUCTURE, SITE, Cooper-Hewitt Museum, 1982*, p.22　(図44)
FRANK GEHRY BUILDUNGS AND PROJECTS, Pizzoli, New York,1985 (図49)
Manuel Gausa, *HOUSING + SINGLE FAMILY HOUSING*, Birkhauser, 2002　(図54)
小谷部育子編著『コレクティブハウジングで暮らそう　成熟社会のライフスタイルと住まいの選択』丸善、二〇〇四、六五頁、七〇頁、七九頁　(図55①)、(図55②)、(図56)
Clare Melhuish, *MODERN HOUSE 2*, Phaidon, 2000　(図57)
Bernard Rudofsky, *ARCITECTURE WITHOUT ARCHITECTS*, Doubleday & Company, New York, 1964,p.114,p.115　(図60①)、(図60②)
Paul Oliver edit, *SHELTER IN AFRICA*, Praeger Publishers, New York, 1971, p.20　(図61①)
Enrico Guidoni,*PRIMITIVE ARCHITECTURE*,Electa,Milano,1975　(図61②)

おわりに

本書の完成までには信じ難いほど長い時間を費やしてしまった。スタートは十年少々前、後藤武・現彰国社社長から、西洋住居史の通史を書くことを薦められたときに始まる。その日から熱い思いで構想を練り始めたが、思いがけず学部長の役を受けて中断した。任が解けて再スタートしたところで、今度は本学創立百周年にあたり事業推進本部が発足し、日々この仕事に忙殺されることとなった。再度の中断であったが、一日たりとも本書の構想を頭の中から消したことはなかった。そして百周年も無事に終わり、三度目のスタートとなって数年が経つ。

西洋住居史は、私の恩師である故渡邊保忠先生から学問的遺産相続といわれて引き継いだテーマであるが、その時先生はすでに『建築学大系』の中の「西洋住居史」を書かれていた。しかしあるとき、自分はまだ日本建築史のやり残した大切なことをやらねばならないのだと使命感に燃えて話され、したがって西洋住居史の後は君に託すといわれた。今、こうして本書を書き上げることができたのも、渡邊保忠先生あってのことと、ここに深く感謝するしだいである。

日本女子大学の住居学科において、田辺泰先生、渡邊保忠先生という大家から伝統ある住居史の授業を引き継ぎ、長年にわたりこれを担当してきた私にとって、西洋住居の通史はなんとしても日本女子大学住居学科在職中に完成させたかった。

ところで、大学院時代に渡邊保忠研究室の先輩であった近畿大学澤登宜久教授が同大学で近代建築史の講義を担当しておられ、本書第五章、近・現代の執筆に当たり、貴重なアドバイスや多くの資料を提供して下さった。ここに厚く御礼申し上げるしだいである。また本書は、後藤研究室の下村律さん（現・小泉建築計画）、福田陽子さん（現・ドレスデン在住）、そして岩間恭子さん（日本女子大学学術研究員）にご協力をいただいて完成した。ここに感謝して御礼申し上げる。そしてこの書の担当者として、彰国社取締役三宅恒太郎編集本部長が自ら最後まで面倒を見てくださった。あわせて御礼申し上げたい。

平成一七年七月吉日・日本女子大学百年館一二階の研究室にて

後藤　久

著者紹介

後藤　久（ごとう ひさし）

1937年　東京都に生まれる
1961年　早稲田大学理工学部建築学科卒業
1961～1965年　東畑建築事務所勤務
1965～1970年　早稲田大学大学院
1972～1987年　早稲田大学（理工学部建築学科）非常勤講師
1973～2006年　日本女子大学住居学科専任講師、助教授を経て82年より教授
2006～2008年　早稲田大学教授（理工学術院客員）
2007年　日本建築学会賞（論文賞）受賞
現在　サイバー大学客員教授、日本女子大学名誉教授
工学博士

著書　『都市型住宅の文化史』（日本放送出版協会）、
　　　『絵典　世界の建築に学ぶ知恵と工夫』（訳、彰国社）、
　　　『住居学』（監著、実教出版）ほか

作品　旧講談定席上野本牧亭、林家木久蔵（現・林家木久扇）師匠邸、
　　　西武学園文庫幼稚園　ほか

西洋住居史 — 石の文化と木の文化

2005年9月10日　第1版　発　行
2022年8月10日　第1版　第6刷

著作権者との協定により検印省略

著　者　後　藤　　久
発行者　下　出　雅　徳
発行所　株式会社　彰　国　社

自然科学書協会会員
工学書協会会員

162-0067 東京都新宿区富久町8-21
電話　03-3359-3231（大代表）
振替口座　00160-2-173401

Printed in Japan

製版・印刷：真興社　製本：ブロケード

ISBN 4-395-00760-0 C3052　https://www.shokokusha.co.jp